国家自然科学基金面上项目成果（批准号：71272090）
广东省普通高校省级重大项目成果（批准号：2016WZDXM006）

在线品牌社群研究

——社会网络的视角

ZAIXIAN PINPAI SHEQUN YANJIU:
SHEHUI WANGLUO DE SHIJIAO

周志民　张江乐　著

南开大学出版社

天　津

图书在版编目(CIP)数据

在线品牌社群研究：社会网络的视角 / 周志民，张
江乐著. —天津：南开大学出版社，2019.11
ISBN 978-7-310-05680-4

Ⅰ. ①在… Ⅱ. ①周… ②张… Ⅲ. ①企业管理－品
牌战略－研究 Ⅳ. ①F272.3

中国版本图书馆 CIP 数据核字(2018)第 234883 号

南开大学出版社出版发行

出版人:陈　敬

地址:天津市南开区卫津路 94 号　　邮政编码:300071

营销部电话:(022)23508339　23500755

营销部传真:(022)23508542　　邮购部电话:(022)23502200

*

天津市蓟县宏图印务有限公司印刷

全国各地新华书店经销

*

2019 年 11 月第 1 版　　2019 年 11 月第 1 次印刷

240×170 毫米　16 开本　19 印张　2 插页　310 千字

定价:65.00 元

如遇图书印装质量问题,请与本社营销部联系调换,电话:(022)23507125

前　言

　　自 2001 年 Muniz 和 O'Guinn 在顶级期刊《消费者研究学报》(*Journal of Consumer Research*) 发表论文"品牌社群"(Brand Community) 以来，品牌社群就成为品牌理论界与实务界的热点课题[①]。与另一个热门课题"品牌关系"(Brand Relationship)[②]不同，品牌社群强调的是消费者与消费者的关系，而不是品牌与消费者的关系。传统的品牌社群研究，大多仅限于成员与成员之间的两方关系互动；而总体来看，品牌社群是众多成员之间形成的社会关系网络，至少是三方以上的关系互动。然而，目前很少有文献从社会网络的角度对品牌社群进行研究（Lee，2011；薛海波，王新新，2011）。2012 年，我有幸获得国家自然科学基金面上项目资助（批准号：71272090），展开了"在线品牌社群社会网络影响前因及对品牌关系的作用机制研究：嵌入理论的视角"的项目研究。迄今，在该领域已发表了十几篇论文。本书即是这些成果的集成与汇总。

　　社会网络分析是社会学领域的一种重要理论与方法。它遵循 Granovetter（1985）的嵌入理论（Embeddedness Theory），研究社会关系结构和位置对社会人行为的影响。近 20 年来，学者们将社会网络引入管理学领域，进行了大量研究。然而，这些研究通常只关心社会网络如何影响组织绩效，很少探讨社会网络的前因。这使得管理者无法理解和操控社会网络的形成。本书试图在这一方面做出尝试，着重研究两个问题：①在线品牌社群当中的社会网络是如何形成的？②形成之后，对社群关系和品牌关系有何影响？

　　本书分为 6 篇 12 章，涉及连带强度、网络中心性、结构洞、网络密度、社会资本等社会网络理论的核心内容。为了探讨这些核心概念的前

　　[①] 通过 Google Scholar 检索，Brand Community 一文的被引用次数达到了 6039 次（截止到 2018 年 9 月 17 日）。

　　[②] Fournier（1998）在 *Journal of Consumer Research* 发表了 "Consumers and their Brands: Developing Relationship Theory in Consumer Research" 一文，该文经 Google Scholar 检索，被引用次数高达 8043 次（截止到 2018 年 9 月 17 日）。

因，本书借鉴了心理学、组织行为学等相关领域的理论和概念进行研究。

第 1 篇是理论基础篇，即第 1 章。该章首先回顾了在线品牌社群研究进展，介绍了社会网络范式下的营销研究，最后将社会网络与在线品牌社群进行结合，提出本书的研究方向。

第 2 篇是成员关系篇，包括第 2 章和第 3 章。第 2 章采用定性的方法探索了在线品牌社群当中成员关系与社群关系的形成机制，而第 3 章从强弱关系连带整合的角度研究社群成员关系如何通过提高社群价值促进品牌忠诚的形成。

第 3 篇是网络中心性篇，包括第 4 章、第 5 章和第 6 章。第 4 章从人格特质理论出发，研究内外倾性人格特质如何影响社群成员的网络中心性，继而影响其知识分享的意愿；第 5 章从行为动机的角度出发，研究成员的社会强化动机如何影响他们的网络中心性，进而影响保护品牌行为倾向和抵制竞争品牌行为倾向；第 6 章则结合中国的"面子"文化，研究了挣面子需要和护面子需要如何影响了成员的网络中心性，然后影响他们的社群融入。

第 4 篇是结构洞篇，包括第 7 章和第 8 章。第 7 章将组织公民行为的概念引入在线品牌社群当中，研究社群公民行为对成员结构洞位置和利益的影响，进而影响他们的品牌忠诚与品牌推荐行为；第 8 章从能力与意愿的视角入手，提出作为能力的产品知识（前因变量）和作为意愿的互依自我（调节变量）如何影响成员的结构洞位置，继而影响他们的社群忠诚和品牌忠诚行为。

第 5 篇是网络密度篇，包括第 9 章和第 10 章。第 9 章将组织氛围的概念引入在线品牌社群，研究支持性社群氛围与控制性社群氛围如何影响网络密度，进而影响成员对社群的承诺；第 10 章从异质性理论出发，研究成员之间的价值观异质性和信息异质性如何影响网络密度，然后影响社群认同与品牌行为。

第 6 篇是社会资本篇，包括第 11 章和第 12 章。第 11 章从互动质量的角度出发，研究 E-社会资本的形成问题；而第 12 章从互动类型的角度出发，研究工具性互动和关系性互动如何促进 E-社会资本的形成，进而影响社群沉浸与品牌沉浸。

本书是国家自然科学基金面上项目"在线品牌社群社会网络影响前因及对品牌关系的作用机制研究：嵌入理论的视角"（批准号：71272090）的结项成果之一。除此之外，本书还得到广东省普通高校省级重大项目（社会科学类）"'互联网+'驱动传统产业创新发展的战略路径、商业模式及管理变革"（批准号：2016WZDXM006）的资助，在此一并致谢。在互联网时代，传统产业进行营销管理创新，可以依托在线品牌社群的方式来展开。比如，小米手机的发展离不开小米互动社区，而华为手机的崛起也与花粉俱乐部有关。在线品牌社群不仅有利于新产品的研发与测试，还有助于用户的口碑宣传与消费者品牌关系的建立。因此，本书所研究的问题是"互联网+"驱动传统产业创新发展在营销领域的一个尝试。

本书封面仅注明了两位作者，但实际上，我指导的十几位硕士研究生也参与了本书的初稿撰写，他们是：张江乐、李蜜（第1章）；陈然、张江乐、王强（第2章）；郑雅琴（第3章）；张江乐、熊义萍（第4章）；彭妙娟（第5章）；张江乐（第6章）；李楚斌、张江乐、温静（第7章）；邓乔茜、饶志俊（第8章）；温静（第9章）；董佳佳、邓乔茜（第10章）；王强、王丞（第12章）。他们的努力没有白费，本书主要章节的初稿内容分别发表于近几年的《南开管理评论》《营销科学学报》《管理科学》《商业经济与管理》《管理案例研究与评论》以及JMS中国营销科学学术年会、中国高等院校市场学研究会年会、中国市场营销国际学术年会、社会网及关系管理研究会年会等各大学术会议。在此，对他们的努力表示感谢。此外，本书第二作者张江乐的MBA和本科毕业论文都是我指导的，她不仅参与了本书大量章节的初稿撰写工作，而且对本书全部内容进行了更新、增删与完善。迄今，她已在《南开管理评论》《营销科学学报》《管理案例研究与评论》以及JMS中国营销科学学术年会、CMIC中国市场营销国际学术年会上发表论文，非常具有研究潜质，很高兴能邀请她作为第二作者。

本书参考了众多国外文献，因此提及了众多国外学者的名字。根据学术期刊的规范，一般国外学者名字直接采用英文原文表述；同时，这些名字翻译成中文的意义不大，因为英文名字更有利于读者根据名字来查找相关文献。所以，在本书中，国外学者的名字基本都是英文原文，不再译为中文。

此外，本书的第 2 章和第 11 章部分内容采用了定性研究方法，对在线品牌社群当中的网络帖子进行了分析。为符合出版规范，对引用的网络原帖做了修改，出现的网络语言（加括号解释）和网友名字（加引号）已经做了标注。

由于从社会网络的视角来研究在线品牌社群问题尚处于初级阶段，特别是社会网络属于社会学的范畴，我及我的团队也在学习摸索中，因此书中一些观点和方法可能还不成熟，甚至可能存在错误。敬请各位读者批评斧正。

深圳大学教授、博士生导师

2018 年 9 月 17 日

目　录

第三篇　网络中心性

第四篇　结构洞

第五篇　网络密度

第六篇　社会资本

第一篇

理论基础

第一章

概论小说

第一章 在线品牌社群与社会网络

在线品牌社群是当前品牌理论研究的热点问题，大量学者关注该领域的研究。尽管本质上，在线品牌社群是一个社会关系网络，但很少有文献从社会网络的视角对在线品牌社群展开研究。本章将对在线品牌社群与社会网络的逻辑关系进行论述，以便为后面章节的实证研究奠定理论基础。全章分为三节：第一节，对国外在线品牌社群的研究进展进行了回顾，以了解该领域的研究现状；第二节，回顾了社会网络范式下的营销研究，从而引出第三节的内容——社会网络与在线品牌社群的结合。

第一节 国外在线品牌社群研究进展[①]

消费者与品牌关系（Consumer Brand Relationships），又称为"品牌关系"是品牌理论研究的新范式（Blackston，1992），品牌关系（Fournier，1998）、品牌依恋（Brand Attachment；Park et al.，2010）、品牌挚爱（Brand Love；Batra et al.，2012）、品牌沉浸（Brand Engagement；Sprott，Czellar and Spangenberg，2009）、品牌成瘾（Brand Addiction；Cui，Mrad and Hogg，2018）等新概念层出不穷，不断丰富着品牌关系理论体系。尽管视角不同，但这些品牌关系的概念都是探讨消费者与品牌之间的关系问题。Muniz 和 O'Guinn（2001）则独辟蹊径，在品牌关系的范畴内专注于研究基于品牌而形成的消费者与消费者的关系，从而提出了品牌社群（Brand Community）这个新概念。

作为一个新的品牌研究方向，品牌社群并非无据可寻——从实务角度

---

① 本节初稿发表情况如下：周志民，李蜜. 西方品牌社群研究述评[J]. 外国经济与管理，2008，30（1）：46-51。本书有增改。

来讲，早有类似的消费者成员制或俱乐部营销被众多企业实践（如哈雷摩托车主会 H.O.G.）；而从理论源头来看，早在 1973 年 Boorstin 就提出过消费社群（Consumption Community）的概念，认为消费社群是消费者在决定消费什么以及怎样消费的过程中自发产生的一种无形的关系群体。当消费社群以品牌为焦点和纽带时，品牌社群便产生了。

随着互联网的发展与普及，越来越多的消费者喜欢在线上交流，从而催生了在线品牌社群（Online Brand Community）的发展（如兰蔻的玫瑰社区、华为的花粉俱乐部、星巴克的星享俱乐部等），也引起了学者们的广泛关注（Ajei et al., 2012；Baldus et al., 2015；Hollebee et al., 2017；Gruner et al., 2014；Lee et al., 2011；Veronica and Ilaria，2016）。在线品牌社群提供了独特的在线品牌体验，有利于留住忠诚客户（Baldus et al., 2015；De Valck et al., 2009），在维护消费者品牌关系方面发挥着重要作用（Carlson and Suter，2008），越来越多的企业从中受益。

在过去的十几年里，国外品牌学术界对在线品牌社群的概念特征、形成因素和作用机制等核心问题展开了研究，形成了丰富的品牌社群理论体系。国内学术界自周志民（2005）发表第一篇品牌社群的实证研究论文①以来，迄今已有 CSSCI 或 CSCD 收录的论文 136 篇②，平均每年超过 10 篇。品牌社群也因此成为品牌研究领域的热点课题。不过，总体上，国外品牌社群的研究成果在研究的深度和规范性上都要优于国内。为此，本章试图对国外的品牌社群文献进行归纳和梳理，从而为我国学者的研究提供理论基础和未来方向。

一、在线品牌社群的界定

（一）品牌社群的起源

"社群"（Community）③一词源于拉丁语，意思是共同的东西或亲密伙伴的关系，是 19 世纪末 20 世纪初社会学中描述人与人之间关系的一个非

---

① 周志民. 基于品牌社群的消费价值研究[J]. 中国工业经济，2005（2）：103-109.

② Brand Community 在国内被翻译为"品牌社群"或"品牌社区"。截至 2018 年 8 月，国内学者在该领域共有 CSSCI 或 CSCD 收录的期刊论文 136 篇，其中以"品牌社群"为题的论文有 69 篇，以"品牌社区"为题的论文有 67 篇。

③ 关于 Community 的翻译，目前在我国有"社区""共同体""社群"等翻译，本书关注 Community 的关系面，强调通过人际交互形成的关系群体，因此统一翻译成"社群"。

常重要的概念（Dewey，1927）。传统的观点认为，社群由以下几个基本要素构成：一定的社会关系；共同生活的人群；一定界限的地域和特有的文化；并且，它的居民对自己所属的生活小区在感情和心理上产生了一种认同感。简言之，社群是以人们相互关系和情感联结为标记、以地域为界限而形成的社会网络关系（Granovetter，1973）。

自 19 世纪末大众媒体发展后，社群不再受地理位置的限制（Carey，1989）。科技的发展使得现代社会中的社群与以前不同，也因此吸引了大量学者对新社群的定义和内涵进行拓展研究（Putnam，1995；2000）。社群内涵变化最大的特点是社群联结的基本因素转移到成员间的情感需求，而不再是地域范围，并且开始有学者认为，当代的社群大部分都是假想的社群（Anderson，1983），即因为大众媒体的发展，社群成员可以通过假想的方式与其他成员拥有一种良好的关系（Muniz and O'Guinn，2001）。尽管社群概念随着社会不断发展，但其主要特征还是由共享的群体意识（Weber，1978）、仪式（Douglas and Ishwerwood，1979）和传统（Marshall，1994）、道德责任感（Muniz and O'Guinn，2001）3 个因素组成。随着现代化商业的发展，消费者个人主义开始盛行，品牌产品开始取代无商标产品，成为消费者的身份象征和情感认同对象，传统社群的界限被打破，以品牌为纽带的新型社群开始形成。

（二）在线品牌社群的定义

在对 Ford Bronco、Macintosh 和 Saab 等品牌考察的基础上，概念首倡者 Muniz 和 O'Guinn（2001）将品牌社群定义为建立在某一品牌拥护者之间的一整套社会关系基础上的、一种专门化的、非地理意义上的社群。此定义突出了将品牌而非地域作为消费社群的联结点，并且认为品牌社群仍然沿袭了上述新社群的 3 个基本特征。Bagozzi 和 Dholakia（2006）则从社会心理学角度通过对品牌社群成员表现的分析，认为品牌社群是消费者群体对一个品牌或一种良好社会认知（如环保）所拥有热情的共享，成员们通过共同的群体行动来完成集体的目标或表达他们共同的情感和承诺。本质上，这与 Muniz 和 O'Guinn 的定义是一致的，研究的都是某个品牌的消费者群体所表现出来的情感和行为。以上学者将基于品牌的消费者与消费者的关系作为研究焦点，而品牌社群领域的另一个核心研究团队

McAlexander 等（2002）对此概念做了扩展，提出了品牌社群的广义界定。他们认为品牌社群是以核心消费者为中心的一个关系网，当中除了与品牌的关系外，还有产品、公司、其他消费者等一些关系主体。这一概念强调的是消费者对品牌的全方位体验。Upshaw 和 Taylor（2001）对此概念的理解更为泛化，他们提出一切与品牌有关的利益相关者（包括雇员、顾客、股东、供应商、战略伙伴等）同品牌的关系构成了品牌社群。

　　网络技术日新月异，尤其是 Web 3.0 极大地改变了人们的生活和工作。品牌社群开始在线上出现，在线品牌社群得到了越来越多的关注，得以蓬勃发展。学者们普遍以 Muniz 和 O'Guinn（2001）对品牌社群的定义为基础，认为在线品牌社群是品牌社群在网络上的延伸（Amine and Sitz，2004；Baldus et al.，2015；Brodie et al.，2013；Jang et al.，2008；Kozinets，2002；Madupu and Cooley，2010）。根据上述学者们的研究，本章认为在线品牌社群成立需要具备 3 个条件：①以某一品牌为关系基础，成员之间互动交流，建立联系；②以网络媒体为主要交流沟通媒介，主要在线上；③成员之间有共同的社群意识、仪式和传统、道德责任感。结合上述分析，本章将在线品牌社群定义为：某一特定品牌的拥护者们以网络媒体为主要沟通媒介，通过互动和分享，在线上形成有着共同的群体意识、仪式和传统、道德责任感等一整套社会关系的群体。

二、在线品牌社群形成的影响因素

　　消费者为什么要加入在线品牌社群？文献研究表明，主要有 4 个因素影响了在线品牌社群的形成：信息价值、社会认同、社群体验、种族或文化差异。

（一）信息价值

　　信息价值是指消费者通过成为在线品牌社群成员而获得了非成员无法获得的信息。一些文献探讨了在线品牌社群带给成员的信息价值（Madupu and Cooley，2010）。Muniz 和 O'Guinn（2001）通过对 Ford Bronco、Saab 和 Macintosh 3 个品牌社群的数十位成员进行深度访谈发现，品牌社群作为一种消费者代理的形式，可以使消费者的意见得到重视，为消费者提供信息。Sicilia 和 Palazon（2008）也指出社群给予的功能性和社交性价值是消费者经常参与社群的关键激励因素。社群成员可以从社群管理者（如企业）那里获得免费信息或在其他地方找不到的资讯（Kim et al., 2013），这不仅为消费者降低了经济成本，还节约了时间。Andersen（2005）通过对专业健康护理品牌康乐宝（Coloplast）的网上调查发现，品牌社群为公司和用户建立联系提供了可能性，而且专业用户对产品相关的信息交换有强烈兴趣。上述研究成果表明，在线品牌社群在企业与消费者之间充当了互动沟通的桥梁，而另一些文献则着力研究消费者与消费者之间的信息沟通。Shang 等（2006）通过分析苹果电脑品牌社群成员在网上论坛中的行为发现，论坛中"潜水者"进入论坛的主要目标是获取产品功能、性能等方面的信息，这些信息更多地是由积极的消费者"灌水者"所提供的。Tonteri 等（2011）发现在社群里浏览和发帖这两种参与行为都对社群意识的形成有积极作用，但是两者的驱动利益却不相同，浏览帖子源于个体期待获得的认知性利益，期望在社群里获取有价值的知识或信息。一般来说，品牌社群的存在对品牌有支持作用，但也会存在因为对品牌反感而形成的消费者群体（如 1985 年美国民众团体对新可口可乐上市的抵制），Hollenbeck 和 Zinkhan（2006）将其命名为"反品牌社群"（Anti-brand Community）。通过针对一些反对麦当劳、沃尔玛等品牌的消费者进行的调查发现，反品牌社群存在的原因是该群体为品牌提供了一个共同的道德约束，并在网上为社群成员提供了达到共同目标的支持、处理消费难题的方法和对成员行动的信息支持。与上述文献研究社群成员不同，Zhou 等（2013）研究社群访客（Visitors）加入在线品牌社群的动机时发现，信息价值是一个主要驱动因素，这一结论无论对于有品牌的访客还是无品牌的访客而言，都是成立的。

（二）社会认同

品牌社群有利于帮助消费者表达自我，以加强或改变形象识别。Chan 等（2014）指出表达的自由和获得认可是消费者参与在线品牌社群的两个主要动因。他们希望在社群中和其他成员维持好关系，有共同的话题，希望自己是隶属于这个群体的，渴求其他成员的尊重和认可（Kim et al., 2013）。消费者可以向两个对象表达自我，一个是社群内的成员，一个是社群外的非成员或社会。向社群内成员表达自我的一些文献，如 Shang 等

（2006）的研究发现，论坛中"灌水者"的动机与"潜水者"不一致，"潜水者"是为了获得信息价值，而"灌水者"是为了获得心理满足，赢得其他成员的认同；Tonteri 等（2011）也发现，与浏览帖子不同的是，发帖行为主要源于对社会性整合利益和个体性整合利益的期望，社会性利益主要指成员在社群中感受到的归属感和认同感等，个体性整合利益是指成员通过分享有价值的信息提高自己的地位和声望，在社群中获得影响力；Cova和 Pace（2006）对一个食品品牌能多益（Nutella）的网上虚拟品牌社群展开了研究，结果表明，消费者为了满足自我表达要求，会在其他消费者面前进行与品牌相关的仪式或标记等方面的展示；Kates（2004）的研究揭示了品牌社群形成的新路径，他们运用诠释主义方法研究在男同性恋群体当中，品牌是如何获得该群体所认可的"品牌合法性"（Brand Legitimacy）的，结论是，品牌在群体互动行为当中的出现将增强社群成员对该品牌的认同感，而品牌也因此带有了该社群的特征含义。这一研究表明，可以先有一个亚文化群体，然后再导入一个品牌发展为"合法品牌"，而不一定是利用一个品牌来发展一个社群。另一些文献关注向社群外的非成员表达自我，如 Schau 和 Muniz（2002）采用网页内容分析法探讨了在品牌社群当中个人形象和社群成员形象之间的关系，通过对苹果电脑等 5 个品牌社群的研究发现了二者之间存在 4 种关系：包含在社群形象当中的个人形象、表现出合法性和权威性的超级社群成员、作为个人形象组成部分的社群成员形象和多品牌社群成员形象；Hickman（2005）的研究结果表明，消费者形象的社会认同度会影响其对品牌社群的团体偏爱，同时社会对品牌社群团体认同度高也会促使社群成员对品牌个性中的能力和热情维度呈现更高程度的偏爱，此类偏爱的形成会直接影响消费者对竞争品牌的抵制，从而提高对品牌自身的忠诚度；Bagozzi 和 Dholakia（2006）提出了一个基于消费者行为计划、社交意图与社会认同 3 方面（包括成员自我认同、情感承诺和成员重要性）的品牌社群模型，认为消费者的社会认同度越高，则参与社群的意图越明显。尽管品牌个性强的社群能彰显成员的形象，但过强的品牌个性对品牌社群而言未必是好事。Luedicke（2006）通过对具有强烈独特性的品牌翰姆（Hammer）的研究认为，独特性太强的品牌有可能引发社会对该品牌的责备而导致对社群基础有效性和社会接受程度的质疑。

（三）社群体验

通过参与品牌社群的活动，以及感受品牌本身的独特魅力，消费者能够获得某种品牌社群体验，这些体验促进了品牌社群的发展。在线品牌社群体验研究的首要问题是社群体验的维度研究。Preece（2000）研究了在线社群中的社交体验问题；另一些学者专注于在线社群的有用性（Usability）问题，提出了有用性体验（Fox and Naidu，2009；Hart et al.，2008）；还有学者专注于在线社群的享乐维度（Lin et al., 2008）。Nambisan和 Watt（2010）提出了在线产品社群体验的 4 个维度：实用、享乐、社交和有用性，并且通过实证研究证明这 4 个维度影响消费者对产品和公司的态度，同时也影响消费者对公司整体服务质量的感知。有文献研究社交体验对品牌社群的影响，如 Zhou 等（2016）以中国的数据为背景展开研究，指出网络友谊是在线品牌社群承诺形成的重要前因，而在线品牌社群的互动性、社交临场感、缘分感是网络友谊的形成前因。一些文献研究了参与式体验对品牌社群的影响，如 McAlexander 和 Schouten（2002）通过对吉普（Jeep）和哈雷戴维森（Harley-Davison）这两个品牌社群的研究发现，消费者在参加品牌社群聚会之后会表现出与此品牌、品牌营销者及其他的品牌拥有者存在更正面的关系，并且会促使品牌社群整体质量的提高。可见，参与度将提高品牌社群的质量。Schouten 等（2007）通过研究消费者在品牌社群中的独特体验对品牌态度的影响发现，当消费者的独特体验是满足期望的高价值体验时，消费者对品牌营销活动往往持积极态度，并会加强与品牌社群的联系。另一些文献则主要探讨心理感受对品牌社群的影响，如 Muniz和 Schau（2005）研究了一个被营销者宣布放弃的品牌苹果牛顿（Apple Newton），以其为核心所形成的品牌社群满足了消费者共同的宗教观和人类的宗教依附需求。这可以说是品牌社群所带来的精神层面的体验。

（四）种族或文化差异

受不同国家或种族文化的影响，消费者对品牌社群的态度也会有所不同。Quinn 和 Devasagayam（2005）研究了民族中心主义对品牌社群的影响。他们以居住在美国的印度人作为研究对象，结论是，消费者对种族主义感觉越强烈，他们就越会对尊重他们种族意识的品牌产生忠诚感；同时，消费者对种族传统的自豪程度、自我评价和阶层认同都会影响其对品牌社群的态度和参与度。Madupu 和 Cooley（2010）也对美国和印度的在线品牌社群进行了对比，发现较之个人主义文化，集体主义文化背景下的社群成员在信息提供、社会融合、自我发现和地位强化等方面有更强烈的动机，同时也表现出更浓厚的同类意识和道德责任感，更熟悉共享仪式和传统。Cova 等（2007）比较了一个全球品牌战锤（Warhammer）在法国和美国所形成的品牌社群，结果发现同一品牌在不同地理区域所形成的品牌社群可能不同，因为品牌存在跨文化的差别。Ahn 等（2010）的研究发现由消费者自主形成的在线品牌社群受文化差异的影响，并不存在文化中性；他们基于霍夫斯泰德文化维度理论（Hofstede's Cultural Dimensions Theory），比较了美国和韩国的在线品牌社群成员的差异，发现韩国的在线品牌社群在个人主义、集体主义、不确定性规避以及权力距离等维度方面的指标较之美国显著增加，而在男性化与女性化气质倾向这一维度，两个国家并无区别。值得一提的是，韩国一直被认为是集体主义文化，而该研究显示集体主义和个人主义在韩国品牌社群内同时并存，且都非常突出，这个意外的结果对韩国在线品牌社群的建设和管理有一定的指导意义。此外，Park 和 McMillan（2017）从动机的角度对韩国和美国的在线品牌社群进行了研究，结果表明，相比美国，韩国的社群成员在社会网络、商业和交流方面的动机更强烈，而信息搜寻在两个国家的在线品牌社群里都是最主要的需求。

（五）其他

除了上述几点外，娱乐价值（Chow and Shi，2015；Madupu and Cooley，2010；Sicilia and Palazón，2008）、自我效能感（Kim et al., 2013）、社交利益（Natcha and Kwunkamol，2017）等也是消费者参与在线品牌社群的因素。

在线品牌社群的形成问题不仅是一个值得研究的理论问题，更是一个值得企业关注的实践问题。现有的在线品牌社群形成前因研究还不全面，诸如品牌个性、品类特征、消费情境等一些可能的因素尚未探讨，今后对这些变量与在线品牌社群之间的关系研究将是非常有意义的。研究当中一个不可忽视的问题是，在线品牌社群只是一个领域而不是具体的变量，因此具体研究都是通过发展相应的变量（如在线品牌社群认知度、认同度、参与度等）来展开的。

三、在线品牌社群的作用机制研究

（一）对品牌忠诚度的作用

一直以来，营销者都非常重视培育消费者的品牌忠诚度。在现阶段成熟的市场内，在线品牌社群是吸引顾客及培养忠诚度的一个重要渠道（Chan et al.，2014）。McAlexander 等（2003）以卡西诺（Casino）超市为例对品牌社群与顾客满意度、忠诚度的关系进行了研究，指出顾客忠诚度不只受到顾客满意度的影响，还受到品牌社群的影响；而且，品牌社群的影响比满意度要大。这为企业培育品牌忠诚度提供了一条新的途径。Natcha 和 Kwunkamol（2017）从社群满意度这一角度出发，指出社群满意度会显著影响成员的忠诚度，虽然成员对在线品牌社群越满意，就越信任该社群，但成员的忠诚度受他们满意程度的影响，而不是社群信任。Algesheimer 等（2005）通过对欧洲汽车俱乐部的实证研究表明，消费者对社群越认同，他们保持个人独立性的意愿就越弱，参与性就越强，对社群带来的规范性压力感受就越低，也就越愿意参加社群活动、向他人推荐社群和长期留在社群当中。在线品牌社群不仅可以增强消费者的忠诚度，而且还会产生对竞争品牌的抵制性忠诚（Amine and Sitz，2004；Thompson and Sinha，2008）。Madupu 和 Cooley（2010）探讨了社群参与对社群和品牌的影响，他们认为参与社群后会促使在线品牌社群里同类意识、共同的仪式和传统、道德责任的产生，且会产生 3 种不同的品牌态度：持续性品牌忠诚、抵制性品牌忠诚以及对品牌的推介意愿；消费者参与在线品牌社群的时间越长，就越能感受到品牌社群的特征，进而抵制其他品牌并产生积极的品牌推介意愿，最终形成持续的品牌忠诚度。因此，吸引消费者沉浸在社群中非常重要。很多学者对在线品牌社群内部的关系进行了研究，而 Hsieh 和 Wei（2017）开发了一个框架，引入线下变量，研究了在线品牌社群价值共创是如何通过线上和线下的关系来扩展和改善企业和消费者之间的品牌关系的。他们指出，在线品牌社群价值共创直接有利于消费者形成在线品牌社群承诺，进而直接提升了线下品牌关系质量和品牌承诺，间接提升了品牌忠诚度。McAlexander 和 Koenig（2004）独辟蹊径地研究了非营利性组织的品牌社群。他们以一所大学为例，研究了大学生与学校的关系，结果发现保持学生与学校良好的品牌社群关系会影响学生对母校的忠诚，并且这种良好的关系是学生将来支持母校意愿的保证。Shang 和 Chen（2006）通过对苹果电脑网上品牌社群的研究发现，如果"潜水者"能在论坛上获取丰富有用的产品功能、性能等方面的信息，他们往往就会对品牌更加忠诚，可见即使是属于同一品牌社群的成员，对品牌忠诚度的表现也并不一致。今后可以对这一问题进行深入研究，如结合 Schau 和 Muniz（2002）对个人形象认同和品牌社群的关系分类进行。Schouten 等（2007）的研究发现，消费者从品牌社群中获得的独特体验会影响到消费者对品牌社群活动的态度，从而促使消费者形成强烈的品牌忠诚度。Bruhn 等（2014）发现在在线品牌社群中，消费者之间交互的质量对社群的功能性、体验性和象征性利益有着积极的影响，而这三个功能利益会进一步加强品牌忠诚。

总的来看，学者们都认可在线品牌社群对品牌忠诚度有显著的正向影响，从而为企业培育品牌忠诚提供了新的路径。未来的研究方向之一是继续挖掘在线品牌社群的新概念（如在线品牌社群中的成员幸福感等），研究其对品牌忠诚度的影响。另一个方向是继续挖掘中间机制，探讨新的中介变量和新的调节变量，使从在线品牌社群到品牌忠诚度的关系更明晰。

（二）对购买行为的影响

在线品牌社群不但增强了消费者与品牌之间的情感联系，而且对消费者的品牌选择有重要影响（Thompson and Sinha，2008），它会影响消费者的重购意愿（Chan et al.，2014），且在面对品牌的负面事件时，高品牌社群认同的成员会受社群创造力的驱使，抵制对品牌的负面影响（Aihwa et al.，2013）。Carlson（2005）发现社群心理感觉（Psychological Sense of Community）对消费者品牌承诺和社群承诺有正面影响，这些承诺对消费者品牌选择、正面的品牌口碑传播、参加品牌事件和共享品牌历史起到了调节作用。Adjei 等（2010）研究发现：第一，不管是公司自建还是消费者主导的在线品牌社群，都是影响销售量的一个有效工具，高销量源于在社群里频繁与其他成员交流的消费者；第二，对于社群成员来说，在线品牌社群里的正面信息比负面信息对其购买行为有更重要的影响力；第三，在线品牌社群是维系顾客的一个有效途径，对新老消费者都有效。

（三）对新产品接受度的影响

在线品牌社群可以增强社群成员的创新行为（Füller et al.，2008），帮助公司了解消费者的需求，在新产品开发的不同阶段充当着不同的角色（Kim et al.，2008），很多公司在发布新产品时会使用在线品牌社群进行推广（Gruner，Homburg and Lukas，2014）。Thompson 和 Sinha（2008）考察了 2 个产品类别 4 个品牌社群的 7506 名成员，对在线品牌社群成员是否会影响新产品推广进行了研究，结果发现，在一个品牌社群中，成员的参与度越高，加入的时间越长，选择该品牌新产品的可能性就越高，接受竞争品牌新产品的概率就越低。然而，这种抵制性忠诚取决于竞争对手的新产品是否第一个进入市场。此外，在社群成员拥有多个社群成员身份时，品牌社群参与程度越高，反而越可能会转向竞争对手的新产品。这一发现令营销人员无所适从，因为他们很难确切知道他们的品牌社群成员拥有哪些其他社群的成员身份。Gruner、Homburg 和 Lukas（2014）对新产品推广和在线品牌社群之间的关系进行了进一步研究，他们认为企业自建的在线品牌社群可以克服两个障碍：一是对新产品不熟悉而产生的使用障碍，二是熟悉现有产品而产生的切换障碍。然后，他们指出企业自建的在线品牌社群可以预测新产品的成功与否。他们对不同行业的 81 家公司的在线品牌社群进行了分析，发现这些社群主要分为开放性的（Open）在线品牌社群、身份可辨的（Discerning）在线品牌社群、限制性的（Restricted）在线品牌社群 3 种类型①（见表 1-1），随后又对耐用品行业的 170 家在线品牌社群进行了调研，结果显示这 3 种类型的社群对新产品推广的作用不一样：企业如果推出的是全新的产品，那么在开放性社群发布的效果比另外两种类型的效果要好；如果推出的是在原有基础上进行改进的产品，那么在可辨识的社群里推广更容易成功。此外，不管是市场先行者还是后进入者，推广新产品在开放性和可辨识社群的效果都一样，并无明显区别，但都比控制性社群好。

---

① 开放性的在线品牌社群是指消费者不必要满足会员要求，很容易出入的一种社群；身份可辨的在线品牌社群是指消费者在参加社群活动之前必须先注册的社群；限制性的在线品牌社群是指消费者受限成为会员的社群，通常是产品购买者受邀加入社群成为会员。

表 1-1　3 种企业自建的在线品牌社群类型

社群维度	开放性的在线品牌社群	身份可辨的在线品牌社群	控制性的在线品牌社群
入群门槛	低	中等	高
企业监管程度	低	中等	高
企业响应（融入）程度	中等	高	低
成员参与	低	高	中等

资料来源：Gruner 等（2014）。

四、在线品牌社群的建设和管理

在线品牌社群通常被认为是一个价值共创的平台，社群成员的积极贡献对社群的成功至关重要（Shen et al., 2018）。然而，由于在线品牌社群是消费者自愿参与的，具有极大的不确定性，因此如何持续吸引消费者加入社群以建立一个成功的在线品牌社群，仍然是每个公司面临的挑战（Liao et al., 2017）。不同的学者对此进行了探索。比如，Adjei 等（2012）指出，及时性、频率、相关性和沟通时间长短是在线品牌社群交流中 4 个重要的因素，对社群成员的问题做出频繁而及时的响应可以增强品牌承诺。Noble 等（2012）提出，成功的在线品牌社群有 4 个关键驱动因素：干预、转化、价值创造和收割，且需要成员之间的互相配合。Liao 等（2017）基于组织社会化理论，探讨了在公司自建的在线品牌社群中，通过加强成员教育、进行互动支持、积极参与反馈 3 种典型的社会化策略可以吸引消费者持续自愿地参与其中。此外，在线品牌社群的感知价值（品牌关系价值、享乐利益、功能价值和社交利益）也会影响成员对在线品牌社群的满意度（Natcha and Kwunkamol, 2017）。为了提供精确的管理指导，Welf 等（2017）通过消费者在社群中的参与强度，研究了娱乐价值、内容消费不对称（如消费者是否喜欢用户生成的内容而不是企业生成的内容），以及成员持续时间对品牌的影响。综上所述，虽然学者们的切入点不同，但都提到社群里信息价值、互动反馈的时效性和相关性以及娱乐性可以增强消费者在社群中的体验。这给予我们一定的管理启示：社群管理者和营销人员一方面要为社群成员创造自由、便利、轻松的交流环境，通过合理的内容创建、发布及传播，向成员传递有价值的信息；另一方面，也要对社群进行适当的干预，了解消费者遇到了什么问题，快速、及时地给消费者提供解决方案，增强消费者对社群的满意度，进而增强他们对社群的承诺感。此外，在线品牌社群文化建设也非常重要，有学者从该角度进行了研究，发现消费者在在线品牌社群中互动和交流，通过自我建构、情感关系、讲故事及仪式实践等方式来共同创造品牌文化（Schembri and Latimer，2016）。

五、小结

关系已逐渐成为当代营销的主导范式，在品牌中嵌入关系的视角也已成为品牌理论研究的新思路。以往的品牌关系研究主要强调的是消费者与品牌之间的关系，而在线品牌社群则更多的是研究消费者与消费者之间的关系。在实践当中，企业对在线品牌社群的价值作用已有了充分认识，各大公司纷纷赞助或引导营销者主动型的品牌社群的建立（如哈雷摩托车公司建立的 H.O.G.）。在理论方面，学术界对在线品牌社群的界定、参与方、形成因素、作用机制等问题也有了较多关注。然而，该领域的研究在一些方面还存在不足和空白。今后关于关系参与方之间的关系、在线品牌社群关系测量、在线品牌社群形成机制和在线品牌社群作用机制等问题有待进一步研究。

第二节　社会网络范式下的营销研究

一、营销研究引入社会网络范式的必要性

社会网络分析（Social Network Analysis，SNA）是社会学领域一种重要的理论与方法。它遵循 Granovetter（1985）的嵌入理论（Embeddedness Theory），研究社会关系结构和位置对社会人行为的影响。在管理领域，社会网络分析也得到了充分运用（Borgatti and Foster，2003；Carpenter et al., 2012；Jonczyk et al., 2016），并逐渐成为管理研究方向的新范式（罗家德，2010）。大量组织行为学的学者开始研究连带（Cross and Cummings，2004；Dahlander and McFarland，2013）、中心性（Fang et.al., 2015）、结构洞（Kleinbaum，2012）、网络密度（Sparrowe et al., 2001）等社会网络变量对个人绩效、团队绩效、研发创新等结果变量的影响。目前，社会网络分析

在管理领域应用研究的文献仍处于稳定增长态势（Porter and Eun，2015），并且研究的主题几乎涵盖了管理学研究的主要领域。

在营销领域，自 20 世纪 90 年代以来，学者们关注的重点经历了从"交易"到"关系"的演化，从具有明显的短期行为倾向的交易营销范式发展到以价值为导向的关系营销范式。但是，关系营销忽略了"消费者是有意识或无意识地连接在一起"的多个关系互动的社会情境，淡化了消费者存在于复杂的动态社会网络之中的客观现实（Rene and Wangenhaim，2006）。由于营销环境是由消费者、各种关系、地点、时间等多重因素和维度构成的一个网络，在这种情况下，不仅消费者的个人行为特征和消费者同企业的关系会影响其消费行为，消费者嵌入的网络也会对消费者的行为产生重要作用（Tasselli et al., 2015）。此时，用传统的营销理念解释一些消费者行为，会增加解决问题的难度（Chance and Deshpandé，2009），仅仅分析消费者的个体特征，会忽略社会行为的网络视角所提供的许多重要解释（Knoke and Yang，2012）。所以，随着社会经济的发展以及计算机网络的普及，无论是企业对消费者一对一单向行为的交易营销，还是企业对顾客等利益相关者一对多双向行为的关系营销，都很难解释新经济环境下涉及多个营销主体（企业及其联盟网络）与多个消费主体（消费者及其网络）关系的新型营销动态（汪涛等，2010）。于是，越来越多的学者将目光转移到社会网络范式上。

社会网络分析在市场营销领域有较强的适应性，因为市场本身就是由多种行为主体以及主体间的各种关系网络组成的（Kilduff et al., 2006）。企业与其他利益组织相互影响、相互作用，这种多元网络关系有助于企业获取情报、资源和技术（Gulati，1999）。每一个消费个体也都是生活在某种社会关系之下，任何信息的流通和营销行为都离不开其所在的社会关系网络（Biggiero，2001）。与传统研究相比，社会网络分析的视角强调把结构关系作为关键的导向原则，强调与属性、类别分析不同的分析思维。Knoke 和 Yang（2012）也认为，行为人之间的关系结构和个体行为人在网络中的定位，对每个个体单元和整个系统的行为、意识和态度都会产生重要影响。因此，运用社会网络理论和方法来研究消费者行为及营销问题很有必要。Doyle（2008）更是从实践的角度出发，探讨了社会网络在顾客流失预测，以及改善、管理顾客价值和改善销售业绩方面的作用。

二、自我中心网视角的营销研究

社会网络分析的一个核心理论问题,是解释不同结构的行为发生情况,以及从行为人层面来说明个体与其他行为人之间关系的变化。它涵盖各种突发的结构关系,从而能解决多个分析层次上的问题。一般来说,社会网络数据分析分为 4 个层次:①自我中心网(Egocentric Networks);②对偶网络(Dyadic Networks)——二元关系(Dyadic Relations);③三元关系(Triadic Relations);④全幅网络(Complete Networks)(Knoke and Yang,2012),又称为整体社会网(Whole Networks)(Wasserman and Faustk,1994),下文统称为"整体社会网"。参考现有的国外研究,社会网络分析范式在营销领域的应用研究集中在自我中心网和整体社会网上,关于对偶网络和三元关系的应用研究较少。

自我中心网络分析是对一个特定个体所存在的关系进行的研究,亦可以评判行动者所处网络的性质。从自我中心网来看,社会网络分析关注的核心问题是关系的状态及其前因后果。在描述关系状态的过程中,学者们常常会用到嵌入性、社会连带、网络中心性等概念。

(一)嵌入性

"嵌入性"(Embeddedness)概念最早由 Polanyi(1944)提出,在 Granovetter(1985)重新阐述后,产生了广泛而深刻的影响,并逐渐引起了学者们的注意。后经由 Uzzi(1999)等学者的理论演绎和实证研究,嵌入性逐渐显现出较强的理论解释力。Granovetter(1985)认为,人类行为存在过度社会化和不充分社会化这两种极端倾向,造成这两种倾向的原因在于二者都忽略了必要的社会联系,而解决上述问题的办法就是将人的社会行为嵌入到社会网络中。网络是社会资源的载体,资源嵌入在社会网络结构中,社会网络的主体之间存在着关系的嵌入,社会主体之间通过关系的嵌入传递社会资源。关系嵌入和结构嵌入会改变人们影响网络的能力(Dahlander and Mcfarland,2013)。有研究表明,渠道网络的结构嵌入对渠道关系的形成和治理有一定的影响(Wuyts and Geyskens,2005)。"嵌入性"思维解释了社会主体如何在网络结构中获取社会资源。Jonathan 和 Harry(1990)探讨了市场嵌入性的概念以及其对消费者市场购买行为的影响。他们研究发现，消费者在市场中消费时，一方面由于品牌偏好的存在，交易产品的属性会影响消费者的获得效用；另一方面，消费者与卖方已有的关系及其在购买过程中与卖方的交互会使消费者获得交易效用。这两种效用都会影响消费者的购买欲望与最终支付情况，说明消费者在购买过程中的决策会受到情景制约，从而体现了经济行动嵌入于社会结构之中的思想。Kozinets 等（2010）揭示了消费者间网络化交流的过程，进而提出群体口碑营销并不是简单地增加或扩大营销信息的效果，而是信息在其进入的社会网络和沟通过程中产生了系统性的意义。此外，一些市场现象，譬如定价、生产力和市场创新等，都受到嵌入的社会网络和社会结构的影响（Granovetter，1988；Uzzi and Lancaster，2003；Yakubovich et al.，2005）。

（二）社会连带

社会连带（Social Ties）可分为强连带（Strong Ties）与弱连带（Weak Ties）：前者是在关系密切且经常联络的社会联系之间形成的，后者是在关系较为紧密或间接联络的社会联系之间形成的（Granovetter，1973）。相比强连带，弱连带更有利于信息传播，传播的范围更广（Godes and Mayzlin，2009；Groeger and Francis，2014）。这是因为，弱连带更多地在不同社会经济特征的群体间建立联系，一个人的弱连带越多，其社会网的范围越大，收集和传递的信息也会越多越广，且信息多为新颖和非冗余的（Levin and Cross，2004）。这一观点也体现在品牌社群当中——弱连带会使品牌社群成员接触到更多不同类型的人，从而获得更多有价值的知识和信息。Krackhardt 和 Stern（1985）则着重研究了强连带，他们认为强连带更容易形成信任，能够降低个人所面临的不确定性，尤其在面对复杂问题时，强连带关系能增加互惠，有助于问题的解决；并且在强连带关系中，个体间会频繁互动，并进行更多的信息交换（Chen et al.，2013；Huang，2014）。在在线品牌社群当中，一些社群成员通过互动交流形成了较深的朋友关系（即强连带），也有一些形成了较浅的普通关系（即弱连带），不同的连带在口碑营销中发挥着不同的作用。Brown 和 Reingen（1987）用关系强度的特质来检验口碑推介行为在宏观和微观环境中的表现，结果发现：①在宏观背景下，弱连带扮演着"桥"的角色，使信息从社会系统中的一个子群传递到另一个子群；②在微观层面，强连带关系更有利于信息流动的推介。

强连带也被认为比弱连带更有影响力,更可能被用作相关商品的信息来源,消费者对信息的卷入度会更高(Noort et al., 2012)。上述结论进一步细化了强、弱连带在信息流通方面的适用情境,也为口碑扩散提供了理论支持。强关系对口碑接受者行为的影响要比弱关系大得多。关系的强弱会影响接受者搜寻口碑信息的主动性,口碑传播者与口碑接收者之间强关系的推荐比弱关系的推荐更有可能引起双方主动地搜寻和传递信息(Brown and Reingen, 1987)。现在大多数企业都利用互联网来进行信息传播,在实践中可以由弱连带成员扩散信息以及强连带成员口碑来促使消费者产生购买动机或做出购买决策。除了口碑营销,关系强度对于销售店员影响他人信息分享的能力也非常重要(Christophe and Wuyts, 2007)。研究还发现,病毒营销起作用的前提在于网络中潜在的社会连带(Mochalova and Nanopoulos, 2014),尤其是强连带对消费者的品牌态度和消费者对待病毒营销的态度都具有积极的正面作用(Noort et al., 2012)。此外,尽管弱连带在信息传播范围方面作用较大,但强连带在获取创新方面作用更显著,尤其对于重视关系背景文化的中国,强连带对企业创新的影响更为重要(Bian, 1997)。

(三)网络中心性

中心性(Centrality)是社会网络分析中一个重要的结构属性指标,反映了个体在社会网络中受欢迎的程度(Christophe and Wuyts, 2007)。由于网络位置中心性对资源、信息以及各种社会连接具有控制力,因此在研究社会网络中个体或群体的作用时,经常被用来衡量个体在位置、地位、社会声望、职务的优越性或特权性等(罗家德, 2010)。网络中心性分为 3 种基本形式:程度中心性、亲近中心性和中介中心性(Freeman, 1979)。程度中心性主要是用来衡量一个群体中最主要的中心人物,个体在网络中的程度中心性越高,表示其在网络中与其他行动者的关联越多,在群体中拥有相对较高的地位和非正式权力;亲近中心性衡量的是个体与网络中其他行动者之间的接近程度,与他人距离越短,亲近中心性越高,越能够尽快获得相关资源;中介中心性指标衡量了一个人作为媒介者的能力,也就是占据在其他两人快捷方式上重要位置的个体,若其拒绝做媒介,这两人就无法沟通,占据这样的位置愈多,就愈代表他具有很高的中介性(罗家德，2010）。Vanitha 和 Christine（2009）认为网络中心性为公司在一个新的营销联盟里面获得更多的利益创造了条件，处于联盟中心位置的企业获得的影响力更大。一个公司在相关领域网络里的亲近中心性越高，越容易与其他公司形成合作品牌战略（Aarstad et al.，2015）。Danny 和 Sílvio（2009）发现处于咨询网络中心的销售经理会实现较高的销售业绩。"意见领袖"是口碑传播过程诸多环节中最为关键的一环（Katz and Lazarsfeld，1955），处于高中介中心的个体由于其独特的中间人位置而成为信息的把关者（Gibbons and Olk，2003）。Burt（1999）发现最有效的意见领袖不是具备高专业知识与身份地位卓越的网络先驱，而是处于网络中心位置的消费者，这些有影响力的用户可以通过口碑传播引起一系列的连锁反应（Mochalova and Nanopoulos，2014），消费者的程度中心性越高，越可能成为意见领袖（Risselada et al.，2016），这些消费者也最容易受到影响，品牌社群融入度和品牌忠诚度都很高（Lee et al.，2010）。他们进一步发现，当数据仅来自意见领袖的自我报告时，点出中心性和意见领袖呈正相关关系；当意见领袖的判断来源于网络中的其他人时，点入中心性和意见领袖有一定的相关性。此外，还有学者用亲近中心性作为指标去测量信息扩散过程中最有影响力的节点，以使处于该节点的个体促进社交网络里信息传播的效用最大化（Hosseini-Pozveh et al.，2017）。虽然"意见领袖"处于掌握一定资源的网络中心位置，但是也有学者认为处于网络中心的个体本身并不是决定正负口碑传播的一个强有力因素，因为那些处于高中心位置的消费者仅仅是接收和传递信息，并不对信息做正面或负面的评价（Bhubate and Dekui，2012），这就意味着营销人员应大范围推出较多正面的产品或服务信息，从而通过网络中心位置的个体，传递给更多的消费者。

三、整体社会网视角的营销研究

相对于自我中心网而言，整体社会网是一个更为宏观的分析层面。研究者利用所有行为人的每一种关系的信息，对整个网络的结构关系进行描述和解释。其中，研究者特别关注在此网络系统中行为人的特定位置或者社会角色的表现，以及在这些位置上和位置间行为人联结的模式（Knoke and Yang，2012）。整体社会网分析需要封闭的群体（罗家德，2010），因此，在营销研究中要尤其注意研究对象范围的界定，要求明确网络边界。在已有的研究中，网络密度和结构洞这两个整体社会网结构变量指标较多地应用在营销领域。

（一）网络密度

网络密度（Network Density）是指网络中各行为主体之间的关联程度（Coleman，1988），它是社会网络结构的一个重要特征，反映了网络成员相互联系的平均程度（Wasserman and Faustk，1994）。网络密度高意味着群体成员之间关系紧密、互动多，彼此之间信任程度较高（Park et al.，2014）。网络成员互动程度越高，网络中信息与资源的交换就会越频繁。高密度的网络为一个新的营销联盟带来两个关键性的优势：①由于所有的成员都是相互关联的，所以在高密度网络里，高质量的信息更容易传播（Fleming et al.，2007；Uzzi，1997）；②网络密度可以减少营销联盟新成员投机的可能性（Antia and Frazier，2001），从而在促进新营销联盟和谐发展的前提下，降低管理新成员的成本。Vanitha 和 Christine（2009）还发现，对于一个新的营销联盟来说，适当的网络密度对公司价值创造有着较强的积极影响。与此同时，高水平的信息交流将会引起高密度网络中的成员共享价值、目标或信念，从而容易产生情感共鸣和高度一致的行为（Galaskiewicz and Wasserman，1989）。有学者从在线会员分享知识的百分比发现，在线社群的吸收力和创造力随着网络密度的增加而增加（Tsai，2006），这对更好地管理品牌社群提供了一个新的视角。为了保持在线社群的活力，营销人员需要采取一定的措施，来吸引更多的会员加入，从而形成社群发展的良性循环。但高密度的网络可能会"过度嵌入"，进而抑制有效的经济活动，影响企业对资源的获取能力，因为在过于密集的网络中，企业之间应该已经形成信任和默契，合作关系已被固定，这可能会使企业失去获取网络外部资源的机会，不利于企业在网络外部发现新机遇和进一步降低交易成本。因此，企业不仅需要利用网络密度的优势效应，还应防止集群的"过度嵌入"。

（二）结构洞

结构洞（Structural Hole）是指社会网络中的某个或某些个体与一些个体发生直接联系，但与其他个体不发生直接联系、无直接或关系间断的现象，从网络整体角度来看好像是网络结构中出现了洞穴（Burt，1992）。由定义可推知，结构洞是两个网络个体之间的非重复关系，它的存在可以为两边的联系人带来累加而非交叉的利益。结构洞强调的是关系优势如何在市场中获得竞争力，占据结构洞位置会获得竞争优势。网络中结构洞成员比非结构洞成员更易于创造和获得更多价值，这种利益驱使成员产生追逐结构洞位置的意图（Afuah，2013）。有学者指出，企业在组织中网络间的位置能决定企业在新市场上有效利用网络资源的可能性，进而影响企业的市场进入决策（Jensen，2003）和市场份额（Baum et al., 2005）。原因在于企业嵌入的社会网络越多，就越可以利用社会网络来推动企业国际化的进程，吸收当地网络知识，并避免因缺少国际信誉而导致的经营风险。另有研究发现，当制造商之间联系密切，且市场上有大量非冗余的供应商和客户时，产业边际利润会增加（Burt，1992）。基于 Burt（1992）占据结构洞可自动形成竞争优势的观点上，Zaheer 和 Bell（2005）把社会网络与资源基础观相结合，认为占据结构洞的企业更能利用内部能力，使自身绩效得到提升，但前提是企业内部具备创新能力。许多研究也认为创新能力与结构洞联系紧密，如 Ahuja（2000）提出，当组织处于行业联盟上层且占据经纪人位置时，会有更多的专利产出；Stuart 和 Podolny（1999）以半导体公司为研究对象，验证其与自身技术领域之外的企业建立联盟，会有更高的创新能力；McEvily 和 Zaheer（1999）证明桥连接和研究机构的连接能帮助企业接收信息并获得机会，提高创新的成功率。综合以上研究成果可知，结构洞能带给企业诸多优势，究其原因，加强企业之间的交流可以增加知识的积累（Nahapiet and Ghoshal，1998），且结构洞的占据者更能够辨别威胁和机遇，减少冗余联系人（Gnyawali and Madhavan，2001）。但是结构洞也有缺陷，Shipilov 和 Li（2008）的研究发现，结构洞有利于企业的地位累积，但不利于企业集中精力协作以提高市场绩效。此外，结构洞的优势也不是一成不变的，研究认为产业特性、产业发展阶段、产业环境能影响结构洞对企业的绩效（Rowley et al., 2000）。因此，企业在选择网络结构时，应在闭合与开放中达到平衡。

四、社会网络对营销研究的影响

综上所述，在社会网络分析范式下，营销领域研究的主体是消费者、企业、文化、制度、经济环境等构成的网络系统以及每个消费者的网络体系，并且这个网络是动态的，通过个体消费者、群体或组织等社会主体之间的互动不断发生变化。应用到营销研究领域，节点可以是一个消费者、一个企业组织、一个国家或其他社会主体，社会连带既可指消费者的亲属关系、朋友关系、同事关系等社会关系以及企业等组织与其利益相关者的关系，也可指市场主体因分享资源、知识或信息而产生的互动关系。

通过社会网络分析，我们可以对市场结构进行深层次挖掘，对消费行为的过程产生更细致的了解。纵观已有文献，发现社会网络对营销研究的影响具有以下特点：

第一，多数学者将社会网络同时作为研究内容和分析方法，研究营销中的各类关系。例如，Iacobucci 和 Hopkins（1992）建议运用社会网络分析方法来分析营销中的双向关系和社会网络；有学者从连带强度的视角研究新产品联盟中信息获取和利用问题（Rindfleisch and Moorman，2001）；Janssen 和 Jager（2003）用社会网络结构和小世界理论来研究市场动态变化问题。

第二，口碑传播与意见领袖成为主要研究方向。口碑传播嵌入在信息网络和社会网络当中（Dwyer，2007），在消费决策的过程中，社会网络可以给消费者带来口碑信息，弱连带有利于信息的扩散，促使信息从一个子群迅速传入另一个群体，提高了信息的传播速度；强连带能够加强网络成员之间的信任，使信息的卷入度更高，便于消费者进行品牌选择，节省了时间成本。此外，意见领袖与网络中心性紧密联系在一起，总体来说，网络中心性越高，消费者越容易成为网络里的意见领袖，这些有影响力的消费者可以通过口碑传播引起一系列的连锁反应（Mochalova and Nanopoulos，2014），促进更多的消费者了解到品牌和产品信息。

第三，对营销联盟的影响。处于联盟中心位置的企业获得的影响力会更大，更容易与其他公司形成合作品牌战略（Aarstad et al.，2015），因为该位置可以为其获得更多的利益创造条件（Vanitha and Christine，2009）。此外，高密度网络会引起成员价值、目标共享（Galaskiewicz and Wasserman，1989），有利于促进新营销联盟内部高质量信息的传递（Fleming et al.，2007；Uzzi，1997）、减少成员的投机行为（Antia and Frazier，2001），对公司价值创造有着较强的积极影响（Vanitha and Christine，2009）。

第四，社会网络在在线品牌社群中的应用（见第一章第三节）。

第五，其他。除了上述几个方向外，现有研究还发现网络位置对营销人员的个人业绩（Danny and Sílvio，2009）、企业的市场进入决策（Jensen，

2003）、市场份额（Baum et al.，2005）、企业利润（Zaheer and Bell，2005）和创新能力（Ahuja，2000）等都有重要的影响。

五、现有研究的局限性

虽然社会网络范式在营销研究方面得到了一定的发展，但是也存在一些问题，主要表现在以下 3 点：

首先，研究内容界定不清晰。现在较多社会网络文献中的"社会网络"（Social Network）多指的是社交网站，研究的是在线社交网站在营销方面的作用，或是在一些在线社交网站或社会化媒体环境下的消费者的行为特点，这些实际上还是从消费者的个人属性角度出发，同社会网络分析和社会网络理论本身没有实质关系，并没有运用相关方法或属性指标。

其次，测量手段和方法不规范。社会网络分析所用的数据资料具有自己的类型与特征，它是一组反映行动者社会关系的信息，最基本的数学表达形式是图论法和矩阵法（林聚任，2009）。但在多数实际研究中，尤其是在分析单位、社会网边界确定、问卷的内容结构、数据资料收集和分析等各环节上，多数学者还是采用普通调查研究的方法，这样调查出来的结果可能会影响研究的可靠性和有效性，具体体现在以下两个方面。

（1）测量网络结构特征指标的量表不规范。一些研究（Antia and Frazier，2001）仍然采用了传统的李克特（Likert）量表等工具来测量，而非采用社会网络专用的测量方法。实际上，社会网络数据是关系数据（0 或 1 代表两种关系，分别表示"没有"某种关系或"有"某种关系，"0"表示两者之间没有关系，"1"表示两者之间有关系），而非属性数据，不能用李克特量表来测量。

（2）虽然社群图（Sociogram）、随机图（Random Graph）、小世界网络技术（Small-world Network）以及 UCINET①（University of California at Irvine Network）等社会网络分析软件已经较多地运用在其他学科上，但是由于这些技术对数学、数理模型、图论等有较多依赖，因此限制了在营销领域的应用，目前学者们多使用 Ucinet 分析软件，技术相对单一。

最后，作为营销研究的一个新视角，理论本身在营销研究方面存在一

---

① 本书中所有章节出现的 UCINET 均指社会网络分析软件（University of California at Irvine Network）。

些缺陷。社会网络分析是一种有效的结构分析方法，其优势在于把复杂多样的关系转化为一定的网络构型，然后基于这些构型及其变化解释其对个体行为的意义。然而，这种研究范式忽略了对行为主体属性和特征的研究。社会网络分析的假设前提之一就是对于理解所观察的行为，结构性关系要比年龄、性别、价值和意识形态等个体特征更重要（Knoke and Yang，2012），这显然有些偏颇，导致有些营销行为可以观察，但无法解释。

六、未来研究方向

虽然现有的研究范围还存在一定的局限性，但是随着社会网络范式在营销领域更深入地应用，相信会有更多的营销问题可以运用社会网络范式来解决。纵观现有社会网络分析范式下的营销研究成果，可以看出，目前的研究仍存在许多有待深入挖掘的问题，值得在未来的研究中进一步探讨。

第一，消费者在社会网络范式下的前因分析。社会网络已广泛应用于营销研究，相关文献探讨了社会网络对营销行为的作用后果，如嵌入的社会网络和社会结构对定价、生产力和市场创新的影响；结构洞对企业创新能力的正向作用等。但消费者作为社会网络的基本组成单位，其对网络结构的形成有何作用仍未得到解答。值得研究的问题包括：对于在网络结构中占据相同位置的消费者，为何有些人可以充当优秀的意见领袖，另一些却不能？哪些因素影响了消费者在社会网络中的行为？可以把消费者的自我概念、个性、生活方式与决策过程等消费者行为学的相关变量，以及心理学中的互惠主义、自愿主义等纳入考量，形成社会网络的消费者前因。

第二，网络结构形成的外部驱动因素。以往有研究认为优秀的社会网络能够创造和获得更多价值，存在价值创造与价值分配两种激励，促使企业或消费者去追逐社会网络中特殊的位置。但除了利益驱动因素，其他外部环境也会对网络结构的形成产生影响。譬如中国关注关系、人情与面子，而西方社会更崇尚自由，处于这两种社会文化环境下的消费者拥有的强弱连带在推荐口碑中所起的作用是否相同？消费体验中卖方对顾客的知识普及会不会影响消费者在品牌社群中占据结构洞位置的能力？外部环境中的地理、文化、社会阶层、体验可能会影响社会网络的建构，今后可以研究社会网络中的营销变量是受到哪些外部因素影响，它们又是如何影响最终的营销绩效的。

第三，消费者和企业在网络中的动态分析。网络结构更多地被视为静态的、外生的，而不是动态演化的。正如 Emirbayer 和 Goodwin（1994）所言，社会网络研究虽然使用了"复杂的分析技术"，但却缺少一些"恰当的说明社会网络如何形成、复制和演变的模型"。在社会网络范式下的营销研究并不局限于一个时间点，而会随着时间与情境的推移发生改变。比如，消费者会和新的消费者或者品牌产生联系，但又会随之终止一些消费者与品牌的关系；企业也会加入新的战略联盟，有新的合作伙伴，同样也会割断之前的合作，以往的联盟关系也会瓦解。这些关于社会科学中的问题，由于参与的消费者和人交互与作用，增加了不确定性，背后模式的分析变得尤为复杂。社会网络是如何变化的，行动者之间的连接是如何产生与断裂的，也成为值得研究的议题。

第三节　社会网络与在线品牌社群的结合

一、在线品牌社群的结构

在第一节中，我们将在线品牌社群定义为"使用某一特定品牌的爱好者们以网络媒体为主要沟通媒介，通过互动和分享，在线上形成有着共同群体意识、仪式和传统、道德责任感等一整套社会关系的群体"。然而，不同的学者对其中的关系参与方界定不一，从而形成的结构模型有所不同。

Muniz 和 O'Guinn（2001）所提出的品牌社群概念丰富了"消费者-品牌"关系模型，强调的是以品牌为中心的消费者之间的关系（见图1-1）。此模型的提出表示了消费者因品牌而联结在一起的意义，同时也表明了"消费者-消费者的关系"在品牌创建过程中的重要作用。该模型的特点是聚焦，缺点是除了该品牌的消费者之外，还有其他竞争者的消费者也会对本品牌消费者产生影响。例如，当前许多消费者在购买某产品之前会访问各大网络论坛，其中就包含各大品牌消费者沟通信息的记录。

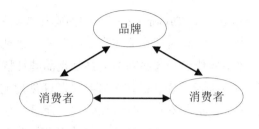

图 1-1　品牌社群三角关系模型

资料来源：Albert M, Muniz Jr and Thomas C O'Guinn. Brand Community［J］. Journal of Consumer Research, 2001, 27(3): 412-432.

McAlexander 等（2002）对 Muniz 和 O'Guinn 的三角模型做了扩展，提出了一个"基于核心消费者的模型"。他们认为品牌社群是一种基于消费者体验的消费者与品牌的关系，其中包括消费者与品牌、消费者与产品、消费者与营销者、消费者与消费者 4 对主体之间的关系（见图 1-2）。在这一模型中，消费者居于品牌社群的核心位置，除了 Muniz 等研究的"消费者与消费者关系"之外，还增加了产品、品牌、营销者 3 个关系主体。尽管这一结构更加全面，但基本已经改变了 Muniz 提出"品牌社群"这一全新概念的初衷——消费者与消费者关系的研究。McAlexander 等人的观点已偏向了另一个紧密相关的概念——品牌关系。品牌关系领域的核心研究者 Fournier（2001）就曾将品牌与消费者的关系扩展为 McAlexander 所提到的 4 种关系，周志民和卢泰宏（2004）将其称为"广义品牌关系"。

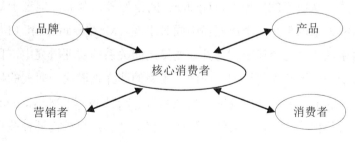

图 1-2　品牌社群核心消费者模型

资料来源：James H McAlexander, John W Schouten and Harold F Koeing. Building Brand Community［J］. Journal of Marketing, 2002, 66(1): 38-54.

相比之下，Upshaw 和 Taylor（2001）的品牌社群就显得相当复杂了。在他们的模型当中，一切与品牌有关的利益相关者（包括雇员、消费者、股东、供应商、战略伙伴等）与品牌的关系都是品牌社群的组成部分（见图 1-3）。此模型虽然强调了各利益相关者对于品牌创建的重要意义，但涉及面太广，关系过于复杂，不利于分析和研究。而且，这一模型强化的是品牌的核心地位，淡化了消费者在品牌创建过程中的关键地位。

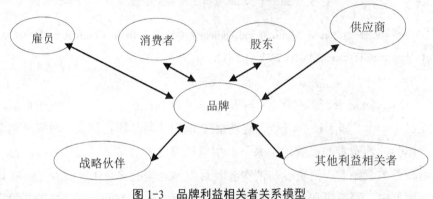

图 1-3   品牌利益相关者关系模型

资料来源：Upshaw L, Taylor E. Building Business by Building a Master Brand[J]. Brand Management, 2001, 8(6): 417-426.

从研究的焦点来看，Muniz 和 McAlexander 的模型是以消费者为核心的，而 Upshaw 的模型是以品牌为核心的，两个核心的区别在于前者研究消费者在品牌社群创建当中的作用，而后者研究了可能对品牌产生影响的所有主体。从研究的广度看，Upshaw 的模型最为全面，但过于复杂，其间的各种关系很难在一个研究当中同时出现。McAlexander 和 Muniz 的模型相对来说要更适合运用到与其他变量之间关系的实证研究中，目前一些文献分别采用了两人的模型，而两个模型的选择则取决于研究的目的和动机，并无优劣之分。从研究的逻辑性来看，Upshaw 和 McAlexander 的模型并未对各种关系进行重要性的排序，言下之意是很难说哪种关系在品牌社群当中起到主导作用，而 Muniz 的模型是以消费者与消费者的关系作为核心的，着力研究消费者之间沟通品牌信息如何影响到品牌的创建。从上述 3 个模型可以看出，不管是哪个结构，在线品牌社群都是一个社会网络关系的集合。

二、社会网络和在线品牌社群结合的必要性和可行性

社会网络被用来分析社会行动者之间的关系结构特征（Wasserman and Faust，1994），网络中含有许多节点，节点与节点之间由线段相连，"线段"代表人与人的关系，也就是社会成员之间具有社会连带（Social Ties）。Granovetter（1985）把人的经济行为置于人际关系互动网络中进行考察。这一观点强调，行动者在从事一项经济行为时，除了自己理性的算计与个人偏好外，还会在自己的人际社会网络不断地交换信息、搜寻情报、受到影响和改变偏好，所以行动者的行为既是"自主"的，也会"嵌入"（Embedded）在互动网络中，受到社会脉络的制约。社会网络分析不是单纯关注行动者的内在驱动力，而是把重点放在行为的结构性限制上，以解释行动者的行为（Ruan，1993）；注重用"结构等效"来解释社会个体的行为关系，把社会网络界定为将社会成员联结在一起的关系模式，强调的是社会成员间通过关系网络和先赋地位而产生的既定社会结构（Nohria and Eccles，1992）。个体在网络结构的位置可以影响个人在组织中资源的获得（Burt，1992），从而决定了行动主体关系的运作。这一理论使结构位置与行为的关系研究成为可能。在这个架构下，社会关系强度、社会网络结构、网络密度、个人结构位置等因素会对信任、情感支持、资源取得、人际影响等诸多中介变量产生影响（罗家德，2010），进而影响个体消费行为。这刚好对应了我们对在线品牌社群的定义和结构的分析。在线品牌社群本质上就是一个线上的社会网络关系集合体。在线品牌社群中有处于网络核心位置的成员，也有处于边缘位置的成员；不同位置的成员掌握的资源（社会资本）大不相同，有些成员之间不存在直接联系，但通过结构洞位置的成员可以进行信息的扩散；不同的成员之间形成或强或弱的连带，影响着社群成员之间的关系，改变着社群的氛围和密度，促使在线品牌社群活跃发展。Lee 等（2011）的研究是国际上第一篇以社会网络视角研究品牌社群的实证论文。他们研究了品牌社群社会网络（连带强度、关联密度、中心性、同质性等）对社群情感的依恋，继而影响会员的品牌关系维系意愿、信息分享意愿和重购意愿。在社会网络和在线品牌社群结合的研究方面，

这篇文章具有开创性。

三、社会网络和在线品牌社群结合研究的章节框架

在接下来的实证研究部分中,本书分为 5 篇共 12 章来介绍如何将社会网络理论和方法运用到在线品牌社群当中进行研究（见图 1-4）。

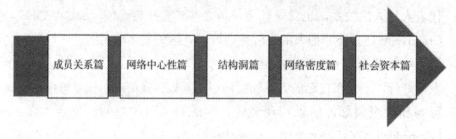

成员关系篇　　网络中心性篇　　结构洞篇　　网络密度篇　　社会资本篇

图 1-4　章节框架

（一）成员关系篇

在线品牌社群经营状况差异甚大。一些社群（如华为的花粉俱乐部）参与者众多,而一些社群（如李宁互动社区）则缺乏人气。由定义可知,在线品牌社群是成员社会关系集合,因此可将关系作为品牌社群研究范式。成功的在线品牌社群当中存在很多紧密、友好的成员间关系和成员-社群关系,而失败的在线品牌社群当中成员关系松散,社群关系淡漠。这些成员关系和社群关系是如何形成和演变的?不同的关系状态对品牌社群和品牌有何影响?在理论上,这一问题将探究在线品牌社群成员的心理与行为变化,以及成员关系和社群关系的形成机制,有助于分析在线品牌社群的成败原因,解释成员品牌关系的由来;在实践上,对关系形成过程的研究将有利于社群管理者设计更好的社群环境和活动,以改进社群关系,提升品牌关系。针对以上问题,本篇分为两章,主要探究在线品牌社群成员的心理与行为变化以及成员关系和社群关系的形成机制,并从强弱连带整合的视角,讨论在线品牌社群成员强关系和弱关系数量对品牌忠诚的影响。

（二）网络中心性篇

为什么有些在线品牌社群成员的网络中心性程度更高？其网络中心性对品牌行为有何影响？在线品牌社群中不同成员的人格特质是如何影响其知识分享行为的？社群成员面子需要是促进还是阻碍其融入在线品牌社群？本篇由 3 章组成，主要回答以上问题，并基于嵌入理论，社会网络、社会资本、品牌社群理论，分别从内外倾型人格特质、社会强化动机和面子需要 3 个角度来探讨网络中心性的前因和后果。

（三）结构洞篇

在第二节中，我们了解到结构洞是信息流动的缺口，是一个"类似电线线路绝缘器的物质"。它能够阻碍结构洞两端的关系人交流信息，占据结构洞的人能够获取异质的信息，因为中间人和结构洞两端的关系人分别都建立了关系，而两端的人无法直接相连。中间人占据的结构洞越多，则获取的信息越多，优势越大。也就是说，尽管两端的关系人之间不认识，但都认识中间人，就可以形成间接的关系链条，因此，占据结构洞位置的中间人非常重要，可以形成竞争优势。反映在在线品牌社群中，结构洞被描述为两个或多个陌生的社群成员之间的桥梁，因此是在线品牌社群社会网络形成的关键节点。结构洞能反映不同成员之间形成的关系网络结构，可以说明关系的关联与断裂共存现象。本篇分为两章，将结构洞这一社会网络的核心概念纳入在线品牌社群研究当中，分别从成员产品知识和社群公民行为两个角度，探讨在线品牌社群结构洞的形成与作用机制。

（四）网络密度篇

作为描述社会网络结构特征的重要变量之一，网络密度反映了网络成员相互联系的平均程度，描述了自我中心网所有成员互动关系的总体情况，是一个组织层次的概念，是衡量网络总体特征的关键指标（Wasserman et al.，1994）。网络密度会随着网络中成员的增加而增加更多的可用连接点（Marsden，1993）。一个高密度的社会网络意味着网络中的大部分成员都相互关联，也就是说在网络中有很高比例的成员贡献了流量值（Oliver，1991）。从操作层面来看，网络密度是一个社会网络中可存在的关系数与可能存在的最大关系数的比值（Phillips，2010）。网络密度描述了在线品牌社群成员的互动关系程度，然而为什么不同社群的网络密度存在着高低差异呢？其对品牌社群和品牌又有哪些影响？本篇分为两章，从社群氛围和成员异质性两个角度进行探讨。

（五）社会资本篇

自 1977 年 Bourdieu 提出"社会资本"的概念以来，社会科学领域对这一问题的研究就一直兴盛至今。大量研究探讨了社会资本的内涵、维度和形成与作用机制，尤其是从人际关系、公司间关系等角度探讨社会资本的资源价值。随着社交网络技术的发展，形形色色的在线品牌社群层出不穷，越来越多的人在网上与他人交流，分享个人经历和观点，形成各类主题（如兴趣、品牌、地域等）的网上人际圈子。当这些网上圈子成为可带来利益的网络关系资源时，就产生了"E-社会资本"（Electronic Social Capital），即"网上社会资本"。如果品牌社群能为成员带来足够的价值，那么他们就愿意与社群保持长久的关系（Bagozzi and Dholakia，2006），而在以社会关系为核心的品牌社群（Muniz and O'Guinn，2001）当中，基于关系的社会资本能够带来令人满意的信息价值和社交价值（Mathwick et al.，2008）。由此来看，E-社会资本的培育就显得非常有必要，应当引起管理者的足够重视。本篇分为 2 章，分别从社群互动的质量和互动的类型来研究 E-社会资本的形成及其对社群和品牌的作用。

本章参考文献

[1] （美）戴维·诺克，杨松. 社会网络分析（第二版）[M]. 李兰，译. 上海：格致出版社，人民出版社，2012.

[2] 黎耀奇，谢礼珊. 社会网络分析在组织管理研究中的应用与展望[J]. 管理学报，2013，10（1）：146-154.

[3] 林聚任. 社会网络分析：理论、方法与应用[M]. 北京：北京师范大学出版社，2009.

[4] 罗家德. 社会网络分析讲义[M]. 北京：社会科学文献出版社，2010.

[5] 汪涛，周玲，杨立华. 网络化营销：基于价值网络化的营销范式初探[J]. 外国经济与管理，2010, 2（1）：34-57.

[6] 张闯. 管理学研究中的社会网络范式：基于研究方法视角的 12 个管理学顶级期刊（2001—2010）文献研究[J]. 管理世界，2011（7）：154-168.

[7] 周志民，卢泰宏. 广义品牌关系研究[J]. 中国工业经济，2004，（11）：98-105.

[8] Aarstad J, Ness H, Haugland S A. Network Position and Tourism Firms' Co-branding Practice[J]. Journal of Business Research, 2015, 68(8): 1667-1677.

[9] Adjei M T, Noble C H, Noble S M. Enhancing Relationships with Customers through Online Brand Communities[J]. MIT Sloan Management Review, 2012, 53(4): 22-24.

[10] Adjei M T, Noble S M, Noble C H. The Influence of C2C Communications in Online Brand Communities on Customer Purchase Behavior[J]. Journal of the Academy of Marketing Science, 2010, 38(5): 634-653.

[11] Afuah A. Are Network Effects really All about Size? The Role of Structure and Conduct[J]. Strategic Management Journal, 2013, 34(3): 257-273.

[12] Ahn H, Kwon M W, Sung Y. Online Brand Community across Cultures[J]. International Journal of E-Business Management, 2010, 4(1): 34-52.

[13] Ahuja G. Collaboration Networks, Structural Holes, and Innovation: A Longitudinal Study[J]. Administrative Science Quarterly, 2000, 45(3): 425-455.

[14] Aihwa C, Sara H H, Timmy H T. Online Brand Community Response to Negative Brand Events: The Role of Group eWOM[J]. Internet Research, 2013, 23(4): 486-506.

[15] Algesheimer R, Dholakia U M, Herrmann A. The Social Influence of Brand Community: Evidence from European Car Clubs[J]. Journal of Marketing, 2005, 69(3): 19-34.

[16] Amine A, Sitz L. How does a Virtual Brand Community Emerge? Some

Implications for Marketing Research[D]. Universite de Paris XII Institut de Recherche en Gestion, 2004.

[17] Andersen P H. Relationship Marketing and Brand Involvement of Professionals through Web-enhanced Brand Communities: The Case of Coloplast[J]. Industrial Marketing Management, 2005, 34: 285-297.

[18] Antia K D, Frazier G L. The Severity of Ccontract Enforcement in Interfirm Channel Relationship [J]. Journal of Marketing, 2001, 65(4): 67-81.

[19] Bagozzi R P, Dholakia U M. Antecedents and Purchase Consequences of Customer Participation in Small Group Brand Communities[J]. International Journal of Research in Marketing, 2006, 23(1): 45-61.

[20] Baldus B J, Voorhees C, Calantone R. Online Brand Community Engagement: Scale Development and Validation[J]. Journal of Business Research, 2015, 68(5): 978-985.

[21] Baum J A C, Rowley T J, Shipilov A V, et al. Dancing with Strangers: Aspiration Performance and the Search for Underwriting Syndicate Partners[J]. Administrative Science Quarterly, 2005, 50(4): 536-576.

[22] Bhubate S, Dekui L. The Effects of Centrality and Prominence of Nodes in the Online Social Network on Word of Mouth Behaviors[J]. Journal of Academy of Business and Economics, 2012, 12(2): 124-148.

[23] Bian Y J. Bringing Strong Ties Back in: Indirect Ties, Network Bridges, and Job Searches in China[J]. American Sociological Review, 1997, 62(3): 366-383.

[24] Biggiero L. Sources of Complexity in Human Systems[J]. Nonlinear Dynamics, Psychology,and Life Sciences, 2001, 5(1): 3-19.

[25] Blackston M. Observations: Building Brand Equity by Managing the Brand's Relationships [J]. Journal of Advertising Research, 1992, 40(6): 231-241.

[26] Borgatti S P, Foster P C. The Network Paradigm in Organizational Research: A Review and Typology [J]. Journal of Management, 2003, 29(6): 991-1013.

[27] Borgatti S P, Mehra A, Brass D J, et al. Network Analysis in the Social

Sciences[J]. Science, 2009, 323(5916): 892-895.

[28] Bourdieu P. Cultural Reproduction and Social Reproduction[A]. In J. Karabel, A. H. Halsey (Eds.). Power and Ideology in Education[C]. New York: Oxford University Press, 1977.

[29] Brodie R J, Ilic A, Juric B, et al. Consumer Engagement in a Virtual Brand Community: An Exploratory Analysis[J]. Journal of Business Research, 2013, 66(1): 105–114.

[30] Brown J J, Reingen P H. Social Ties and Word-of-mouth Referral Behavior[J]. Journal of Consumer Research, 1987, 14(12): 350-362.

[31] Bruhn M, Schnebelen S, Schäfer D. Antecedents and Consequences of the Quality of E-customer-to-customer Interactions in B2B Brand Communities[J]. Industrial Marketing Management, 2014, 43(1): 164-176.

[32] Burt R S. Structural Holes: The Social Structure of Competition[M]. Cambridge: Harvard University Press，1992.

[33] Burt R S. The Social Capital of Opinion Leaders[J]. Annals of the American Academy of Political and Social Science, 1999, 566(1): 37-54.

[34] Carlson B D. Brand-based Community: The Role of Identification in Developing a Sense of Community among Brand Users[D]. Dissertation Abstracts International from Oklahoma State University, 2005, 66(2): 679.

[35] Carpenter M A, Li M, Jiang H. Social Network Research in Organizational Contests: A Systematic Review of Methodological Issues and Choices[J]. Journal of Management, 2012, 38(4): 1328 -1361.

[36] Chan T K H, Zheng X, Cheung C M K, et al. Antecedents and Consequences of Customer Engagement in Online Brand Communities[J]. Journal of Marketing Analytics, 2014, 2(2): 81-97.

[37] Chance Z, Deshpandé R. Putting Patients First: Social Marketing Strategies for Treating HIV in Developing Nations[J]. Journal of Micromarketing, 2009, 29(3): 220- 232.

[38] Chow W S, Shi S. Investigating Customers' Satisfaction with Brand Pages in Social Networking Sites[J]. Journal of Computer Information Systems, 2015, 55(2): 48-58.

[39] Christophe V D B, Wuyts S. Social Networks in Marketing, Marketing Science Institute[M], Cambridge, MA: Marketing Science Institute, 2007.

[40] Coleman J S. Social Capital in the Creation of Human Capital[J]. American Journal of Sociology, 1988, 94(1): 95-120.

[41] Cova B, Pace S, Park D J. Global Brand Communities across Borders: The Warhammer Case[J]. International Marketing Review, 2007, 24(3): 313-329.

[42] Cova B, Pace S. Brand Community of Convenience Products: New Forms of Customer Empowerment-the Case "My Nutella the Community"[J]. European Journal of Marketing, 2006, 40(9/10): 1087-1105.

[43] Cross R, Cummings J N. Tie and Network Correlates of Individual Performance in Knowledge -intensive Work[J]. Academy of Management Journal, 2004, 47(6): 928-937.

[44] Dahlander L, Mcfarland D A. Ties that Last: Tie Formation and Persistence in Research Collaborations over Time[J]. Administrative Science Quarterly, 2013, 58(1): 69-110.

[45] Danny P C, Sílvio A L N. Sales Managers' Performance and Social Capital: The Impact of an Advice Network[J]. Brazilian Administration Review, 2009, 6(4): 316-330.

[46] Doyle S. Social Network Analysis in the Telco Sector — Marketing Applications[J]. Journal of Database Marketing & Customer Strategy Management, 2008, 15(2): 130-134.

[47] Dwyer P. Measuring the Value of Electronic Word of Mouth and its Impact in Consumer Communities[J]. Journal of Interactive Marketing, 2007, 21(2): 63-79.

[48] Emirbayer M J, Goodwin J. Network Analysis, Culture, and the Problem of Agency[J]. American Journal of Sociology, 1994, 99(6): 1411-1454.

[49] Fang R, Landis B, Zhang Z, et al. Integrating Personality and Social Networks: A Meta-analysis of Personality, Network Position, and Work Outcomes in Organizations[J]. Organization Science, 2015, 26(4): 1243-1260.

[50] Fleming L, Mingo S, Chen D. Collaborative Brokerage, Generative

Creativity, and Creative Success[J]. Administrative Science Quarterly, 2007, 52(3): 443-475.

[51] Fournier S. Consumers and their Brands: Developing Relationship Theory in Consumer Research[J]. Journal of Consumer Research, 1998, 24(4): 343 -373.

[52] Freeman L C. Centrality in Social Networks Conceptual Clarification[J]. Social Networks, 1979, 1(6): 215- 239.

[53] Füller J, Matzler K, Hoppe, M. Brand Community Members as a Source of Innovation[J]. Journal of Product Innovation Management, 2008, 25(6): 608-619.

[54] Gabrielli V, Baghi I. Online Brand Community within the Integrated Marketing Communication System: When Chocolate Becomes Seductive Like a Person[J]. Journal of Marketing Communications, 2016, 22(4): 385-402.

[55] Galaskiewicz J, Wasserman S. Mimetic Processes within an Interorganizational Field: An Empirical Test[J]. Administrative Science Quarterly, 1989, 34(3):454–479.

[56] Gibbons D, Olk P M. Individual and Structural Origins of Friendship and Social Position among Professionals[J]. Journal of Personality and Social Psychology, 2003, 84(2): 340–351.

[57] Gnyawali D R, Madhavan R. Cooperative Networks and Competitive Dynamics: A Structural Embeddedness Perspective[J]. Academy of Management Review, 2001, 26(3): 431-445.

[58] Godes D, Mayzlin D. Firm-created Word-of-mouth Communication: Evidence from a Field Test[J]. Marketing Science, 2009, 28(4): 721–739.

[59] Granovetter M S. Economic Action and Social Structure: The Problem of Embeddedness[J]. American Journal of Sociology, 1985, 91(3): 481-510.

[60] Granovetter M S. Labor Mobility, Internal Markets and Job Matching: A Comparison of the Sociological and Economic Approaches[J]. Research in Social Stratification and Mobility, 1986, 5: 3-39.

[61] Granovetter M S. The Sociological and Economic Approaches to Labor Marker Analysis: A Social Structural View[A]. In FARKAS G,

ENGLAND P(eds.). Industries, Firms, and Jobs[C]. New York: Plenum Press, 1988.

[62] Groeger L,Buttle F. Word-of-mouth Marketing Influence on Offline and Online Communications: Evidence from Case Study Research[J]. Journal of Marketing Communications, 2014, 20(1-2): 21-41.

[63] Gruner R, Homburg C, Lukas B. Firm-hosted Online Brand Communities and New Product Success[J]. Journal of the Academy of Marketing Science, 2014, 42(1): 29-48.

[64] Gulati R, Gargiulo M. Where do Interorganizational Networks Come From?[J]. American Journal of Sociology, 1999, 104（5）: 1439-1494.

[65] Hickman T M. Intergroup Rivalry in Brand Communities: A Social Identity Theory Perspective[D]. Arizona State University, 2005(8): 1-164.

[66] Hollebeek L D, Juric B, Tang W. Virtual Brand Community Engagement Practices: A Refined Typology and Model[J]. Journal of Services Marketing, 2017, 31(3): 204-217.

[67] Hollenbeck C R, Zinkhan G M. Consumer Activism on the Internet: The Role of Anti-brand Communities[J]. Advances in Consumer Research, 2006, 33: 479-485.

[68] Hosseini-Pozveh M, Zamanifar K, Naghsh-Nilchi A R. A Community-based Approach to Identify the Most Influential Nodes in Social Networks[J]. Journal of Information Science, 2017, 43(2): 204-220.

[69] Hsieh P L, Wei S L. Relationship Formation within Online Brand Communities: Bridging the Virtual and the Real[J]. Asia Pacific Management Review, 2017, 22(1): 2-9.

[70] Iacobucci D, Hopkins N. Modeling Dyadic Interactions and Networks in Marketing[J]. Journal of Marketing Research, 1992, 29(1): 5-17.

[71] Ingram P, Roberts P. Friendships among Competitors in the Sydney Hotel Industry[J]. American Journal of Sociology, 2000, 106(2): 387-423.

[72] Jang H, Lorne O, Ko I, et al. The Influence of On-line Brand Community Characteristics on Community Commitment and Brand Loyalty[J]. International Journal of Electronic Commerce, 2008, 12(3): 57-80.

[73] Janssen M A, Jager W. Simulating Market Dynamics: Interactions

between Consumer Psychology and Social Networks[J]. Artificial Life, 2003, 9(4): 343-356.

[74] Jensen M. The Role of Network Resources in Market Entry: Commercial Banks' Entry into Investment Banking, 1991-1997[J]. Administrative Science Quarterly, 2003, 48(9): 466-497.

[75] Jonathan K, Harry L. Purchasing Behavior in Embedded Markets[J]. Journal of Consumer Research, 1990, 17(1): 1-12.

[76] Jonczyk C, Lee Y, Galunic C, et al. Relational Changes during Role Transitions: The Interplay of Efficiency and Cohesion[J]. Academy of Management Journal, 2016, 59(3): 956-982.

[77] Kang M, Shin D H. The effect of Customers' Perceived Benefits on Virtual Brand Community Loyalty[J]. Online Information Review, 2016, 40(3): 298-315.

[78] Kates S M. The Dynamics of Brand Legitimacy: An Interpretive Study in the Gay Men's Community[J]. Journal of Consumer Research, 2004, 31(2): 455-464.

[79] Katz E, Lazarsfeld P F. Personal Influence: The Part Played by People in the Flow of Mass Communications[J]. American Journal of Sociology, 1955, 21(6): 1583.

[80] Kilduff M, Tsai W, Hanke R. A Paradigm too Far? A Dynamic Stability Reconsideration of the Social Network Research Program[J]. Academy of Management Review, 2006, 31(4): 1031-1048.

[81] Kilduff M, Tsai W. Social Networks and Organizations[M]. London: Sage Publications, 2003.

[82] Kim J H, Bae Z T, Kang S H. The Role of Online Brand Community in New Product Development: Case Studies on Digital Product Manufacturers in Korea[J]. International Journal of Innovation Management, 2008, 12(3): 357-376.

[83] Kleinbaum A M. Organizational Misfits and the Origins of Brokerage in Intrafirm Networks[J]. Administrative Science Quarterly, 2012, 57(3): 407-452.

[84] Kozinets R V, Valck K D, Wojnicki A C, et al. Networked Narratives:

Understanding Word-of-mouth Marketing in Online Communities[J]. Journal of Marketing, 2010, 74(2): 71-89.

[85] Kozinets R V. The Field Behind the Screen: Using Netnography for Marketing Research in Online Communities[J]. Journal of Marketing Research, 2002, 39(2): 61-72.

[86] Krackhardt D, Stern R N. The Design of Social Networks and the Management of Crises[A]. Academy of Management Proceedings, 1985(1): 176-180.

[87] Lee H J, Lee D, Taylor C R, et al. Do Online Brand Communities Help Build and Maintain Relationships with Consumers? A Network Theory Approach[J]. Journal of Brand Management, 2011, 19(3): 213-227.

[88] Lee S H, Cotte J, Noseworthy T. The Role of Network Centrality in the Flow of Consumer Influence[J]. Journal of Consumer Psychology, 2010, 20(1): 66-77.

[89] Levin D Z, Cross R. The Strength of Weak Ties You can Trust: The Mediating Role of Trust in Effective Knowledge Transfer[J]. Management Science, 2004, 50(11): 1477-1490.

[90] Liao J, Huang M, Xiao B. Promoting Continual Member Participation in Firm-hosted Online Brand Communities: An Organizational Socialization Approach[J]. Journal of Business Research, 2017, 71: 92-101.

[91] Limpasirisuwan N, Donkwa K. A Structural Equation Model for Enhancing Online Brand Community Loyalty[J]. International Journal of Behavioral Science, 2017, 12(1): 95-110.

[92] Luedicke M K. Brand Community under Fire: The Role of Social Environments for the Hummer Brand Community[J]. Advances In Consumer Research, 2006, 33: 486-493.

[93] Madupu V, Cooley D O. Antecedents and Consequences of Online Brand Community Participation: A Conceptual Framework[J]. Journal of Internet Commerce, 2010, 9(2): 127-147.

[94] Madupu V, Cooley D O. Cross-Cultural Differences in Online Brand Communities: An Exploratory Study of Indian and American Online Brand Communities[J]. Journal of International Consumer Marketing,

2010, 22(4): 363-375.

[95] Marsden P V. The Reliability of Network Density and Composition Measures[J]. Social Networks, 1993, 15(4): 399-421.

[96] Mathwick C, Wiertz C, De Ruyter K. Social Capital Production in a Virtual p3 Community[J]. Journal of Consumer Research, 2008, 34(4): 832-849.

[97] McAlexander J H, Koeing H F, Schouten J W. Building a University Brand Community: The Long-term Impact of Shared Experiences[J]. Journal of Marketing for Higher Education, 2004, 14(2): 67-79.

[98] McAlexander J H, Schouten J W, Koeing H F. Building Brand Community[J]. Journal of Marketing, 2002, 66(1): 38-54.

[99] McAlexander J H, Stenhen K K, Scott D R. Loyalty: The Influences of Satisfaction and Brand Community Integration[J]. Journal of Marketing Theory and Practice, 2003(4): 1-11.

[100] McevilY B, Zaheer A. Bridging Ties: A Source of Firm Heterogeneity in Competitive Capabilities[J]. Strategic Management Journal, 1999, 20(12): 1133-1156.

[101] Mochalova A, Nanopoulos A. A Targeted Approach to Viral Marketing[J]. Electronic Commerce Research & Applications, 2014, 13(4): 283-294.

[102] Montgomery D. Social Networks and Labor-market Outcomes: Toward an Economic Analysis[J]. American Economic Review, 1991, 81(5): 1408-1418.

[103] Muniz A M Jr, O'Guinn T C. Brand Community[J]. Journal of Consumer Research, 2001, 27(3): 412-432.

[104] Muniz A M JR, Schau H J. Religiosity in the Abandoned Apple Newton Brand Community[J]. Journal of Consumer Research, 2005, 31(4): 737-747.

[105] Nahapiet J, Ghoshal S. Social Capital, Intellectual Capital, and the Organizational Advantage[J]. Academy of Management Review, 1998, 23(2): 242-266.

[106] Noble C H, Noble S M, Adjei M T. Let Them Talk! Managing Primary

and Extended Online Brand Communities for Success[J]. Business Horizons, 2012, 55(5): 475-483.

[107] Nohria N, Eccles R. Networks and Organizations: Structure, Form, and Action [M]. Boston: Harvard Business School Press, 1992.

[108] Noort G, Antheunis M L, Reijmersdal E A. Social Connections and the Persuasiveness of Viral Campaigns in Social Network Sites: Persuasive Intent as the Underlying Mechanism[J]. Journal of Marketing Communications, 2012, 18(1): 39-53.

[109] Oliver C. Strategic Responses to Institutional Pressures [J]. Academy of Management Review, 1991, 16(1): 145-179.

[110] Park J H, McMillan S J. Cultural Differences in Online Community Motivations: Exploring Korean Automobile Online Brand Communities (KAOBCs) and American Automobile Online Brand Communities (AAOBCs)[J]. Journal of Promotion Management, 2017, 23(5): 633-653.

[111] Park M S, Shin J K, Ju Y. The Effect of Online Social Network Characteristics on Consumer Purchasing Intention of Social Deals[J]. Global Economic Review, 2014, 43(1): 25-41.

[112] Phillips R A. Ethics and Network Organizations[J]. Business Ethics Quarterly, 2010, 20(3): 533-543.

[113] Polanyi K. The Great Transformation: The Political and Economic Origins of Our Time[M]. Boston: Beacon Press, 2001 (orig. 1944).

[114] Porter C M, Eun W S. Untangling the Networking Phenomenon: A Dynamic Psychological Perspective on How and Why People Network[J]. Journal of Management, 2015, 41(5): 1477-1500.

[115] Quinn M, Devasagayam R. Building Brand Community among Ethnic Diaspora in the USA: Strategic Implications for Marketers[J]. Brand Management, 2005, 13(2): 101-114.

[116] Rene A, Wangenhaim F V. A Network Based Approach to Customer Equity Management [J]. Journal of Relationship Marketing, 2006, 5(1): 39-57.

[117] Rindfleisch A, Moorman C. Utilization of and Acquisition in New

Alliances: A Strength-of-ties Perspective [J]. Journal of Marketing, 2001, 65(2): 1-18.

[118] Risselada H, Verhoef P C, Bijmolt T H A. Indicators of Opinion Leadership in Customer Networks: Self-reports and Degree Centrality[J]. Marketing Letters, 2016, 27(3): 449-460.

[119] Rowley T, Behrens D, Krackhardt D. Redundant Governance Structures: An Analysis of Structural and Relational Embeddedness in the Steel and Semiconductor Industries[J]. Strategic Management Journal, 2000, 21(3): 369-386.

[120] Ruan D. Interpersonal Networks and Wor kplace Controls in Urban China[J]. Australian Journal of Chinese Affairs, 1993, 29(29): 89-105.

[121] Schau H J, Muniz A M JR. Brand Communities and Personal Identities: Negotiations in Cyberspace[J]. Advances in Consumer Research, 2002, 29: 344-349.

[122] Schembri S, Latimer L. Online Brand Communities: Constructing and Co-constructing Brand Culture[J]. Journal of Marketing Management, 2016, 32(7-8): 628-651.

[123] Schouten J W, McAlexander J H, Koeing H F. Transcendent Customer Experience and Brand Community[J]. Journal of the Academy of Marketing Science, 2007, 35(3): 357-368.

[124] Scott J. Social Network Analysis: A Handbook[M]. 2nd ed. Newbury Park, CA: Sage, 2000.

[125] Shang R A, Chen Y C, Liao H J. The Value of Participation in Virtual Consumer Communities on Brand Loyalty[J]. Internet Research, 2006, 16(4): 398-418.

[126] Shen X L, Li Y J, Sun Y, et al. Person-environment Fit, Commitment, and Customer Contribution in Online Brand Community: A Nonlinear Model[J]. Journal of Business Research, 2018, 85: 117-126.

[127] Shipilov A V, Li S X. Can You Have Your Cake and Eat it too? Structural Holes' Influence on Status Accumulation and Market Performance in Collaborative Networks[J]. Administrative Science Quarterly, 2008, 53(1): 73-108.

[128] Sicilia M, Palazón M. Brand Communities on the Internet: A Case Study of Coca-cola's Spanish Virtual Community〔J〕. Corporate Communications: An International Journal, 2008, 13(3): 255-270.

[129] Sparrowe1 R T, Liden R C, Wayne S J. Social Networks and the Performance of Individuals and Groups〔J〕. Academy of Management Journal, 2001, 44(2): 316-325.

[130] Stuart T E, Podolny J M. Positional Causes and Correlates of Strategic Alliances in the Semiconductor Industry〔M〕. Research in the Sociology of Organizations, Greenwich, CT: JAI Press, 1999.

[131]Tasselli S, Kilduff M, Menges J I. The Microfoundations of Organizational Social Networks: A Review and an Agenda for Future Research〔J〕. Journal of Management, 2015, 41(5): 1361-1387.

[132] Thompson S, Sinha K. Brand Communities and New Product Adoption: The Influence and Limits of Oppositional Loyalty〔J〕. Journal of Marketing, 2008, 72(6): 65–80.

[133] Tichy N, Michael L, Fombrun C. Social Network Analysis for Organizations〔J〕. Academy of Management Review, 1979, 4(4): 507-519.

[134] Tonteri L, Kosonen M, Ellonen H, et al. Antecedents of an Experienced Sense of Virtual Community〔J〕. Computers in Human Behavior, 2011, 27(6): 2215-2223.

[135] Tsai Y C. Effect of Social Capital and Absorptive Capability on Innovation in Internet Marketing〔J〕. International Journal of Management, 2006, 23(1): 157-166.

[136] Upshaw L, Taylor E. Building Business by Building a Master Brand〔J〕. Brand　Management, 2001, 8(6): 417-426.

[137] Uzzi B, Lancaster T. Relational Embeddedness and Learning: The Case of Bank Loan Managers and Their Clients〔J〕. Management Science, 2003, 49(4): 383-399.

[138] Uzzi B. Embeddedness in the Making of Financial Capital: How Social Relations and Networks Benefit Firm Seeking Financing〔J〕. American Sociological Review, 1999, 64(4): 481-505.

[139] Uzzi B. Social Structure and Competition in Interfirm Networks: The Paradox of Embeddedness[J]. Administrative Science Quarterly, 1997, 42(1): 35-67.

[140] Vanitha S, Christine M. Marketing Alliances, Firm Networks, and Firm Value Creation[J]. Journal of Marketing, 2009, 73(9): 52-69.

[141] Wasserman S, Faust K. Social Network Analysis: Methods and Applications (Structural Analysis in the Social Science)[M]. Cambridge: Cambridge University Press, 1994.

[142] Weiger W H, Wetzel H A, Hammerschmidt M. Leveraging Marketer-generated Appeals in Online Brand Communities: An Individual User-level Analysis[J]. Journal of Service Management, 2017, 28(1):133-156.

[143] Wuyts S, Geyskens I. The Formation of Buyer-supplier Relationships: Detailed Contract Drafting and Close Partner Selection[J]. Journal of Marketing, 2005, 69(10): 103-117.

[144] Yakubovich V, Granovetter M, Mcguire P. Electric Charges: The Social Construction of Rate Systems[J]. Theory and Society, 2005, 34(5): 579-612.

[145] Zaheer A, Bell G G. Benefiting from Network Position: Firm Capabilities, Structural Holes, and Performance[J]. Strategic Management Journal, 2005, 26(9): 809-825.

第二篇
成员关系

第二章 社群关系的形成机制^①

在线品牌社群本质上是一个社会关系集合，但对于其中的成员关系和社群关系究竟是如何形成及关联的，目前的研究还较缺乏。基于此，本章将探讨在线品牌社群的关系形成过程，重点关注在线品牌社群中的成员关系和社群关系演变机制。本章旨在构建一个全面系统的在线品牌社群中的关系形成机制，因此拟采用定性方法展开探索性研究。首先，依据在线品牌社群选择标准选择奇瑞汽车"新奇军"论坛作为研究对象，通过网络志方法对多名成员的网上互动帖子进行分析；然后，利用扎根理论方法归纳出在线品牌社群关系形成过程中的关键环节及具体内容；最终，构建在线品牌社群的关系形成机制模型。

第一节 关于在线品牌社群关系的文献

归纳起来，目前学者对在线品牌社群成员关系的研究主要从形成阶段、价值驱动、认同机制、社群活动等几个角度来进行。

一、形成阶段

在形成阶段的研究方面，Amine 等（2004）以两个照相机品牌的在线社群为例，研究了消费者主导的在线品牌社群是如何出现的。他们发现，首先，一个或少数几个对品牌高度忠诚的人创建了一个网上空间；接着，越来越多对品牌感兴趣的人在其中频繁进行互动，逐渐形成了对其他成员和整个社群的归属感。社群的创立者作为中坚核心成员，对社群的形成和

---

① 本章初稿发表情况如下：周志民，陈然，张江乐，王强. 在线品牌社群中的关系形成机制——基于奇瑞新奇军论坛的网络志研究[J]. 管理案例研究与评论，2015, 8(6): 500-512。本书有删改。

管理（如冲突管理、规则制定）起着重要作用。该研究聚焦于在线品牌社群出现过程的描述上，并未对其中成员关系和社群关系的形成进行更深入的分析。类似的，畅榕（2007）将在线品牌社群的形成划分为 3 个阶段，即聚集空间的形成阶段、沟通空间的形成阶段、品牌社群的形成阶段，其中品牌社群的形成阶段是指社群成员之间逐渐形成了复杂的社会网络，成员之间的认同感增强。

二、价值驱动

社群价值是品牌社群形成过程当中的驱动力。周志民（2005）以传统的顾客让渡价值、顾客满意度、顾客忠诚度理论作为基础，提出让渡价值期待增加了成员社群参与度，会员对品牌社群的满意度由让渡价值的体验值与期望值的对比程度决定，体验值高于期望值，会员就会产生满意度，而满意度可以促进会员对品牌社群产生忠诚度。忠诚度产生之后，会员就可能向别人推荐社群。这一研究刻画了成员与品牌社群之间的关系形成过程，但忽视了成员之间的关系形成。任枫（2013）将品牌社群的形成划分为社群参与和社群融入两个阶段，社群参与受到消费者价值诉求的影响，而社群融入则受到社群体验的影响。社群参与只是社群形成的一个环节，社群融入才是社群形成的真正前提。他们的研究同样存在未涉及成员关系的问题。薛海波（2011）的品牌社群形成机制模型包括前提条件和品牌社群整合过程两大部分：前提条件包括企业品牌基础和消费者参与动机，品牌社群整合过程包含仪式惯例、共同意识和责任感，其中仪式惯例由社群体验构成。该研究实际上将 Muniz 和 O'Guinn（2001）提出的品牌社群 3 个必备条件之间的关系进行了阐述，同样没有提及成员之间的关系。

三、认同机制

社会认同理论是品牌社群形成过程中的重要理论基础。Algesheimer 等（2010）在研究品牌社群中的社会演变机制时，就是以品牌社群认同作为成员与社群关系的起点，他们指出，品牌社群认同会带来正面的影响（社群沉浸），也会带来负面的影响（社群压力），这些又会影响成员的社群忠诚、参与及推荐行为。可见，品牌社群形成的关键是建立成员对品牌社群的认同。沈杰和王咏（2010）也持同样的观点。他们指出，品牌社群是一个社会群体，品牌社群形成过程中的凝聚力和忠诚度是社会认同机制作用的结果。他们的观点指出了品牌社群形成过程中的一个重要理论机制，但没有涉及形成过程当中的核心环节，即成员关系以及社群关系的形成。

四、社群活动

社群活动是在线社群运作的基本形式。成员在社群中的社会实践活动会促进社群集体价值的创造，这些活动具体可归为 4 大类别，即社交网络、印象管理、消费者沉浸和品牌使用（Schau et al., 2009）。实证研究发现，这 4 类社群价值共创实践活动对在线品牌社群成员与成员关系有正面影响，后者又影响了成员的社群承诺（Luo et al., 2015）。由于社群价值和社群成员关系是社群形成过程中的重要环节（Jang et al., 2008），因此社群实践活动在社群形成过程中扮演了重要角色。

由 Muniz 和 O'Guinn（2001）的定义来看，品牌社群建立在成员之间的结构化社会关系之上，因此，对在线品牌社群形成过程的描述应该遵循关系的研究范式。然而，上述文献偏重于成员与社群的关系，较少触及成员之间的关系，从而使得在线品牌社群的形成过程仍然是一个"黑箱"。有鉴于此，本章将综合考虑成员关系和社群关系的形成机制，依据关系范式全面而系统地探究在线品牌社群的形成过程。

第二节　网络志研究方法

一、定性研究方法

为了更加有效地探索机制和构建模型，我们将网络志、扎根理论和案例法等定性方法结合起来展开研究。

网络志（Netnography）①是 Kozinets（2001）提出的一种适合研究互联网使用行为的新方法，由传统的民族志（Ethnography）研究法（如田野调查）和新的在线调研法（如在线观察法）结合而成。近年来，有很多学者利用该方法来研究在线社群背景下人们的生活方式、行为模式和价值观（Kozinets，1997，2002；Mathwick et al., 2008）。通过网络志方法，研究者

---

① Netnography 一词来源于 Internet 和 Ethnography 的组合，意为"网络民族志"，简称"网络志"。

可直接在网上收集到大量一手资料，对样本没有干扰，且节省费用和时间。与在线访谈等定性方法相比，网络志研究方法有如下不同：①网络志将研究者独立在与研究对象交互的过程之外，而在线访谈本身就是研究者与研究对象的交互过程，将研究者独立出来更有利于研究者获得客观的资料；②网络志分析的资料都是在线社群中公开可得的资料，大量丰富的资料有利于研究者挖掘分析，而在线访谈获得的资料较为有限和单一。

本章采用网络志中的在线观察法来收集品牌网上论坛中反映成员关系和社群关系的主题帖。所收集的帖子均有多名成员的参与和互动，一些没有实质性内容的帖子（例如，"沙发自己坐""抢板凳""顶"等帖子）被剔除。此外，这些资料都是成员在互动交流中随意写下的文字，部分内容比较杂乱，因此进行了适当修正和备注。由于帖子内容对社群所有访问者都是公开的，所以不会涉及研究对象的隐私。

在线社群当中的网络留言体量巨大，且缺乏主线，不可能全面分析，因此我们以典型成员为主线，采用多案例法进行研究。相比单案例研究，多案例研究推导出来的结论往往更具说服力（Herriott and Firestone，1983）。具体操作如下：首先，选择几名在线社群成员作为研究对象，将每一个对象看作多案例研究中的个案；其次，以一个成员的所有主题帖作为分析对象，提炼出其在社群中的行为、心理和关系形成过程中所涉及的概念和范畴；再次，对其他研究对象依次进行资料分析，其目的是对提炼出来的概念和范畴进行完备性补充；最后，选取新的研究对象进行分析，目的是进行概念和范畴的饱和度检验。整个分析过程遵循 Eisenhardt（1989）有关多案例研究的建议。

在资料分析方面，扎根理论的操作步骤系统而严谨，能够弥补网络志在分析流程上的不足。Strauss 和 Corbi（1990）提出了扎根理论的操作程序：开放性编码—主轴编码—选择性编码—理论构建。在资料分析中，要求研究者具有一定的理论敏感度，同时能够抛开现有理论和偏见，对资料进行客观的分析。为使结果尽可能客观，在编码的过程中，我们邀请了 3 名研究生和 1 名本科生共同参与编码过程。这些编码者并不清楚我们的研究目的，也不具备在线品牌社群方面的研究经验。

二、研究对象及样本选择

为了找到合适的在线品牌社群作为研究对象，本章参考了 Kozinets

（2002）提出的 5 个标准：第一，是否与研究问题更贴近？第二，是否有更多的相关信息？第三，是否有更多的离散信息发布者？第四，是否有更多详尽而丰富的相关资料？第五，成员间对所研究的问题是否有更多的交流？

通过对一些在线品牌社群的对比观察，结合以上 5 条标准，我们选择奇瑞汽车品牌的"新奇军"论坛作为研究对象，原因如下：第一，"新奇军"当中绝大部分成员之前素不相识，通过论坛交流，一些人已经成为网上朋友，且对"新奇军"论坛感情很深，因此符合该研究对关系形成机制的研究需求。第二，"新奇军"论坛历史悠久，成立于 2001 年 5 月 31 日，是围绕奇瑞品牌而形成的一个网上社交群体。创立之初，"新奇军"是新浪网"车行天下"栏目下一个小型的奇瑞汽车俱乐部。2002 年 12 月，"新奇军"离开新浪，建立自己的独立论坛并启用独立域名（http://www.mychery.net）。作为一个非奇瑞官方网站，"新奇军"论坛完全由热心成员创建和发展，有十几年的历史，可谓成功经营的典范。第三，"新奇军"的成员来自五湖四海，背景差异很大，平均每日新增成员数量就有数百位，平均每日新增帖子数达 4000 个左右，平均每日在线人数达上千人，信息离散。第四，截至 2014 年 7 月 24 日，"新奇军"的注册成员人数达 217886 位，论坛主题帖达 1571161 个，总帖子数达 31791630 个，信息量丰富。第五，"新奇军"论坛的内容版块涉及汽车技术交流、结伴旅游观光、分享生活经历、美食介绍、公益活动组织等方面，交互资料丰富，体现了成员与成员之间的关系，以及成员与社群之间的关系。

就具体成员样本而言，为体现其差异性和代表性，我们遵循以下 4 个条件来确定样本：①注册时间超过 3 年，发帖量过万；②在在线社群中与其他成员进行了持续的社会互动，形成了比较稳定的社会关系；③样本注册时间属于不同的年份；④样本男女比例各占一半，且来自不同的省份。在多案例研究中，最佳案例数目为 3～5 个（Sanders，1982），因此，笔者挑选了 4 个社群成员作为研究个案，其背景信息见表 2-1。

表 2-1　受调研样本的背景信息

编号	性别	地域	用户名	注册时间	发帖数量
A	男	北京	北京好猫猫	2003-04-24	70152
B	女	湖北	闪闪	2004-01-29	31331
C	女	天津	小奇美眉	2005-01-11	23039
D	男	河南	光@辉	2007-12-25	31485

注：发帖数量计算截止到 2014 年 7 月 24 日。

第三节　扎根理论分析过程

根据扎根理论方法步骤，我们对 4 个样本的资料分阶段进行分析。阶段一，对样本 A 进行开放性编码、主轴编码、选择性编码，最后进行理论初步构建；阶段二，对样本 B、C、D 进行资料分析，结果用于对概念和范畴进行完备性填补。

（一）开放性编码

开放性编码的目的是从初始资料中提炼出有价值的概念和范畴，然后对其进行命名和分类。通过对样本 A 的所有主题帖进行现象或事件定义，最终得到 416 个标签（a1，a2，…，a416）。从这些标签中，共提炼出 18 个概念（A1~A18）和 4 个范畴（AA1~AA4），其中 4 个范畴分别为成员交互、成员关系、社群价值和社群关系（见表 2-2）。成员交互（AA1）是指社群成员之间围绕某件事情或现象而进行的互动性交流或分享；成员关系（AA2）是指成员之间在社群中所形成的关系，如友情、信任；社群价值（AA3）是指社群成员在社群中所获得的利益；社群关系（AA4）是指社群成员与社群之间的关系，相当于个人与组织的关系，如成员对社群的认同、满意和承诺等。

表 2-2　开放式编码范畴化

标签（部分）	概念	范畴
a1-2 对北京机场现状评价 a13-1 交流对中美生活水平的看法	A1 观点讨论	
a2-1 向其他成员询问换驾照信息 a11-1 询问军友"香满溢火锅"的目前位置	A2 求助解答	AA1 成员交互
a3-1 分享汽车耗油情况 a4-1 分享岳母出国经历	A3 分享经历	
a21-1 与军友分享有了儿子的喜悦心情 a63-2 与军友分享交流在国外工作的感受	A4 情感交流	

标签（部分）	概念	范畴
a108-1 向军友求购计算器 a203-1 向军友转手三星 F209 手机	A5 成员交易	
a5-2 表达对军友的关心 a10-2 体现军友间的友谊	A6 情谊	
a178-1 打钱叫军友代购手机 a202-1 购买了军友建议的手持对讲机	A7 信任	AA2 成员关系
a191-1 军友间交流购买股票经验 a216-1 与军友结伴自驾西藏游	A8 互惠	
a17-1 抱怨在美国父母带孩子出国需要公证声明 a36-1 抱怨美国人工费太高	A9 情绪排泄	
a102-1 寻找开京 JU 墨绿色瑞虎的军友 a137-1 顺路拜访桂林军友	A10 扩大社交	
a19-1 展示在美国自己做的菜肴 a20-1 展示在美国新租住所	A11 展示自我	AA3 社群价值
a18-1 向其他成员推介 XBOX 360 Kinect 游戏 a23-1 与军友分享奥多姆起诉美国国税局事件	A12 消遣娱乐	
a1-1 西雅图机场与北京机场比较 a3-2 比较中美油价情况	A13 信息共享	
a187-1 对"新奇军"的公益活动表示满意 a243-1 感谢团拜会中指路的军友们	A14 社群满意	
a32-2 代表"新奇军"声明论坛立场 a176-2 为能够成为"新奇军"的"军长"（即铁杆军友）而深感荣幸	A15 社群认同	
a132-2 谈及自己最常访问的论坛就是"新奇军" a161-1 为所有军友提供路书集锦	A16 社群忠诚	AA4 社群关系
a48-1 关闭电台·GPS 版面的说明，并重申"新奇军"抵制任何商业活动的原则 a79-1 阻止成员在论坛中使用污秽词语	A17 维护社群形象	
a9-1 封禁军友 ID a16-1 封禁违反论坛相关规定的军友	A18 社群规则维护	

注："军友"是"新奇军"网上论坛的成员之间的昵称。

（二）主轴编码

主轴编码的主要任务是进一步发掘范畴之间的关联性，归纳更高层次的主范畴，然后找到各层次范畴之间的逻辑关系，形成典范模型。通过对开放性编码中获得的 4 个范畴进行归类、抽象，得到"成员关系形成过程"和"社群关系形成过程"两个主范畴（见表 2-3）。其中，"成员关系形成过程（AAA1）"是指样本 A 与其他成员之间建立起社会关系的过程；"社群关系形成过程（AAA2）"是指样本 A 与在线品牌社群形成社会关系的过程。这一过程可以借用"条件→行动→结果"这一典范来实现（Strauss and Corbin，1998）。比如，在成员关系形成过程（AAA1）中，基于成员互动（AA1）的条件，有"新奇军"军友（即成员）打钱叫其他军友代购手机（a178-1），还有军友与其他军友结伴自驾西藏游（a216-1），这些行动形成了成员关系（AA2）；又如，在社群关系形成过程（AAA2）中，成员在获得社群价值（AA3）的条件下，有军友感谢团拜会中指路的军友们（a243-1），还有军友为其他军友提供路书集锦（a161-1），这些行动形成了军友与社群的关系（AA4）。主轴编码典范模型见表 2-4。

表 2-3　主轴编码形成的主范畴

开放性编码范畴	主轴编码归并范畴	开放性编码范畴	主轴编码归并范畴
AA1 成员交互	AAA1 成员关系形成过程	AA3 社群价值	AAA2 社群关系形成过程
AA2 成员关系		AA4 社群关系	

表 2-4　典范模型

方向	典范	AAA1 成员关系形成过程	AAA2 社群关系形成过程
↓	条件	AA1 成员交互	AA3 社群价值
	行动	a178-1 打钱叫军友代购手机 a216-1 与军友结伴自驾西藏游	a243-1 感谢团拜会中指路的军友们 a161-1 为所有军友提供路书集锦
	结果	AA2 成员关系	AA4 社群关系

（三）选择性编码

选择性编码是在所有已发现的范畴基础上，通过全面分析提炼一个"核心范畴"，然后将分析聚焦到与核心范畴相关的资料上。根据以上提出的范畴，我们抽象出了一个能够反映个案全貌的核心范畴——成员在社群中的社会关系形成过程。该核心范畴由主轴编码中得到的两个主范畴"成员关系形成过程"和"社群关系形成过程"进一步归纳、抽象后得出。围绕该核心范畴的故事线可以表述为：社群成员 A 基于对奇瑞汽车品牌的喜好或兴趣而加入"新奇军"在线品牌社群，在"新奇军"中与其他成员进行一系列的社会性交流互动，同时体验了新奇军品牌社群带来的价值，最后在"新奇军"中形成了与其他成员之间的关系和与"新奇军"在线社群之间的关系。为了更直观，各级范畴之间的关系用图 2-1 来表示，其中成员互动、成员关系、社群价值以及社群关系这 4 个副范畴是社群成员在社群中社会关系形成过程中的 4 个关键点。

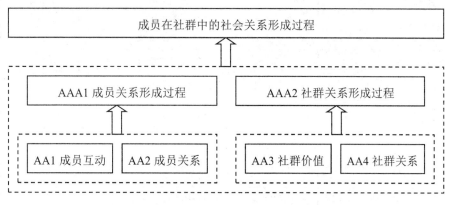

图 2-1　副范畴、主范畴和核心范畴之间的关系

（四）跨案例的完备性补充

由于样本 B、C、D 的资料分析结果是用于对概念和范畴进行完备性填补，因此只需要对他们的资料进行开放性编码即可。通过对这些资料进行开放性编码，然后与样本 A 的概念和范畴进行对比，发现样本 B、C、D 的分析结果中均没有出现新的范畴，只是有的范畴当中增加或减少了部分概念。

譬如，与样本 A 的概念和范畴相比，样本 B 的范畴"成员交互"中增加了"活动组织和参与"概念，范畴"社群关系"中增加了"社群推介"概念，同时缺少了"维护形象"和"规则维护"这两个概念；样本 C 的范畴"成员交互"中的概念在增加了"活动组织和参与"的同时减少了"成员交易"，范畴"成员关系"中减少了"互惠"概念，"社群价值"范畴中也减少了"消遣娱乐"概念，而"社群关系"范畴中则减少了"维护形象""规则维护"两个概念；样本 D 的范畴"成员交互"增加了"活动组织和参与"概念，而"社群关系"范畴中减少了"形象维护"概念。样本 B、C、D 的概念和范畴如表 2-5 所示。

一般情况下，多案例研究的分析结果宜选择各个案例分析结果的交集，但为了更全面地探讨在线品牌社群中关系的形成过程，我们选取各案例分析结果的并集，综合形成比较全面的 4 个范畴和 20 个概念。

表 2-5　研究对象 B、C、D 概念和范畴

B 概念	C 概念	D 概念	范畴
B1 观点讨论	C1 观点讨论	D1 观点讨论	成员交互
B2 求助解答	C2 求助解答	D2 求助解答	
B3 分享经历	C3 分享经历	D3 分享经历	
B4 情感交流	C4 情感交流	D4 情感交流	
B5 成员交易		D5 成员交易	
B6 活动组织和参与	C5 活动组织和参与	D6 活动组织和参与	
B7 情谊	C6 情谊	D7 情谊	成员关系
B8 信任	C7 信任	D8 信任	
B9 互惠		D9 互惠	
B10 情绪排泄	C8 情绪排泄	D10 情绪排泄	社群价值
B11 扩大社交	C9 扩大社交	D11 扩大社交	
B12 展示自我	C10 展示自我	D12 展示自我	
B13 消遣娱乐		D13 消遣娱乐	
B14 信息共享	C11 信息共享	D14 信息共享	
B15 社群满意	C12 社群满意	D15 社群满意	社群关系
B16 社群认同	C13 社群认同	D16 社群认同	
B17 社群忠诚	C14 社群忠诚	D17 社群忠诚	
B18 社群推介		D18 规则维护	

（五）饱和度检验

我们选取男女样本各 1 名（样本 E、F）分别对概念和范畴的饱和度进行检验。这两个样本的发帖数量均超过 1 万条，并且注册时间的年份和所在地均与其他样本不同（见表 2-6）。经过开放性编码且与综合后的概念和范畴相比发现，样本 E、F 的资料分析结果中均没有出现新的概念和范畴。这表明，之前综合 4 个样本资料而提炼得到的概念和范畴完备性较高。

表 2-6　用于饱和度检验的研究对象基本信息

编号	性别	地域	用户名	注册时间	发帖数量
E	女	山东	奇瑞娜	2006-12-11	15820
F	男	四川	疯子的烧瓶	2008-11-03	23608

注：发帖数量计算截止到 2014 年 7 月 24 日。

第四节　在线品牌社群关系的理论构建

一、范畴之间的关系探讨

为了探讨前文提及的 4 个范畴之间的相互关系，本章对各样本主题帖中的交互资料进行分析，同时结合相关的理论研究成果，从中找到能够反映范畴之间相互关系的证据。支撑性的网上交流材料很多，限于篇幅，以下每对范畴关系仅列出一两例。

（一）"成员交互→成员关系"与"成员关系→成员交互"

以下资料体现了"成员交互→成员关系"与"成员关系→成员交互"。

疯子的烧瓶：大家都知道我们昨天凌晨在二郎山车子油底壳被击穿的事了，昨天一早"丝瓜"TX（注：TX 为"同学"之意）听到这个消息后，马上帮我们联系了"天佑"和"有缘再叙"。"天佑"因为工作原因现在一直都在新津，所以把"有缘再叙"的电话告诉了我们，让我们有什么问题找"有缘再叙"帮忙，并帮我们联系了雅安的维修站。上午 10 点"有缘再叙"放下手里的工作专程从雅安开车到天全，帮我们找保险公司定损，联系天全的朋友帮我们处理车辆维修……走的时候"有缘再叙"还专门让我带了一桶酒说是让虎营的兄弟都尝尝，嘿嘿……

这件事让我很受感动，更加感觉到了军友之间的互助友爱，也让我更加下定决心为新奇军，为川厅 TX 好好服务，当好大家的勤务兵。

有缘再叙：言重了，人都有落难的时候，更别说我们是军友，以车会友、以诚交友、互助互爱应该是新奇军"人人为我、我为人人"的精髓所在！

从以上资料可知，"疯子的烧瓶"等军友在二郎山由于车出故障受到了四川军友"天佑"和"有缘再叙"的帮助和热情款待（成员关系→成员交互），之后，"疯子的烧瓶"心存感激，对军友的情谊加深，承诺将为社群更好地服务（成员交互→成员关系）。从文献来看，在线品牌社群成员对社群成员的信任强化了彼此之间的互动质量（Bruhn et al., 2014），说明成员关系有助于提高成员互动；另一方面，成员在线互动质量会为其带来在线信任和互惠等 E-社会资本（见第十一章和第十二章），说明成员互动增进了成员关系。可见，成员互动与成员关系是相互作用、双向影响的。

（二）"成员交互→社群价值"

以下资料体现了"成员交互→社群价值"。

奇瑞娜：此次参加招远军友和莱州军友联合，真是收获多多！开心呀！不仅见到了"雪楠""宝哥""芋头"等老军友，而且认识了"菲影""忘却""红外线""女银（雨人）""都头"等一大批军友……让没参加的军友嫉妒去吧！

翼狼：我一点都不嫉妒！是恨，深深的恨……唯一可以安慰下的是终于有幸见到"娜娜"的背影，也算认识了一半。

通过参与成员组织的线下联谊活动，军友"奇瑞娜"不仅见到了"雪楠""宝哥""芋头"等一批老军友，同时还结识了"菲影""忘却""红外线"等一批新军友，体现出社群"扩大社交"的价值。可见，成员参与社群活动会对社群价值产生直接的影响（成员交互→社群价值）。Kuo 和 Feng（2013）的研究表明，在线品牌社群成员互动会增强其感知利益。这一结论支持了成员交互对社群价值的影响。

（三）"成员交互→社群关系"

以下资料体现了"成员交互→社群关系"。

> **疯子的烧瓶**：首先感谢大家对这次抗旱救灾的积极响应，同时请捐款的同学在打款后发送短信到"虎行者"（139×××9416）或我的手机（189×××7778）确认打款金额，以便登记，谢谢大家！
>
> **阳光的痕迹**：这个不能落后！已经向你的卡转账 211.11 元，请查收！在帖子中回一下就可以了，不用打电话了，不然"虎行者"还以为我表功呢。呵呵……
>
> **疯子的烧瓶**：……昨天晚上还收到了两笔汇款，到现在也没有人通知我，请尽快联系我！看到那么多军友打款进来，甚至有不留名的，真是感动呀！我对我们新奇军的军友们是越来越佩服，能够成为新奇军的一员，并组织这次活动，我深感荣幸！先代表灾区人民感谢下所有热心的军友……

军友"疯子的烧瓶"在社群中参与组织了抗旱救灾的公益捐款活动，在看到成员踊跃捐款后，对"新奇军"更加满意和认同，由此可见，成员参与社群的相关活动能够促进该成员与社群之间的关系（成员交互→社群关系）。Jang 等（2008）的研究也指出，成员互动能够促进社群成员对品牌社群的承诺关系。

（四）"社群价值→社群关系"

以下资料体现了"社群价值→社群关系"。

> **小奇美眉**：昨天在论坛中抱怨了一番！发泄了一把！后面"娜娜"竟然给我打电话，安慰了一番，今天又看到那么多军友给我留言，心里美滋滋的，感谢热心的军友！ 感谢新奇军！能成为你们中的一员深感荣幸和幸福！
>
> **奇葩瑞祥**：还以为啥事情呢！"小奇美眉"的开心是我们集体的职责……

军友"小奇美眉"在社群论坛中抱怨、发泄情绪，许多成员都留言、打电话表示关心，事后她表示"能成为你们中的一员而感到荣幸和幸福"，表达其对社群的认同，说明"社群价值→社群关系"是成立的。实证研究也表明，品牌社群信息价值和社交价值有利于提高成员对社群的承诺（Mathwick et al., 2008）。这进一步证实了社群价值对社群关系的影响。

（五）"成员关系→社群价值"

以下资料体现了"成员关系→社群价值"。

> **北京好猫猫**：二手车过户，大家说说都啥手续啊？要花多少钱？到哪儿办理？大家提供点信息呀！这事儿俺是大姑娘上轿——头一回啊！
>
> **支点**：看在老军友的份上，我给你提供点信息。我跟原车主在北亚办的……等着叫号、摇号、换本、去保险公司过户保险，过户费 400 多块钱。
>
> **哭泣的虾米**：抄收了。最近卖了一辆车，又买了一辆二手车，都需要这些信息呢。

由上可知，军友"支点"出于和"北京好猫猫"之间的老军友情谊为其提供二手车过户信息，而军友"哭泣的虾米"正好也需要该信息，这一过程体现了成员之间的关系对社群信息价值的影响，即"成员关系→社群价值"成立。实证研究发现，在线品牌社群成员的强关系数量越多，从社群中获得的信息价值和社交价值就越大（见第三章），从而也支持这一关系的成立。

二、构建理论模型

综合以上各范畴之间的关系，可以集成出一个完备的理论模型，用于描述在线品牌社群关系形成机制（见图 2-2）。由该模型可知，"成员交互→成员关系→社群价值→社群关系"是在线品牌社群关系形成的基本逻辑，而成员关系也会反过来影响成员交互行为；此外，成员交互还会直接影响社群价值和社群关系。具体而言，该模型有 4 个关键节点。

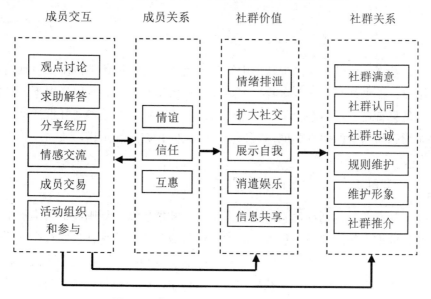

图 2-2　在线品牌社群关系形成机理模型

（一）关键节点一：成员交互

成员交互的形式非常广泛，主要包括：观点讨论、求助解答、分享经历、情感交流、成员交易、活动组织和参与等。社群成员间的交流互动是在线品牌社群中社会关系形成的起点。通常，在线品牌社群的成员之间一开始是彼此陌生的，并不存在某种社会关系，而只有经过一段时间的交互后，彼此之间的关系才能逐渐形成。除了影响成员关系，成员交互还会直接影响社群价值和社群关系，因为成员从社群中获得的价值很多是来自成员交互的结果，而成员互动也拉近了成员与社群的关系。

（二）关键节点二：成员关系

成员关系主要包含情谊、信任和互惠。社群成员之间的关系形成属于成员在社群中获得的社会资本（Mathwick et al., 2008），是在线品牌社群形成过程中的转折点。成员在社群中获得的社会资本为其带来了更好的社群体验和价值，而这种社群体验和价值的获取恰恰是成员与社群形成关系的前提。由此可见，成员关系的形成对于在线品牌社群的形成至关重要。

（三）关键节点三：社群价值

社群价值是在线品牌社群中社群关系形成的前提条件，主要包括情绪排泄、扩大社交、展示自我、消遣娱乐和信息共享等。一般情况下，社群成员只有在社群中获得了一定的价值后，才有动力持续参与社群活动，从而增强与社群的关系黏度，对社群产生认同、归属和承诺。

（四）关键节点四：社群关系

社群关系包括社群满意、社群认同、社群忠诚、规则维护、维护形象和社群推介等。成员与社群之间关系的形成是在线品牌社群中社会关系形成的关键阶段，会直接影响成员对品牌的态度和行为。在这个阶段，社群已经成为一个整体存在于社群成员的意识中，社群成员通过成员之间的交互以及社群价值体验与社群建立起一定的关系。

第五节　社群关系研究的贡献与启示

尽管近十几年来在线品牌社群的研究成果不断，但对于其形成机制的研究却并不充分。本章利用网络志和扎根理论方法，借助多案例研究的思路，通过对在线品牌社群"新奇军"的研究，提出了在线品牌社群中的关系形成机制模型。这一模型具有以下理论贡献。

（1）关系范式下的在线品牌社群形成机制研究。

通过前述文献可知，已有研究提及了社群形成阶段、价值驱动机制、社群认同机制、社群实践活动等，也对成员与社群关系的成因做了较为深入的探索，但对于成员关系的研究尚不充分。本质上，品牌社群是成员关系的集合，因此，将成员关系的形成和社群关系的形成结合起来，从关系角度构建在线品牌社群形成过程模型，是非常必要的。本章在这方面做出了尝试，提出了成员互动、成员关系、社群价值和社群关系是在线品牌社群形成过程中的 4 个核心环节，并详细分析了 4 个环节之间的逻辑关系：成员互动影响成员之间的关系，成员关系又反过来促进成员互动；成员互动和成员关系都能带来社群价值；成员互动和社群价值有助于成员与社群之间关系的形成，从而较为全面而系统地揭示了在线品牌社群的形成过程。

（2）各环节当中具体概念的提炼。

已有研究或多或少地涉及了成员互动、成员关系、社群价值和社群关系等几个重要范畴，但由于缺乏探索性研究，这些范畴中究竟包括哪些概念却并不明确。过去的研究总是围绕几个常规概念（如成员信任、成员互惠、社群信息价值、社群社交价值、社群承诺、社群认同、社群忠诚等）而展开，没有涉及更多可能有价值的概念，从而限制了创新的范围。比如，成员互动中的"成员交易"、成员关系中的"情谊"、社群价值中的"情绪排泄"、社群关系中的"规则维护"就较少出现在现有研究中。本章采用探索性研究方法，尽可能全面地提炼在线品牌社群形成过程中的关系概念，从而为今后的相关研究提供了借鉴。

从实践中来看，在线品牌社群的管理者应该建立奖励机制鼓励社群成员之间各种各样的交流互动，重视成员之间关系的培养，可以以社群组织的名义定期开展各种形式的活动来积极引导成员之间的互动。这些互动活动包括与品牌相关或无关的观点探讨、经验与知识分享、情感交流，以及提供条件让成员之间公平交易、让热心成员组织活动等，这有利于营造良好的社群氛围，提升在线品牌社群的价值，使成员能够自发地建立与其他成员的互惠、信任、友谊等多种关系，使他们从在线社群中获得社会资本，进一步促使社群当中产生更多的信息、娱乐、社会等价值，进而加强成员与社群之间的关系。

本章参考文献

[1]　畅榕. 虚拟品牌社区研究［M］. 北京：中国传媒大学出版社，2007.

[2] 任枫. 品牌社群形成机理研究——基于品牌社群融入的视角[J]. 河北经贸大学学报，2013，34（6）：104-109.

[3] 沙振权，蒋雨薇，温飞. 虚拟品牌社区体验对社区成员品牌认同影响的实证研究[J]. 管理评论，2010，22（12）：79-88.

[4] 沈杰，王咏. 品牌社区的形成与发展：社会认同和计划行为理论的视角[J]. 心理科学进展，2010，18（6）：1018-1024.

[5] 吴麟龙，汪波. 虚拟品牌社区对品牌关系的影响机制研究——以小米社区为例[J]. 管理案例研究与评论，2015，8（1）：71-83.

[6] 薛海波. 品牌社群的组织界定与形成机理研究[J]. 外国经济与管理，2011，33（10）：33-41.

[7] 周志民，贺和平，苏晨汀，周南. 在线品牌社群中 E-社会资本的形成机制研究[J]. 营销科学学报，2011，7（2）：1-22.

[8] 周志民，吴群华. 在线品牌社群凝聚力的前因与后效研究[J]. 管理学报，2013，10（1）：117-124.

[9] 周志民，郑雅琴，张蕾. 在线品牌社群成员关系如何促进品牌忠诚——基于强弱连带整合的视角[J]. 商业经济与管理，2013，4: 14-24.

[10] 周志民. 品牌社群形成机理模型初探[J]. 商业经济与管理，2005，11: 74-79.

[11] Algesheimer R, Borle S, Dholakia U M. The Impact of Customer Community Participation on Customer Behaviors: An Empirical Investigation[J]. Marketing Science, 2010, 29(4): 756-769.

[12] Amine A, Sitz L. How does a Virtual Brand Community Emerge? Some Implications for Marketing Research[A]. Marketing: Where Science Meets Practice[C]. Warsaw: 2004, 35-42.

[13] Bagozzi R P, Dholakia U M. Antecedents and Purchase Consequences of Customer Participation in Small Group Brand Communities[J]. International Journal of Research in Marketing, 2006, 23(1): 45-61.

[14] Bateman P J, Gray P H, Butler B S. The Impact of Community Commitment on Participation in Online Communities[J]. Information Systems Research, 2011, 22(4): 841-854.

[15] Brogi S. Online Brand Communities: A Literature Review[J]. Procedia-Social and Behavioral Sciences, 2014, 109: 385-389.

[16] Bruhn M, Schnebelen S, Schäfer D. Antecedents and Consequences of the Quality of E-customer-to-customer Interactions in B2B Brand

Communities[J]. Industrial Marketing Management, 2014, 43(1): 167-176.

[17] Calabrese A, Costa R, Menichini T. Using Fuzzy AHP to Manage Intellectual Capital Assets: An Application to the ICT Service Industry[J]. Expert Systems with Applications, 2013, 40(9): 3747-3755.

[18] Carlson B D, Suter T A, Brown T J. Social Versus Psychological Brand Community: The Role of Psychological Sense of Brand Community[J]. Journal of Business Research, 2008, 61(4): 284- 291.

[19] Eisenhardt K M. Building Theories from Case Study Research[J]. Academy of Management Review, 1989, 14(4): 532-550.

[20] Herriott R E, Firestone W A. Multisite Qualitative Policy Research: Optimizing Description and Generalizability[J]. Educational Research, 1983, 12(2): 14-19.

[21] Jang H, Lorne O, Ko I, et al. The Influence of Online Brand Community Characteristics on Community Commitment and Brand Loyalty[J]. International Journal of Electronic Commerce, 2008, 12(3): 57-80.

[22] Kang J, Tang L, Fiore A M. Enhancing Consumer-brand Relationships on Restaurant Facebook Fan Pages: Maximizing Consumer Benefits and Increasing Active Participation[J]. International Journal of Hospitality Management, 2014, 36: 145-155.

[23] Kozinets R V. The Field behind the Screen: Using Netnography for Marketing Research in Online Communities[J]. Journal of Marketing Research, 2002, 39(1): 61-72.

[24] Kozinets R V. Utopian Enterprise: Articulating the Meanings of Star Trek's Culture of Consumption[J]. Journal of Consumer Research, 2001, 28(1): 67-88.

[25] Kuo Y F, Feng L H. Relationships among Community Interaction Characteristics, Perceived Benefits, Community Commitment, and Oppositional Brand Loyalty in Online Brand Communities[J]. International Journal of Information Management, 2013, 33(6): 948-962.

[26] Lee D W, Kim H S, Kim J A. The Impact of Online Brand Community Type on Consumer's Community Engagement Behaviors: Consumer-created vs. Marketer- created Online Brand Community in Online Social-networking Web Sites[J]. Cyberpsychology, Behavior, and Social Networking, 2011,

14(1-2): 59-63.

[27] Luo N, Zhang M, Liu W. The Effects of Value Co-creation Practices on Building Harmonious Brand Community and Achieving Brand Loyalty on Social Media in China[J]. Computers in Human Behavior, 2015, 48: 492-499.

[28] Madupu V, Cooley D O. Antecedents and Consequences of Online Brand Community Participation: A Conceptual Framework[J]. Journal of Internet Commerce, 2010, 9(2): 127-147.

[29] Mathwick C, Wiertz C, Ruyte K D. Social Capital Production in a Virtual P3 Community[J]. Journal of Consumer Research, 2008, 34(6): 832-849.

[30] McAlexander J H, Schouten J W, Koeing H F. Building Brand Community[J]. Journal of Marketing, 2002, 66(1): 38-54.

[31] Muniz A M, O'Guinn T C. Brand Community[J]. Journal of Consumer Research, 2001, 27(3): 412-432.

[32] Sanders P. Phenomenology: A New Way of Viewing Organizational Research[J]. Academy of Management Review, 1982, 7(3): 353-360.

[33] Schau H J, Albert M, Eric J. How Brand Community Practices Create Value[J]. Journal of Marketing, 2009, 73(5): 30-51.

[34] Strauss A L, Corbin J M. Basics of Qualitative Research: Grounded Theory Procedures and Techniques[M]. Newbury Park, CA: Sage, 1990.

[35] Strauss A L, Corbin J M. Basics of Qualitative Research: Techniques and Procedures for Developing Grounded Theory(2nd ed.)[M]. Thousand Oaks, CA: Sage, 1998.

[36] Woisetschläger D M, Evanschitzky H, Holzmülle H H. How to Make Brand Communities Work: Antecedents and Consequences of Consumer Participation[J]. Journal of Relationship Marketing, 2008, 7(4): 377-390.

[37] Zhou Z, Wu J, Zhang Q, Xu S. Transforming Visitors into Members in Online Brand Communities: Evidence from China[J]. Journal of Business Research, 2013, 66(12): 2438-2443.

[38] Zhou Z, Zhang Q, Su C, et al. How do Brand Communities Generate Brand Relationships? Intermediate Mechanism[J]. Journal of Business Research, 2012, 65(7): 890-895.

第三章　成员强弱连带与品牌忠诚[①]

消费者通过在线参与品牌社群交流，形成了对品牌社群的认同和承诺，进而影响了他们对品牌的认同、依恋、承诺等（Zhou et al., 2012）和对产品的重购意愿（Časas et al., 2016）。对品牌忠诚的贡献推动品牌社群成为品牌研究的热点。然而，既然品牌社群本质上是"成员之间社会关系的集合"（Muniz and O'Guinn, 2001），那么，成员间关系究竟如何影响他们对品牌的忠诚呢？在线品牌社群参与使得一些社群成员在网上形成了较深的朋友关系，也有一些形成了较浅的普通关系，即强连带关系和弱连带关系（见第一章第二节）。将两者整合起来进行研究，才能更准确和全面地描述社群成员的互动关系及其影响。那么，强、弱连带数量各自会带来怎样的社群价值？不同的社群价值又将如何影响不同的社群承诺？哪种类型的社群承诺更易于促进品牌忠诚？根据嵌入理论可知，经济行为嵌入在社会关系当中（Granovetter, 1985），从成员的强连带或（和）弱连带角度来研究品牌社群问题，能很好地解释为什么不同的成员会获得不同的社群价值，从而形成不同的社群承诺乃至品牌忠诚。

本章试图以社会资源理论（Lin et al., 1981）为基础，将强弱连带（用强连带数量和弱连带数量表示）整合起来研究，同时引入品牌社群价值、品牌社群承诺等变量来解释成员关系对品牌忠诚影响的中间作用机制。值得一提的是，现有的研究通常将品牌社群承诺作为一个构念，研究其对品牌忠诚或承诺的影响，而本章将品牌社群承诺分为持续性、情感性和规范性承诺 3 个维度（Bateman et al., 2011），以便更为全面地探讨社群承诺与品牌忠诚的关系。

[①] 本章初稿发表情况如下：周志民，郑雅琴，张蕾. 在线品牌社群成员关系如何促进品牌忠诚——基于强弱连带整合的视角[J]. 商业经济与管理，2013, 4: 14-24. 本书有删改。

第一节　社会连带与品牌社群理论

一、社会连带理论

社会连带是指人际关系的频率和强度，可分为强连带和弱连带。其中，强连带指关系紧密或联系频繁，而弱连带指关系较为疏远或联系不够频繁。一直以来，人们认为强连带可以带来信任，从而带来价值，而弱连带价值很小。然而，Granovetter（1973）通过一项找工作的经典研究发现，弱连带的关系方之间不够熟悉，彼此之间信息不重叠，反而能够带来更大的信息价值。可见，强连带和弱连带有不同价值。更多有关社会连带的论述详见第一章第二节，本节不再赘述。

二、社会资源理论

社会资源理论（Social Resources）是对强弱连带理论的发展和修正。强、弱连带本身并不具有某种优势，但通过强连带或弱连带可以获得嵌入在社会网络中、行动者所不拥有的资源，正是获取的资源类别和数量决定了哪种关系具有优势。这里的"社会资源"是指投资在社会关系中，预期会获得回报的资源（Lin et al., 1981）。研究发现，关系网络越丰富的求职者，越容易获得更高的职业地位（张云武，2011）。社群成员通过在社群中投入时间和精力获取的成员关系，就属于社会资源。这些资源将为成员带来社群价值。

三、品牌社群价值

品牌社群价值是社群成员从品牌社群当中获得的利益和好处。Fesenmaier 等（2004）认为，顾客之所以加入品牌社群，是因为品牌社群能够为顾客带来一些价值。因此，提供哪些品牌社群价值，是品牌社群经营当中的重中之重。一些学者提出了品牌社群价值的几个维度。比如，周志民（2005）提出品牌社群带来的消费价值包括财务价值、形象价值、服务价值和社交价值；金立印（2007）进一步提出财务价值、社交价值、信息价值、形象价值和娱乐价值 5 种品牌社群价值。不过，从目前的文献来看，绝大多数学者都认同品牌社群主要带给消费者的是信息价值和社交价值（Mathwick et al., 2008）。本章也选取了这两个价值来进行研究。其中，信息价值是指消费者的疑问可以从品牌社群当中获得解答，包括可以获得与产品或品牌相关的信息和无关的信息；社交价值是指消费者在与品牌社群其他成员交流中获得的社会支持和情感关怀。

四、品牌社群承诺

承诺反映了社会性资源交换关系中的参与双方之间形成的相互依存的长期关系状态（徐彪等，2011）。管理学中对承诺的研究大多集中在组织承诺（Organizational Commitment）上。Wiener（1982）认为，组织承诺是个体对组织的一种心理上的依赖和责任感。基于组织承诺的定义，类似的，品牌社群承诺是社群成员对社群强烈的正面情感（McWilliam，2000），是社群成员在心理上或情感上对品牌社群的依恋（Hur et al., 2011；Park and Cho，2012），是衡量成员长期留在品牌社群中的意愿（Moorman et al.，1992）。承诺可分为 3 个类型：情感承诺、持续承诺和规范承诺（Meyer and Allen，1991）。Bateman 等（2011）借鉴这一分类，将品牌社群承诺也分为 3 个类型：持续性、情感性和规范性。持续性品牌社群承诺是指成员认为在社群中花费精力是值得的（Jack，2005），在不确定其他品牌社群中也有同样价值的信息和资源时，才留在社群中（Bateman et al., 2011）；情感性品牌社群承诺是指成员喜欢品牌社群，并且高度认同社群的规范和行为（Preece，1999；Wellman et al., 1996）；规范性品牌社群承诺则涉及个体感觉到有责任和义务支持品牌社群的发展，愿意为社群中的负面行为辩解并引导话题向着积极的方向发展（Bateman et al., 2011）。

第二节 强弱连带、品牌社群与品牌忠诚的研究假设

社会资源理论认为，强弱关系并不是重点，人们在社会网络中的位置和自身需求会影响到其获取的资源，并关系到他们对社会网络的持续性投资（Lin，1990）。在这里，在线品牌社群作为社会网络的一种，成员在社群中的强弱关系数量会造成其在社群中获取利益（价值）的差异，这会导致他们对社群形成不同类型的承诺，并最终将这种承诺（忠诚）转移到与

社群紧密相关的品牌上。根据这一框架，本书提出一个概念模型（见图3-1），以揭示社群成员之间的关系类型对品牌忠诚的作用机制。

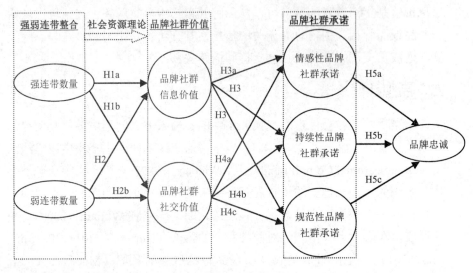

图 3-1　概念模型

一、强连带数量对社群价值的影响

相比强连带，人们通过弱连带能得到更多的工作信息和机会（Granovertter，1973）。然而，边燕杰和张文宏（2001）调查发现，职业流动者的社会网络主要是由亲属和朋友两类强连带构成，说明在中国情境下，强连带对于职业流动发挥了更大的作用。个体如果花更多的时间去保持强连带，会更容易得到帮助，也能够获得比弱连带更准确、更有效的信息。有研究发现，在企业组织中，强连带更能促进知识和信息传递（Dyer and Nobeoka，2000）。类似的，强连带对于在线品牌社群当中成员信息的获取也有重要的促进作用。因此，做出如下假设。

H1a: 强连带数量对品牌社群信息价值具有正向影响作用。

强连带能够促进互惠合作和关注长远利益（Uzzi，1997）。强连带的优点在于其能够形成组织内部、组织之间的信任以及个体成员之间的良好关系（Capaldo，2007）。不仅如此，强连带还能够降低基于信任和社会控制方面的风险（Krachhardt and Stern，1985）。在在线品牌社群中，成员拥有的朋友越多，他们获得的信任和帮助也越多，社会交往的质量也越高。所以，提出如下假设。

H1b: 强连带数量对品牌社群社交价值具有正向影响作用。

二、弱连带数量对社群价值的影响

弱连带代表较少的亲密感，拥有"桥"的功能，可以提供那些在熟人之间无法得到的信息和资源。相比强连带，弱连带花费的成本较小，时间和精力也较少，并且在获得独特和新颖信息方面拥有优势（Granovertter，1973）。在传统社群和组织中，弱连带在传递信息和资源方面有着不可比拟的优点。类似的，在在线品牌社群当中，社群中成员的弱连带数量也会对社群信息价值的获取产生积极的作用。所以，可提出如下假设。

H2a: 弱连带数量对品牌社群信息价值具有正向影响作用。

在社会网络中，强连带通常意味着亲密感和朋友，但数量较少；而弱连带虽意味着缺少亲密感，但广泛存在。尽管不如强连带那么强烈，但弱连带仍然能够在人际交往中发挥一定的支持性功能（Hampton，2007）。一个在社群当中没有很多强连带朋友的社群成员，也可能会仅仅因为认识很多弱连带的人而感受到社会支持。毕竟，认识的人多也是一种社交价值。因此，可提出以下假设。

H2b: 弱连带数量对品牌社群社交价值具有正向影响作用。

三、品牌社群价值对品牌社群承诺的影响

价值是社群成员支持和参与品牌社群的根本原因，成员只有从社群中获得了社群价值，他们才不会离开社群。有研究认为，在线品牌社群的社交价值和信息价值能提升成员对社群的承诺（Mathwick et al., 2008）。当社群成员之间由零散偶然的信息交换逐渐变为投入时间和精力参与社群活动时（Wasko et al., 2004），可能产生社交价值（Houston and Walker, 1996）。在这一过程中会产生友谊，获得情感支持，最终形成归属意识。这种归属意识确立了一个边界来区分"我们"和"他们"，同时创造出有着亲密关系的情感环境。长此以往，成员在社群中找到归属感，将社群视为自己非常信任的组织，对社群产生情感上的承诺。所以，提出如下两个假设。

H3a: 品牌社群信息价值对情感性品牌社群承诺具有正向影响作用。

H4a: 品牌社群社交价值对情感性品牌社群承诺具有正向影响作用。

消费者参与在线社群主要是为了满足自己在兴趣、关系、交易等方面

的需求，当社群所提供的价值与参与者所追求的价值一致时，需求便容易得到满足，社群承诺也会随之增强（Bagozzi and Dholakia，2006）。品牌社群中拥有着大量的品牌信息，能让会员非常轻松地得到目标产品的各种信息。公司创建和支持品牌社群的初衷也是希望将其建成一个信息交换的平台，尤其是吸引新成员加入社群（Wasko and Faraj，2005）。那么，对于与社群维持长期关系的忠实成员来说，他们需要思考如何将他们所拥有的丰富信息与他人分享（Constant et al.，1996）。这种分享不仅能维系现有的成员，吸引到更多的成员，而且在分享过程中所形成的好感和友谊，以及由此塑造的良好的社群交流环境（社交价值）也是留住成员的关键要素。于是，提出如下两个假设。

H3b: *品牌社群信息价值对持续性品牌社群承诺具有正向影响作用。*

H4b: *品牌社群社交价值对持续性品牌社群承诺具有正向影响作用。*

加入社群的成员在获得社群信息价值后会自发产生责任感和归属感，并以对社群的贡献作为回报（薛海波和王新新，2009）。为了维持与社群的关联性，社群成员积极参与讨论并主动发布信息，以帮助有共同社群经历的人（Bagozzi and Dholakia，2006；Houston and Walker，1996）。获得和分享的信息越多，成员就越会意识到自己作为社群一员的责任，越愿意支持社群的发展。另外，社群社交价值意味着成员从其他成员身上获得了温暖的社会支持，这促使他们对所在的社群更加认同（即认为自己是社群的一员），而社群认同会影响社群承诺（Zhou et al.，2012）。此处的社群承诺是因为身份认同带来的，从而产生了一定的成员身份行为规范。因此，提出如下两个假设。

H3c: *品牌社群信息价值对规范性品牌社群承诺具有正向影响作用。*

H4c: *品牌社群社交价值对规范性品牌社群承诺具有正向影响作用。*

四、品牌社群承诺对品牌忠诚的影响

成员在长期与社群接触和积极参与社群活动的过程中，会对社群形成强烈的情感依恋（Greer，2000），有些成员甚至会宣称他们爱上了社群（Preece，1999）。对在线社群的情感性承诺会使个体高度认同社群，从而认同品牌（Bagozzi and Dholakia，2006；Zhou et al.，2012），进一步促进品牌忠诚。因此，提出如下假设。

H5a: *情感性品牌社群承诺对品牌忠诚有正向影响作用。*

　　大量研究认为，社群成员会最大化他们在社群中的利益（Ridings et al.，2006）。持续性社群承诺意味着社群带来了不可替代的利益，其中包括丰富的品牌及产品信息。对品牌长期的关注和了解，会促使成员喜欢上品牌，从而形成品牌忠诚。所以，提出如下假设。

　　H5b: 持续性品牌社群承诺对品牌忠诚有正向影响作用。

　　规范性品牌社群承诺意味着成员感到有责任去回报社群，支持社群的发展（Kang et al.，2007）。回报社群责任感越强的成员，就越愿意去参加社群活动，推动和促进社群发展。由于品牌是维系品牌社群成长的核心纽带，因此对品牌忠诚是支持品牌社群的一种重要体现。所以，提出以下假设。

　　H5c: 规范性品牌社群承诺对品牌忠诚有正向影响作用。

第三节　实证研究方法

一、构念测量

　　本章共包含 8 个构念（强连带数量、弱连带数量、品牌社群信息价值、品牌社群社交价值、情感性品牌社群承诺、持续性品牌社群承诺、规范性品牌社群承诺、品牌忠诚），测量均来自文献。其中，强连带数量和弱连带数量是首次针对在线品牌社群背景进行测量。基于 Hipp 和 Perrin（2006）的研究，我们分别采用一个测项来测量强连带数量（在 X 品牌论坛中，经常交流、认识时间很长、关系很深、可以称得上朋友的人有多少？）和弱连带数量（在 X 品牌论坛中，很少交流、认识时间不长、关系很浅、还算不上朋友的人有多少？）。在品牌社群价值测量方面，根据 Mathwick 等（2008）的研究，品牌社群信息价值选取了"X 品牌论坛上的信息是很有用的"等3 个测项，品牌社群社交价值采用了"我把经常访问 X 品牌论坛的成员当作我的家人一样"等 4 个测项；在品牌社群承诺测量方面，根据 Batemen 等（2011）的研究，持续性品牌社群承诺选取了"假如我不再访问 X 品牌论坛，我需要花较长一段时间去寻找一个新的社群来取代它"等 3 个测项，情感性品牌社群承诺采用了"我把自己视为 X 品牌论坛的一分子"等 5 个测项，规范性品牌社群承诺采用了"我感到有一种责任推动着我持续地访问 X 品牌论坛"等 4 个测项；品牌忠诚方面则依据 Ahluwalia 等（2000）、

Agrawal 和 Maheswaran（2005）、Raju 等（2008）的研究，选取了"如果 X 品牌缺货，对我来说选择其他品牌也无所谓"等 3 个测项。所有问项均采用 7 点李克特量表。

此外，本章选择性别、年龄、教育、收入、职业 5 个人口统计变量对品牌忠诚进行了控制。

二、样本选取

我们在专业网上调研平台——问卷星（www.wjx.com）上投放调研问卷以搜集数据[①]。由于是有偿问卷服务，所以获取问卷比较迅速，质量也比较高。通过系统自动删除（填写时间少于 300 秒）和人工排除（排除原则包括：设置反向问题、所有选项的选择完全相同、并非品牌论坛的成员所填写、所涉及论坛并非品牌论坛）两种方式，在 25 天内，共收集到 472 份有效问卷。样本结构特征见表 3-1。

表 3-1　样本结构特征

性别	占比（%）	年龄	占比（%）	收入（元）	占比（%）	学历	占比（%）	职业	占比（%）
男 51.6 女 48.4	51.6 48.4	<21	3.3	<2000	10.8	高中及以下	1.6	企业工作人员	61.4
		21～25	26.3	2000～3999	21.6	大专	11.8	事业单位人员	18.9
		26～30	34.5	4000～5999	28.9	本科	71.4	自由职业者	6.2
		31～40	32.3	6000～7999	19.3	硕士	13.9	学生	11.4
		41～50	3.4	8000～9999	12.5	博士及以上	1.3	其他	2.1
		>50	0.2	>10000	6.9				

三、实证分析方法

本章假设采用结构方程模型的方法进行数据分析。结构方程模型常用的软件有 LISREL（Linear Structural Relations）和 AMOS（Analysis of Moment Structure），但我们采取了偏最小二乘法（Partial Least Square，PLS）软件来计算[②]，原因是：①LISREL 和 AMOS 都只能分析反映式指标，而

---

① 本书中所有篇章的数据如无特殊说明，均在专业网上调研平台——问卷星上投放调研问卷搜集统计所得，以下章节不再赘述。

② 本书中所有章节的 PLS（Partial Least Square）均指偏最小二乘法软件，书中所有章节的实证分析均采用该软件来计算，以下章节不再赘述。

PLS 可以同时分析反映式和形成式指标；②LISREL 和 AMOS 要求数据是正态分布，而 PLS 则没有这项要求；③LISREL 和 AMOS 在样本量较大时，分析结果才可靠，而 PLS 没有此潜在风险。Sääksjärvi 等（2007）也认为，与 LISREL、AMOS 等结构方程模型分析软件相比，PLS 分析软件能使研究获得更稳定的结果。综上所述，分析软件选用德国汉堡大学统计学者 Ringle 等（2005）开发的 SmartPLS 2.0 统计软件包。

第四节　数据分析与结果

一、信度和效度检验

信度检验包括内部一致性信度和组合信度。如表 3-2、表 3-3 所示，所有构念的克朗巴哈系数（Cronbach's α）值都大于 0.7，说明每个构念的内部一致性都较高（Nunnally，1978）；所有构念的组合信度（CR 值）均在 0.869～0.949，高于 0.70，说明所有构念的组合信度较高（Fornell and Larker，1981）。

效度检验包括收敛效度和鉴别效度。验证性因子分析被用来检验收敛效度。所有测项的因子载荷都处于 0.60～0.93，大于 0.5（Hulland，1999），且测量模型的拟合指数结果显示，χ^2（194）=597.33，RMSEA=0.069（＜0.08），CFI=0.94（＞0.9），NNFI=0.93（＞0.9），IFI=0.94（＞0.9），说明收敛效度较高（见表 3-2）。鉴别效度用平均方差析出（Average Variance Extracted，AVE）来计算。如表 3-3 所示，所有 AVE 值均处于 0.626～0.822，大于 0.5，且每个构念 AVE 的平方根都大于其与其他构念的相关系数（Fornell and Larker，1981），说明判别效度较高。

综上所述，本章的研究数据具有较好的信度和效度，适合做进一步的实证检验。

表 3-2　信度和效度检验

测　　项	因子载荷
品牌社群信息价值（Cronbach's α= 0.82）	
X 品牌论坛上的信息是很有用的	0.78

续表

测　　　项	因子载荷
我把 X 品牌论坛当作重要的信息来源	0.81
X 品牌论坛经常会有独特价值的信息	0.74
品牌社群社交价值（Cronbach's α= 0.80）	
我把经常访问 X 品牌论坛的成员当成我的家人	0.69
X 品牌论坛使我结交到一些志同道合的新朋友	0.77
X 品牌论坛是我与成员交流心得的重要平台	0.75
在 X 品牌论坛中我能得到很多人的支持和帮助	0.65
持续性品牌社群承诺（Cronbach's α= 0.76）	
假如我不再访问该品牌论坛，我需要花较长一段时间去寻找一个新的社群来取代它	0.60
X 品牌论坛里面的大量有用信息使我不愿意离开它	0.86
因为 X 品牌论坛中有我需要的信息，所以我愿意待在这里	0.77
情感性品牌社群承诺（Cronbach's α= 0.92）	
我把自己视为 X 品牌论坛的一分子	0.77
我对 X 品牌论坛有一种情感上的依恋	0.81
X 品牌论坛对我来说有很多特别的意义	0.82
我强烈地感觉到我归属于 X 品牌论坛	0.89
我与 X 品牌论坛关系密切	0.86
规范性品牌社群承诺（Cronbach's α= 0.93）	
我感到有一种责任推动着我持续地访问 X 品牌论坛	0.83
如果我很久不访问 X 品牌论坛，我会感到内疚	0.84
我会一直访问 X 品牌论坛，因为我对它有一种责任	0.93
我访问 X 品牌论坛在一定程度上是因为一种责任	0.89
品牌忠诚（Cronbach's α= 0.86）	
如果 X 品牌缺货，对我来说选择其他品牌也无所谓（R）	0.85
我认为我自己对 X 品牌忠诚	0.82
我更可能去购买一个打折的品牌而不是 X 品牌（R）	0.80
总体模型拟合指数： $\chi^2(194)=597.33$，$\chi^2/df=3.079$，$p<0.01$；CFI=0.94；NNFI=0.93；IFI=0.94；RMSEA=0.069	

注：标准因子负荷由验证性因子分析计算而来；（R）表示反向提问。

二、共同方法偏差检验

共同方法偏差（Common Method Bias，CMB）可能产生于同源数据，会影响到数据的效度（Ma and Agarwal，2007）。我们采用了两种方法来检验数据是否存在 CMB[①]。方法一是 Harman 的单因子检验法。将全部构念的测项放在一起做探索性因子分析，如果未旋转前的第一个因子方差解释率超过 50%，就表示 CMB 程度很高。经计算，第一个因子的方差解释率为 47.328%，小于 50%，说明 CMB 尚可接受。第二种方法是考察构念之间的相关系数，如果超过 0.9，说明 CMB 过高。计算结果表明，构念之间的相关系数均在 0.064～0.78，低于 0.9，说明数据的 CMB 不明显。根据检验结果可知，CMB 不会影响本书的数据效度。

表 3-3　构念的描述性统计

构　念	1	2	3	4	5	6	7	8
1.强连带数量	**1.000**[*]							
2.弱连带数量	0.614[*]	**1.000**[*]						
3.品牌社群信息价值	0.172[*]	0.089[*]	**0.854**[*]					
4.品牌社群社交价值	0.299[*]	0.193[*]	0.631[*]	**0.791**[*]				
5.持续性品牌社群承诺	0.124[*]	0.064[*]	0.616[*]	0.638[*]	**0.833**[*]			
6.情感性品牌社群承诺	0.275[*]	0.179[*]	0.525[*]	0.780[*]	0.603[*]	**0.871**[*]		
7.规范性品牌社群承诺	0.257[*]	0.192[*]	0.342[*]	0.602[*]	0.413[*]	0.747[*]	**0.907**[*]	
8.品牌忠诚	0.164[*]	0.064[*]	0.333[*]	0.454[*]	0.398[*]	0.540[*]	0.455[*]	**0.881**[*]
平均数	6.240	17.460	5.934	5.510	5.747	5.417	4.632	5.349
标准差	7.264	20.045	2.706	1.087	1.069	1.175	1.464	1.169
组合信度（CR）	1.000	1.000	0.889	0.869	0.871	0.939	0.949	0.913
平均方差析出（AVE）	1.000	1.000	0.730	0.626	0.694	0.759	0.822	0.777

注：*表示 $p<0.001$（双尾检验），对角线上的粗体值为相应构念的 AVE 的平方根，每个平方根都大于其所在的行与列上其他构念及其相关系数。

三、假设检验

根据 SmartPLS 软件计算可知（见表 3-4），弱连带数量与品牌社群信

---

① 本书中所有实证分析均采用了两种方法来检验数据是否存在 CMB，以下章节不再赘述。

息价值的正向关系不显著（$\beta=-0.092$，$t=1.294$，$p>0.05$），所以推翻假设 H2a；弱连带数量与品牌社群社交价值的正向关系也不显著（$\beta=-0.103$，$t=1.298$，$p>0.05$），故不支持假设 H2b，可见，没有证据证明弱连带数量能够带来社群价值。品牌社群信息价值与情感性社群承诺的正向关系不显著（$\beta=0.058$，$t=1.410$，$p>0.05$），假设 H3a 不成立；品牌社群信息价值与规范性社群承诺的正向关系不显著（$\beta=-0.072$，$t=1.527$，$p>0.05$），不支持假设 H3c，也就是说，品牌社群信息价值并不能带来所有类型社群承诺，而品牌社群社交价值可以带来所有类型的社群承诺。规范性社群承诺与品牌忠诚的正向关系不显著（$\beta=0.091$，$t=1.466$，$p>0.05$），所以假设 H5c 不成立，即不是所有社群承诺都可带来品牌忠诚。除了以上的假设路径之外，其他假设路径均成立。

此外，从模型来看，品牌忠诚并没有受到 5 个控制变量的影响。

四、模型拟合度检验

与 LISREL 和 AMOS 不同的是，PLS 根据 R^2 来判断模型的拟合度。Cohen（1988）认为，当 $R^2 \leq 0.02$ 时，表示路径关系很弱；当 $0.02 < R^2 \leq 0.13$ 时，表示路径关系中等；当 $0.13 < R^2 \leq 0.26$ 时，表示路径关系很强（以下章节等同）。在本章中，品牌社群信息价值、品牌社群社交价值、情感性社群承诺、持续性社群承诺、规范性社群承诺和品牌忠诚等几个因变量的 R^2 分别为 0.034、0.103、0.598、0.484、0.357 和 0.333（见表 3-4），说明模型的拟合度总体较好。

表 3-4 假设检验

假设路径	β 值	t 值
主效应		
H1a:强连带数量→品牌社群信息价值	0.245[***]	4.228
H1b:强连带数量→品牌社群社交价值	0.391[***]	5.870
H2a:弱连带数量→品牌社群信息价值	-0.092[ns]	1.294
H2b:弱连带数量→品牌社群社交价值	-0.103[ns]	1.298
H3a:品牌社群信息价值→情感性社群承诺	0.058[ns]	1.410
H4a:品牌社群社交价值→情感性社群承诺	0.736[***]	18.076
H3b:品牌社群信息价值→持续性社群承诺	0.348[***]	4.750
H4b:品牌社群社交价值→持续性社群承诺	0.422[***]	8.478

续表

假设路径	β 值	t 值
H3c:品牌社群信息价值→规范性社群承诺	-0.072^{ns}	1.527
H4c:品牌社群社交价值→规范性社群承诺	0.640^{***}	13.562
H5a:情感性社群承诺→品牌忠诚	0.350^{***}	4.198
H5b:持续性社群承诺→品牌忠诚	0.159^{**}	2.736
H5c:规范性社群承诺→品牌忠诚	0.091^{ns}	1.466
控制变量		
性别→品牌忠诚	-0.043^{ns}	1.242
年龄→品牌忠诚	0.120^{ns}	1.057
教育→品牌忠诚	0.031^{ns}	0.893
收入→品牌忠诚	-0.042^{ns}	1.257
职业→品牌忠诚	-0.169^{ns}	1.107
因变量	R^2	
品牌社群信息价值	0.034	
品牌社群社交价值	0.103	
情感性社群承诺	0.598	
持续性社群承诺	0.484	
规范性社群承诺	0.357	
品牌忠诚	0.333	

注:"ns"表示 $p>0.05$(双尾检验);"*"表示 $p<0.05$(双尾检验);"**"表示 $p<0.01$(双尾检验);"***"表示 $p<0.001$(双尾检验)。

第五节　强弱连带与品牌社群的关系启示

目前来看,从成员连带关系的视角研究品牌社群的文献还较少。即使一些研究讨论了连带关系,但都只是关注关系强度,而非关系数量。并且,很少有文献将强连带和弱连带整合起来进行研究。本章首次将强连带和弱连带关系数量整合起来,研究在线品牌社群成员强连带和弱连带数量对品牌忠诚的影响机制,并从社会连带和社会资源理论视角揭示了品牌社群作用机制,丰富了品牌社群和品牌忠诚的文献。

本章研究发现,强连带数量既有利于品牌社群信息价值的获取,又有助于促进品牌社群社交价值。这与强连带的相关文献（Krackhardt and Stern，1985）是吻合的。而弱连带数量的两个假设均未得到证实，即弱连带数量既对品牌社群信息价值的获得没有帮助，也不能促进品牌社群社交价值。这与"弱连带有助于获得信息价值"的观点（Granovetter，1973）不符，这可能与本研究的对象和情境有关：首先，中国情境下，人们更倾向于通过强连带来获取信息，形成信任和增加互惠（边燕杰和张文宏，2001）；其次，也可能因为弱连带数量不像强连带数量那样容易估算，导致本研究中弱连带数量的测量效度受限，弱连带数量与社群价值的关系也难以显现出来。

我们将社群承诺细分后发现，品牌社群社交价值会形成情感性、持续性和规范性3种社群承诺，而品牌社群信息价值只会促进持续性社群承诺，不会导致情感性和规范性社群承诺。可能的原因是社群信息价值更多的是产品或品牌信息，功利性较强，不能直接产生情感层面的社群认同，从而不会形成情感性和规范性社群承诺。此外，本章研究了3类社群承诺对品牌忠诚的影响，结果发现，情感性和持续性社群承诺会促进品牌忠诚，而规范性社群承诺则不会。可能的原因是情感性和持续性社群承诺带有对社群的积极认可，容易转移到对品牌的忠诚上来；而规范性社群承诺只是因为身份规范压力消极地对社群忠诚，其实对社群及其对应的品牌并没有太多的认知和情感，因此也不会对品牌产生忠诚。本章首次将细化后的品牌社群承诺置于品牌社群价值、社群承诺和品牌忠诚之间的关系研究之中，得出的结论是，不同社群价值会导致不同社群承诺，而不是所有社群承诺都会带来品牌忠诚，从而使得三者之间的关系更为准确和明晰。

研究结论对企业的实践活动具有一定的启示：①促进社群成员强连带数量的发展。企业或社群应该尽可能支持成员之间建立强连带，将社群当作朋友交流感情的重要场所。尽管企业应尽量避免干扰品牌社群日常运营，但在社群建设和组织活动方面给予一定支持是可行的；②增加社交价值，重点发展情感性品牌社群承诺。企业或社群应当设计一些制度来鼓励成员乐于在论坛中相互交流，特别是以奖励的方式鼓励一些积极的成员多去主动帮助他人，从而带动起社群的社交氛围。③提供大量丰富的信息来促进持续性社群承诺。获取有用信息是成员加入社群的最初动机，企业和社群应鼓励社群成员积极分享相关信息，并且设计好论坛的栏目，让新成员能够更容易且更多地获取社群中的信息。

本章参考文献

[1] 边燕杰，张文宏. 经济体制、社会网络与职业流动[J]. 中国社会科学，2001（2）：77-89.

[2] 金立印. 虚拟品牌社群的价值维度对成员社群意识、忠诚度及行为倾向的影响[J]. 管理科学，2007（2）：36-45.

[3] 瞿艳平，程凯. 心理契约的品牌关系研究[J]. 财经论丛，2010，153（5）：98-102.

[4] 王新新，薛海波. 品牌社群社会资本、价值感知与品牌忠诚[J]. 管理科学，2010，23（6）：53-63.

[5] 薛海波，王新新. 品牌社群影响品牌忠诚的作用机理研究——基于超然消费体验的分析视角[J]. 中国工业经济，2009（10）：96-107.

[6] 张云武. 关系规模、地位获得与交往取向[J]. 浙江工商大学学报，2011（5）：78-86.

[7] Ahluwalia R, Burnkrant R E, Unnava H R. Consumer Response to Negative Publicity: The Moderating Role of Commitment[J]. Journal of Marketing Research, 2000, 37(2): 203-214.

[8] Ack S. The Role, Use, and Activation of Strong and Weak Network Ties: A Qualitative Analysis[J]. Journal of Management Studies, 2005, 42(6): 1233-1259.

[9] Agrawal N, Maheswaran D. The Effects of Self-construal and Commitment on Persuasion[J]. Journal of Consumer Research, 2005, 31(4): 841-849.

[10] Algesheimer R, Borle S, Dholakia U M, et al. The Impact of Customer Community Participation on Customer Behaviors: An Empirical Investigation[J]. Marketing Science, 2010, 29(4): 756-769.

[11] Arlson B D, Suter T A, Brown T J. Social Versus Psychological Brand Community: The Role of Psychological Sense of Brand Community[J]. Journal of Business Research, 2008, 61(4): 284-291.

[12] Bagozzi R P, Dholakia U M. Antecedents and Purchase Consequences of

Customer Participation in Small Group Brand Communities[J]. International Journal of Research in Marketing, 2006, 23(1): 45-61.

[13] Balkundi P, Harrison D A. Ties, Leaders, and Time in Teams: Strong Inference about Network Structure's Effects on Team Viability and Performance[J]. Academy of Management Journal, 2006, 49(1): 49-68.

[14] Bateman P J, Gray P H, Butler B S. The Impact of Community Commitment on Participation in Online Communities[J]. Information Systems Research, 2011, 22(4): 841-854.

[15] Capaldo A. Network Structure and Innovation: The Leveraging of a Dual Network as a Distinctive Relational Capability[J]. Strategic Management Journal, 2007, 28(6): 585-608.

[16] Časas R, Palaima T, Mironidze L. The Links between Social Motivational Engagements, Brand Community Commitment and Repurchase Intention across Online Brand Communities[J]. Organizations & Markets in Emerging Economies, 2016, 7(2): 7-24.

[17] Cohen J. Statistical Power Analysis for the Behavioral Science[M]. Mahwah, NJ: Lawrence Erlbaum, 1988: 414.

[18] Conatant D, Lee S, Sara K. The Kindness of Strangers: The Usefulness of Electronic Weak Ties for Technical Advice[J]. Organization Science, 1996, 7(2): 119-135.

[19] Cross R, Cummings J N. Tie and Network Correlations of Individual Performance in Knowledge-Intensive Work[J]. Academy of Management Journal, 2004, 47(6): 928-937.

[20] Dyer J H, Nobeoka K. Creating and Managing a High-performance Knowledge-sharing Network: The Toyota Case[J]. Strategic Management Journal, 2000, 21(3): 345-368.

[21] Granovetter M. Economic Action and Social Structure: The Problem of Embeddedness[J]. American Journal of Sociology, 1985, 91(3): 481-510.

[22] Granovetter M S. The Strength of Weak Ties[J]. American Journal of Sociology, 1973, 78(6): 1360-1380.

[23] Greer B G. Psychological and Social Functions of an E-mail Mailing List for Persons with Cerebral Palsy[J]. Cyberpsychology & Behavior, 2000,

3(2): 221-235.

[24] Hampton K N. Neighborhoods in the Network Society the E-neighbors Study[J]. Information, Communication & Society, 2007, 10(5): 714-748.

[25] Hipp J R, Andrew P. Nested Loyalties: Local Networks' Effects on Neighbourhood and Community Cohesion[J]. Urban Studies, 2006, 43(13): 2503-2523.

[26] Houston M B, Walker B A. Self-relevance and Purchase Goals: Mapping a Consumer Decision[J]. Journal of the Academy of Marketing Science, 1996, 24(3): 232-245.

[27] Hur W, Ahn K, Kim Mm. Building Brand Loyalty through Managing Brand Community Commitment[J]. Management Decision, 2011, 49(7): 1194-1213.

[28] Jill P E. Social yet Creative: The Role of Social Relationships in Facilitating Individual[J]. Academy of Management Journal, 2006, 49(1): 85-101.

[29] Kang S, Yang H, Kwo S, et al. How Different Governance Structures Influence E-marketplaces and Purchasing Performance over Time[J]. International Journal of Business Studies, 2007, 15(2): 99-123.

[30] Kim J W, Choi J, Qualls W, et al. It Takes a Marketplace Community to Raise Brand Commitment: The Role of Online Communities[J]. Journal of Marketing Management, 2008, 24(3/4): 409-431.

[31] Krackhardt D, Stern R N. The Design of Social Networks and the Management of Crises[C]. New York: Academy of Management Proceedings, 1985: 176-180.

[32] Lee H J, Lee D, Taylor C R, et al. Do Online Brand Communities Help Build and Maintain Relationships with Consumers? A Network Theory Approach[J]. Journal of Brand Management, 2011, 19(3), 213-227.

[33] Levin D Z, Cross R. The Strength of Weak Ties You can Trust: The Mediating Role of Trust in Effective Knowledge Transfer[J]. Management Science, 2004, 50(11): 1477-1490.

[34] Lin N, Ensel W M, Vaughn J C. Social Resources and Strength of Ties: Structural Factors in Occupational Status Attainment[J]. American

Sociological Review, 1981, 46(4): 393-405.

[35] Lin N, Vaughn J C, Ensel W M. Social Resources and Occupational Status Attainment[J]. Social Forces, 1981, 59(4): 1163-1181.

[36] Ma M, Agarwal R. Through a Glass Darkly: Information Technology Design, Identity Verification, and Knowledge Contribution in Online Communities[J]. Information Systems Research, 2007, 18(1): 42-67.

[37] Mathwick C, Wiertz C, Ruyter K. Social Capital Production in a Virtual p3 Community[J]. Journal of Consumer Research, 2008, 34(6): 832-849.

[38] Mathwick C. Understanding the Online Consumer: A Typology of Online Relational Norms and Behavior[J]. Journal of Interactive Marketing, 2002, 16(1): 40-55.

[39] Meyer J P, Allen N J. A Three-component Conceptualization of Organizational Commitment[J]. Human Resource Management Review, 1991, 1(1): 61-89.

[40] Muniz A M, O'Guinn T C. Brand Community[J]. Journal of Consumer Research, 2001, 27(3): 412-432.

[41] Park H, Cho H. Social Network Online Communities: Information Sources for Apparel Shopping[J]. Journal of Consumer Marketing, 2012, 29(6): 400-411.

[42] PhD M S, Hellen K, Gummerus J, et al. Love at First Sight or a Long-term Affair? Different Relationship Levels as Predictors of Customer Commitment[J]. Journal of Relationship Marketing, 2007, 6(1): 45-61.

[43] Pirolo L, Presutti M. The Impact of Social Capital on the Start-ups' Performance Growth[J]. Journal of Small Business Management, 2010, 48(2): 197-227.

[44] Prasad B, Harrison D A. Ties, Leaders, and Time in Teams: Strong Inference about Network Structure's Effects on Team Viability and Performance[J]. Academy of Management Journal, 2006, 49(1): 49-68.

[45] Preece J. Empathy Online[J]. Virtual Reality, 1999, 4(1): 74-84.

[46] Raju S, Unnava R H, Montgomery N V. The Effect of Brand Commitment on the Evaluation of Nonpreferred Brands: A Disconfirmation Process[J]. Journal of Consumer Research, 2008, 35(5): 851-862.

[47] Ridings C, Gefen D, Arinze B. Psychological Barriers: Lurker and Poster Motivation and Behavior in Online Communities[J]. Communications of the Association for Information Systems, 2006, 18(1): 329-354.

[48] Schouten J W, Mcalexander J H, Koeing H F. Transcendent Customer Experience and Brand Community[J]. Journal of the Academy of Marketing Science, 2007, 35(3): 357-368.

[49] Scott S E, Kraimer L M, Liden R C. A Social Capital of Career Success[J]. New York: Academy of Management Journal, 2001, 44(2): 219-237.

[50] Tassier T. Labor Market Implications of Weak Ties[J]. Southern Economic Journal, 2006, 72(3): 704-719.

[51] Uzzi B. Scial Structure and Competition in Interfirm Networks: The Paradox of Embeddedness[J]. Administrative Science Quarterly, 1997, 42(1): 35-67.

[52] Wasko M M, Faraj S, Teigland R. Collective Action and Knowledge Contribution in Electronic Networks of Practice[J]. Journal of the Association for Information Systems, 2004, 5(11/12): 493-513.

[53] Wasko M M, Faraj S. Why should I Share? Examining Social Capital and Knowledge Contribution in Electronic Networks of Practice[J]. MIS Quarterly, 2005, 29(1): 35-57.

[54] Wellman B Salaff J, Dimitrova D, Garton L, et al. Computer Networks as Social Networks: Collaborative Work, Telework, and Virtual Community[J]. Annual Review of Sociology, 1996, 22(1): 213-239.

[55] Wiener Y. Commitment in Organizations: A Normative View[J]. Academy of Management Review, 1982, 7(3): 418-428.

[56] Zhou Z, Zhang Q, Su C, Zhou N. How do Brand Communities Generate Brand Relationships? Intermediate Mechanisms[J]. Journal of Business Research, 2012, 65(7): 890-895.

第三篇
网络中心性

第四章 人格特质、网络中心性与知识分享[①]

对在线品牌社群而言，知识分享（Knowledge Sharing）至关重要。一个社群如果没有热心成员分享的丰富而有用的产品或品牌知识，就无法吸引更多的人加入和参与，也就无法影响他们对品牌的态度与行为。因此，如何激发社群成员的知识分享行为是在线品牌社群经营的最大挑战（Chiu，2006）。学术界对知识分享行为的影响因素进行了许多有益探索，提出了个体动机（Wasko and Fara，2005）、社会资本（Hsu et al., 2007；Nahapiet and Ghoshal，1998；Sun et al., 2009）、社会网络（Lee et al., 2011）、人格特质（Organ and Ling，1995）等一些可能影响知识分享的前因。从根源上讲，一个人的行为是由其人格特质所决定的（Allport，1937），个体动机、社会资本、社会网络等都可能与人格特质有关。换言之，在人格特质与知识分享之间可能存在一些中间变量。然而，现有研究并未对此做进一步探讨，从而使得知识分享行为的生成机制还不甚清晰。

具体而言，主要隐含3个问题：第一，作为人格特质的重要维度，内外倾性（Introversion-Extroversion）是否影响在线品牌社群当中的知识分享行为？内外倾性是最为重要的人格特质，表明一个人的基本态度（Jung，1913），对人的行为具有决定作用。尽管有些人表现为内倾型人格，有些人表现为外倾型人格，但实际上每个人都会同时存在内倾性和外倾性，只不过内外倾性比重不同。可见，内倾性和外倾性作为一个人的两种人格维度同时产生影响。由于在线品牌社群是一个不同于线下的互联网背景，交流的成员彼此之间可能素未谋面、互不认识，其内倾性的维度是否就一定会阻碍知识分享？这有待验证。第二，内外倾型人格特质是如何影响网络中心性的？网络中心性是描述一个人在社会网络中是否处于中心地位的概念

① 本章初稿发表情况如下：周志民，张江乐，熊义萍. 内外倾型人格特质如何影响在线品牌社群中的知识分享行为？网络中心性与互惠规范的中介作用[J]. 南开管理评论，2014,17(3)：19-29. 本书有删改。

（罗家德，2010）。在组织行为学领域，一些学者已发现人格特质会影响正式组织中的网络中心性（Katherine et al., 2004；Lin and Ipe，2010），这一结论是否可以直接借鉴到在线品牌社群当中？第三，作为社会资本的重要组成部分，社会网络是如何影响知识分享行为的？一些学者探讨了社会资本对知识分享行为的影响，指出社会资本的结构、关系和认知 3 个维度（Nahapiet and Ghoshal，1998）会促进知识分享（Hsu et al., 2007；Sun et al., 2009）；另一些研究则着重从社会网络的视角展开研究，指出社群成员在社会网络中的中心性会影响其知识分享行为或社群融入（Lee et al., 2011）。然而，为什么作为"结构位置变量"的网络中心性会直接影响作为"行为结果变量"的知识分享行为？其中是否存在中介变量？根据相关研究可知，社会资本的结构维度会影响关系维度（Tsai and Ghoshal，1998），因此，可以探讨互惠等关系维度是否在中心性与知识分享之间起中介作用。

综上所述，本章将内外倾型人格特质作为前因变量，将网络中心性和互惠规范作为中介变量，构建了在线品牌社群知识分享行为形成机制的概念模型。该模型将社会网络理论引入品牌社群研究，使得在线品牌社群知识分享获得社会网络视角的解释，同时在实践中有助于在线品牌社群管理者激发更多的知识分享行为。

第一节　人格特质、网络中心性与知识分享的理论

一、内外倾型人格特质

特质（Trait）是指个体内在的、独特的知觉情境的系统和倾向，而且在各种不同的情境下，这种反应系统和倾向具有一致性和稳定性，并具有支配个人行为的能力（Allport，1937）。不同的理论从不同的角度对人格特质的结构和维度进行了描述。本章着重研究内外倾型人格特质，因为本研究关注在线品牌社群成员的交流互动，而内外倾性重点反映了社交能力。

内外倾性是非常具有代表性的特质，受到大批学者的持续关注（伯格，2000）。外倾性多被定义为充满精力的、乐观的以及具有社交能力的，且更加喜欢个体间的交流和沟通（Costa and McCrae，2001）。社交能力是外倾性的重要组成部分，外倾性高者喜欢与他人互动，且较为合群、活泼、乐

观，并擅长社交活动，这样的人易与他人产生社会互动，并乐于参与团队讨论和合作，提出自己的观点（Mount and Barrick，1998）。与外倾性相反的特质是内倾性。Jung（1913）认为，如果一个人的兴趣和注意指向内部，指向自己的思想和感觉，他（她）的行为由主观的、个人的、内部的东西所决定，那么这个人就属于内倾的。内倾的人不自信、害羞、冷漠、寡言，较难适应环境的变化。内倾性也被描述为一种复合的人格特质，其中包括回避社会接触、偏爱隐蔽，而不是公开活动，并且极度敏感，不善于社交（Good，1959）。一个具有内倾特质的人具有安静、保守并与人保持距离（除了与亲近的朋友）的内省性特征（Eysenck，1969）。总的来说，具有内倾性特质的人较孤僻、喜欢独处，不善于与人交流，朋友通常较少，有回避社交的倾向。

在本章中，内外倾型人格特质被分为两个维度来研究，因为每个人的性格都兼有内倾性和外倾性人格特质。

二、网络中心性

社会网络可分为咨询网络、情报网络和情感网络。其中，咨询网络和情报网络与信息有关，不同之处是，前者以询问信息为主，而后者以提供信息为主。本章中，绝大部分在线品牌社群会员都是对品牌感兴趣的消费者或潜在消费者，信息咨询构成了社群交往的基本形式，所以，咨询网络更适合在本章使用。此外，由于在在线品牌社群中，很多成员通过社群内交互产生社交临场感和缘分感，进而形成了有情感纽带的友谊关系（Zhou et al.，2016），故而我们选取咨询网络和情感网络为研究对象。此外，由于本章重点研究个体在品牌社群中的影响力（符合程度中心性的界定），而非与他人的关系距离远近（亲近中心性），以及成员之间的媒介位置（中介中心性），同时程度中心性又是最常用来衡量团体中心人物的指标（罗家德，2010），因此选取网络中的程度中心性作为研究对象，表示社群成员在品牌社群中受欢迎的程度及其在社群中的影响力。为方便起见，本章简称情感网络中的程度中心性为情感网络中心性，咨询网络中的程度中心性为咨询网络中心性。

三、社会资本与知识分享

知识分享是成员对组织的知识贡献（Wasko and Fara，2005）。学者们

从技术接受模型（Wasko and Fara，2000）、社会交换与社会资本理论
（Mathwick et al., 2008）、行为理论（Bock et al., 2005）的角度研究了知识
分享的模式与影响因素。其中，社会资本的视角是一个主流的视角。
Nahapiet 和 Ghoshal（1998）将社会资本的结构、关系、认知 3 个维度引入
知识管理研究中，提出社会资本来源于人群中的人际联系网络，能够促进
智力资本的产生并最终为组织带来优势。Wasko 等（2005）从社会资本的
视角出发，结合个人动机理论，对个体的知识分享行为展开研究，发现社
会资本的认知维度（专业能力水准、专业领域时间）和结构维度（中心性）
对知识分享有重要影响，而关系维度（承诺、互惠）则没有。Hsu 等（2007）
以使用网络联系和情感信任两个变量分别代表结构维度与关系维度的角
度，探讨了社会资本对于知识分享效果的影响。Chiu 等（2006）结合社会
资本与社会认知理论，全面研究了社会资本三维度与知识分享的数量和质
量的关系。综上所述，可见学者们已就社会资本对知识分享效果的影响达
成共识。

第二节　人格特质、网络中心性与知识分享的研究假设

人格特质对知识分享的影响已被证实，但影响机制是什么，目前还很
少有文献揭示。本章旨在探索具有不同内外倾型人格特质的成员在在线品
牌社群中如何表现出不同的知识分享行为。为此，我们根据嵌入理论框架，
以社会资本理论为基础，将结构维度（网络中心性）和关系维度（互惠规
范）作为核心的中间变量来构建模型。嵌入理论认为，一个人的行为会受
到其所处的社会关系结构影响。由此可推测，一个社群成员的知识分享行
为受到其所处的在线品牌社群结构及其位置（咨询网络中心性、情感网络
中心性）的影响，而人格特质被认为是网络中心性的一个嵌入成因。根据
社会资本理论可知，结构维度会对关系维度产生影响，由此推测，咨询网
络中心性和情感网络中心性（结构维度）也会对互惠规范（关系维度）产
生影响。此外，根据文献，社会资本对知识分享行为的影响获得了证实。
因此，互惠规范可能会影响知识分享。最终模型的结构是，咨询网络中心
性和情感网络中心性在内外倾型人格特质与知识分享行为之间起到中介作
用，而互惠规范又在中心性与知识分享行为之间起到中介作用。这一模型

细致地解读了内外倾型人格特质对知识分享行为的影响机制。具体研究思路和模型如图 4-1 所示。

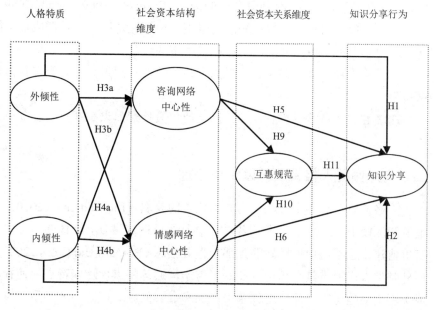

图 4-1　概念模型

注：有关中介作用的假设 H7a、H7b、H8a、H8b、H12a、H12b 未在图中标出。

一、内外倾型人格特质与知识分享行为

知识分享行为是个体在所处环境中的反应方式之一。已有的研究结果表明，人格特质对知识分享具有直接或间接的影响。例如，宜人性特质高的人更容易和别人相处或合作，所以宜人性特质对知识分享行为具有正向影响作用（Chai et al., 2011）；还有学者把人格特质作为调节变量研究企业文化和知识分享的关系，结果表明人格特质对知识分享都会产生影响（Organ and Ling，1995）。

尽管在线品牌社群环境与现实环境存在一定差异，但个体在网络中的人格和行为仍然以现实中的经验与风格为基础（邱林照，2003）。成员的高外倾性通常使他们更容易与他人进行社会性互动，在群体讨论中乐于发言，并在参与过程中表现出领导行为（Mount and Barrick，1998）。这也使得这

些成员通常掌握更多的产品知识，并且他们以积极、乐观、友好的态度与他人分享这些知识。相反，成员的高内倾性特质则使得他们较孤僻、喜欢独处，不善于与人交流，有回避社交的倾向（Eysenck，1969；Good，1959）。因此，可以理解在在线品牌社群的背景下，内倾性特质促使社群成员可能在知识分享上不积极。从而，可以做出如下假设。

H1：在在线品牌社群中，社群成员的外倾性对知识分享行为有正向影响作用。

H2：在在线品牌社群中，社群成员的内倾性对知识分享行为有负向影响作用。

二、内外倾型人格特质与网络中心性

人格特质会影响个人组织中心性位置的获取（Liu and Ipe，2010；丁道群和沈模卫，2005）。关于组织中社会行为的研究发现，个体会从可提供有价值建议且不使他们尴尬的人那里搜寻信息（Borgatti and Cross，2003）。而外倾型人格特质具有积极、友好、善于沟通等特点，这些特点促使社群成员更主动地与人交流，咨询各类产品和品牌问题。同时，外倾型人格使得人们更容易对人产生信任感，从而愿意与别人交流更为私密的情感话题。相反，内倾型人格则使得成员孤僻、寡言、害羞、不自信和不善于社交，这些特点使得他们处于社会网络的边缘位置，不愿意与人打交道，不仅不会咨询相关的产品或品牌信息，更谈不上与别人交流情感。故而，做出以下假设。

H3a：在在线品牌社群中，外倾型人格特质对咨询网络中心性有正向影响。

H3b：在在线品牌社群中，外倾型人格特质对情感网络中心性有正向影响。

H4a：在在线品牌社群中，内倾型人格特质对咨询网络中心性有负向影响。

H4b：在在线品牌社群中，内倾型人格特质对情感网络中心性有负向影响。

三、网络中心性与知识分享行为

在社会网络中，个体所处的位置决定了其所能获得的资源（Burt，

1992）。个体在社会网络中的中心性会影响资源共享，居于网络中心的企业或个体能承担网络中的信息流和资源流的作用，并具有控制优势（Jane and Essec，2000；Shah，1998）。信息流动和知识分享行为是在线品牌社群得以维系的基础，所以在在线品牌社群中成员的中心性越高，其知识贡献越大（Wasko and Fara，2005；Sun et al.，2009）。还有学者分别研究了咨询网络和情感网络的中心性与个体行为的关系，结果表明，个体在咨询网络中的中心性对其工作绩效有积极影响（Sparrowe，2001）；情感网络中心性对知识分享有正向影响（罗家德等，2007）。无论是咨询网络还是情感网络，其网络中心性都表现出明显的个体社会位置，该社会位置能预测行为风格（William and Voelker，2008）。处于高中心性位置的个体被认为具有更大的贡献，同时具有更多的绩效和创新精神（Gest et al.，2001），因为他们能利用中心位置的网络快速获得更多的信息，减少搜寻信息和资源的交易成本。类似的，在在线品牌社群当中，处于咨询和情感网络中心位置的人由于有机会获得更为丰富的信息，因此会产生更高的知识贡献。因此，做出以下假设。

H5：在在线品牌社群中，咨询网络中心性对知识分享行为有正向影响。

H6：在在线品牌社群中，情感网络中心性对知识分享行为有正向影响。

四、内外倾型人格特质、网络中心性与知识分享行为

有研究表明，人格特质是结构位置嵌入的一个原因（Liu and Ipe，2010）。外倾性多被描述为乐观的、积极的，易于和他人产生互动，并乐于参与团队的讨论和合作（Costa and McCrae，2001），具有积极情感的个体会以乐观正面的情绪对待自己所处的环境，因此会在交流中更为主动活跃。有研究表明，积极的个体会拥有更广泛的社会网络（Cohen and Lemay，2007）。可见，积极的个体会认识更多的人，也更愿意向别人讨教。内倾型的人通常具有缺乏自信、冷漠、寡言、回避社会接触、不善社交、害羞等特征（Eysenck，1969），因此他们在与他人交流的过程中偏向于沉默寡言或者产生规避行为，对于向别人咨询或者寻求情感支持的行为可能都会感到一定的压力。因此，外倾性对咨询网络中心性和情感网络中心性的形成起着推动作用，内倾性则相反。根据 Granovetter 的嵌入理论（1985）可知，结构位置会影响人的行为，即社群成员在在线品牌社群当中的中心位置会影响他们的知识分享行为。内外倾型人格特质通过咨询网络和情感网络中

心性的"桥梁"作用对知识分享行为产生影响，实际上是两种不同特质的个体通过网络结构中的位置占据进而产生知识分享行为。故本研究提出如下假设。

H7a：在在线品牌社群中，咨询网络中心性在外倾性与知识分享行为之间起到中介作用。

H7b：在在线品牌社群中，情感网络中心性在外倾性与知识分享行为之间起到中介作用。

H8a：在在线品牌社群中，咨询网络中心性在内倾性与知识分享行为之间起到中介作用。

H8b：在在线品牌社群中，情感网络中心性在内倾性与知识分享行为之间起到中介作用。

五、网络中心性与互惠规范

互惠规范是指建构提供帮助与付出回报的道德规范，当一方为另一方提供某种资源时，后者有义务付出回报，这种互惠规范行为在交易中是公认的社会准则（Gouldner，1960）。作为社会资本的一个主要关系维度（Wasko and Fara，2005），互惠规范是在线品牌社群形成与发展的基础。有研究指出，社会资本的结构维度（社会连带强度）会影响关系维度（信任）（Tsai and Ghoshal，1998）。同样，作为结构维度的网络中心性也有可能会影响作为关系维度的互惠规范，因为社会网络中的个体通过参与密集网络相互学习，有助于建立成员之间的互惠期望（Granovetter，1973）。成员在在线品牌社群的咨询网络和情感网络中的中心性越高，意味着其有更多的机会向其他成员咨询信息和交流情感问题，这种中心地位带来的满足感会提高其互惠规范，也希望其他成员遵守互惠规范，从而使得社群能够持续发展；相反，处于网络边缘的成员，本身没有多少人关注，因此也缺乏动力去与他人交流，提供他们所需的产品信息和社会支持。因此，提出以下假设。

H9：在在线品牌社群中，咨询网络中心性对互惠规范有正向影响。

H10：在在线品牌社群中，情感网络中心性对互惠规范有正向影响。

六、互惠规范与知识分享行为

互惠规范同时也是在线品牌社群运行的根基，只有付出没有回报的行为是短暂的，无法保障社群成员关系的维系（Wellman and Potter，1999）。在充满互惠规范的社会网络中，个体的集体意识越强，其行为越容易受到集体的影响（Putnam，1993）。即使是发生在在线社群中弱连带间的交换行为，也蕴含个体之间的互惠规范意识（Krackhardt and Hanson，1993）。互联网当中的知识分享行为，受到互惠规范的强烈推动影响：一方面，社群成员获得了别人的帮助，也会在互惠规范下去帮助别人；另一方面，社群成员认可社群中的互惠规范，相信在帮助别人之后，也会获得别人的帮助。因此，提出以下假设。

H11：在在线品牌社群中，互惠规范对知识分享行为有正向影响。

七、互惠规范、网络中心性与知识分享行为

社会网络中的中心位置有助于与其他成员建立更好的联系，中心位置传递着一种非正式的社会影响力。咨询连带具备传递信息流与普及知识的功能，能为双方提供有用的资源（Granovetter，1973）。情感等支持行为加强了互惠的印象，会增进友好关系的牢固与互惠程度（罗家德，2010）。故咨询网络中心性和情感网络中心性对互惠规范的形成起着积极的推动作用。一些学者从社会资本视角研究了在线社群中的知识共享，他们认为互惠规范代表社群成员相互感知的一种公平的知识交换，结果表明互惠规范对知识分享有显著影响（Chiu，2006；Sun，2009）。综上可知，互惠规范在网络中心性和知识分享行为之间起着中介作用，所以，提出如下假设。

H12a：在在线品牌社群中，互惠规范在咨询网络中心性与知识分享行为之间起到中介作用。

H12b：在在线品牌社群中，互惠规范在情感网络中心性与知识分享行为之间起到中介作用。

第三节　测量、样本与分析方法

一、构念测量

本章测量了 6 个核心变量（外倾型人格特质、内倾型人格特质、咨询网络中心性、情感网络中心性、互惠规范、知识分享行为）。每个变量的测项均来自成熟量表。其中，外倾性与内倾性测项来自 Saucier（1994）的量表，外倾性包括健谈、喜欢社交、大胆、精力旺盛 4 个测项，内倾性包括孤独、内向、害羞、安静 4 个测项；互惠规范用"在 X 品牌网上论坛中，当其他成员帮助我时，我应该有所回报和主动帮助其他成员"等 2 个测项测量（Coleman，1988）；知识分享行为用"在 X 品牌网上论坛中，我经常参与知识分享活动"等 5 个测项测量（Darvenport and Prusak，1998）。这 4 个变量的测项均采用 6 点李克特量表[①]。

咨询网络中心性和情感网络中心性的测量有别于其他 4 个变量。已有研究表明，个体网的网络中心性可以用与个体有关系的节点数目衡量（Lee et al.，2011），测量方法可以采用提名生成法（Name Generator）和提名诠释法（Name Interpreter）（罗家德，2010），具体为：①提名生成法——让被访者根据要求从在线品牌社群中提名 5 名与自己常联系的成员；②提名诠释法——让被访者根据测项回答 6 名成员（包含自己）的咨询及情感网络关系，如"在 X 品牌论坛中，您遇到产品问题时，您常向哪些论坛成员请教"和"在 X 品牌论坛中，您常与哪些人交流情感与分享快乐"，其答案以 0 或 1 数字呈现（0 或 1 代表两种关系，"1"表示两者之间有关系，"0"表示两者之间没有关系）。在测项设计过程中，所有问题均针对受访者提问，通过被访者的回答来描述网络当中的关系。采取这种方法的原因是因为本章是从个体网视角研究个体的网络中心性，其他构念的测量如内外倾性、互惠规范、知识分享均以个体的主观感知为标准，因此在此测量的中心性也属于个体的主观感知（Krackhardt，1992）。

此外，在测量中，性别、年龄、学历、收入、加入年限和参与频率等

---

① 6 点李克特量表和 7 点李克特量表没有本质区别，不会影响结论。

为控制变量。

二、样本选取

经过一个半月的时间，全国各地共有 3007 个拥有独立 IP 的人填写了本问卷，其中有 1567 份为在线品牌社群成员所填写。通过回答时间控制（低于 300 秒的删除）以及分析网络中心性的关系数据，删除无效问卷 1043 份（例如，如果被访者认为成员 A 与成员 A 有关系，则该问卷无效，因为自己与自己有关系没有意义），最终获得有效样本为 524 份，样本有效率为33.4%。样本的人口特征描述性统计如表 4-1 所示。

表 4-1　样本结构特征

项目	统计结果
性别	男性占 53.1%，女性占 46.9%
年龄	15 岁以下占 0.2%，15～20 岁占 2.8%，21～25 岁占 29.3%，26～30 岁占 36.7%，31～35 岁占 19.2%，36～40 岁占 8.4%，41～50 岁占 3%，50 岁以上占 0.4%
月均收入	2000 元以下占 9.6%，2000～3999 元占 24%，4000～5999 元占 26.9%，6000～7999 元占 16.8%，8000～9999 元占 13.3%，10000 元以上占 9.4%
教育程度	高中、中专及以下占 2.4%，大专占 14.2%，本科占 72.2%，硕士占 10.2%，博士及以上占 1%
参与论坛历史（年）	1 年以下占 14.4%，1～2 年占 33.1%，2～3 年占 31.1%，3～4 年占 13.6%，4～5 年占 3.2%，5 年以上占 4.6%
周参与频率	1 次以下占 5.4%，1～3 次占 41.5%，4～6 次占 26.7%，7～9 次占 13.2%，9 次以上占 13.2%
职业	全日制学生占 9.47%，生产人员占 1.7%，销售人员占 6.82%，市场/公关人员占 2.46%，客服人员占 0.19%，行政/后勤人员占 8.9%，人力资源占 4.17%，财务/审计人员占 6.25%，文职/办事人员占 6.44%，技术/研发人员占 15.53%，管理人员占 20.08%，教师占 3.79%，顾问/咨询占 0.76%，专业人士（如会计师、律师、建筑师、医护人员、记者等）占 7.38%，其他占 6.06%

三、实证分析方法

对人口统计特征变量（年龄、月均收入、教育程度、参与论坛频率、加入论坛时间）进行正态分布检验，结果发现，偏度值 Skewness 的绝对值在 0.341~0.791，不是标准正态分布（Skewness=0）。因此，采用偏最小二乘法（Partial Least Square, PLS）分析方法更为合理。

第四节　数据分析与假设检验

一、网络中心性数据转换

实证分析之前，先采用 UCINET 6.0 软件对咨询网络中心性和情感网络中心性的数据进行转换。通过问卷调查获得的中心性数据属于关系数据，以 0~1 矩阵形式呈现，矩阵中"1"表示两者之间有关系；"0"表示两者之间没有关系。在社会网络当中，网络关系可分为无方向和有方向两种，无方向的关系不考虑是成员 A 到 B 的关系还是成员 B 到 A 的关系，而有方向的关系则考虑了关系的方向。本章选择无方向关系，原因是有无方向与人格特质无关，外倾性强的人可能会主动咨询别人，也可能被动接受别人的咨询，而内倾性强的人可能既不主动也不被动与人交流。表 4-2 是一份测量咨询网络中心性的关系数据矩阵的数例。我们以被访者为研究对象计算其中心性，被访者处于编号 1 位置。通过 UCINET 6.0 对表 4-2 的关系矩阵进行转换计算，可得到编号 1（即编号为 1 的社群成员，见表 4-2 下方备注，下文其他编号代表含义相同）的咨询网络中心性的标准化无方向性数值为 0.8[4/（6-1）]（编号 1 到编号 2~6 的关系为 3，而编号 2~6 到编号 1 的关系为 2，其中编号 1 和 2 是双向关系，在无方向图中只记 1 个关系，所以编号 1 的关系数共 3+2-1=4）。该属性数据即为咨询网络中心性的分值，可以代入下一步的概念模型实证检验当中。

表 4-2　咨询网络中心性 0~1 关系矩阵

编号	1	2	3	4	5	6
1	0	1	1	1	0	0
2	1	0	0	1	1	0
3	0	1	0	0	1	0
4	0	0	0	0	1	1
5	0	0	0	0	0	1
6	1	1	1	1	0	0

注：编号为包含被访者在内的 6 名社群成员。横向数据表示某个编号的成员到其他编号的成员的关系；纵向数据表示其他编号的成员到某个编号的成员的关系。

二、信度和效度检验

由于咨询网络中心性和情感网络中心性的原始数据属于关系数据而非属性数据，不便于做信度和效度分析，因此仅对外倾性、内倾性、互惠规范与知识分享行为等几个构念做信度、效度分析。如表 4-3 所示，四者的克朗巴哈系数（Cronbach's α）值均大于 0.7，说明这 4 个构念的内部一致性都非常高；4 个构念的组合信度值均大于 0.7，说明构念的组合信度非常高。外倾性、内倾性、互惠规范和知识分享行为 4 个构念的因子载荷均处于 0.69～0.90，大于 0.5，且模型的拟合指数结果表明：χ^2（84）=211.24，χ^2/df=2.514（<5），RMSEA=0.055（<0.08），CFI=0.97（>0.9），NNFI=0.96（>0.9），IFI=0.97（>0.9），说明构念的收敛效度很高。所有构念的平均方差析出（AVE 值）均大于 0.50，且每个构念的 AVE 值的平方根均大于它与其他构念的相关系数，因此构念的鉴别效度也很高（见表 4-4）。

综上可知，本研究的数据具有很好的信度和效度。

表 4-3　问卷的信度效度检验

测　　项	因子载荷
外倾性（Cronbach's α=0.862）	
健谈的	0.79
精力旺盛的	0.69
喜欢社交的	0.87
大胆的	0.75
内倾性（Cronbach's α=0.869）	
孤独的	0.73
内向的	0.86
害羞的	0.84
安静的	0.74
互惠规范（Cronbach's α=0.874）	
在 X 品牌网上论坛中，当其他成员帮助我时，我应该有所回报并主动帮助他们	0.86
X 品牌网上论坛的成员需要帮助时，大家应尽自己所能给予支持	0.90
知识分享（Cronbach's α=0.884）	
在 X 品牌网上论坛中，我经常参与知识分享活动	0.79

续表

测　项	因子载荷
在 X 品牌网上论坛中，我经常花费大量时间组织、引导知识分享活动	0.72
在 X 品牌网上论坛中，我常常积极地与其他论坛成员分享知识	0.84
在 X 品牌网上论坛中，当讨论一个复杂的问题时，我常常致力于更多的交流	0.80
在 X 品牌网上论坛中，我常参加各种主题的讨论，而不仅仅是某一个具体的主题	0.76
总体模型拟合指数：$\chi^2(84)=211.24$，$\chi^2/df=2.514$，RMSEA=0.055，CFI=0.97，NNFI=0.96，IFI=0.97	

注：因子负荷由验证性因子分析计算而来。

三、共同方法偏差检验

本章采用 SPSS 17.0 计算得出结果，第一个因子的方差解释率为 42.757%，小于 50%，说明数据的共同方法偏差（Common Method Bias CMB）在接受范围之内。此外，由表 4-4 可知，构念间的相关系数处于 0.164~0.611，小于 0.9，表明数据可以接受。综合两种检验方法可知，本章的数据效度不受 CMB 的影响。

表 4-4　构念的描述性统计

构　念	1	2	3	4	5	6
1.外倾性	**0.836**					
2.内倾性	0.550[***]	**0.843**				
3.咨询网络中心性	0.279[***]	0.211[***]	**1.00**			
4.情感网络中心性	0.233[***]	0.226[***]	0.502[***]	**1.00**		
5.互惠规范	0.268[***]	0.164[***]	0.266[***]	0.245[***]	**0.94**	
6.知识分享	0.611[***]	0.331[***]	0.320[***]	0.299[***]	0.391[***]	**0.83**
平均数	4.37	4.02	0.645	0.764	5.24	4.45
标准差	0.94	1.036	0.303	0.288	0.95	0.89
组合信度（CR）	0.91	0.91	1.00	1.00	0.94	0.92
平均方差萃取值	0.71	0.71	1.00	1.00	0.89	0.70

注："***"表示 $p<0.001$（双尾检验），对角线上的粗体值为相应构念的 AVE 的平方根，每个平方根都大于其所在的行与列上其他构念与其的相关系数。

四、假设检验

为逐步检验中介作用（Baron and Kenny，1986），本章构建了3个模型（见表4-5）。模型1只包括内倾型人格特质、外倾型人格特质和知识分享行为3个变量；模型2加入了咨询网络中心性和情感网络中心性，以验证网络中心性的中介作用；模型3在模型2的基础上加入了互惠规范这个变量，全面探讨模型4个部分的关系机制（见图4-1），并检验互惠规范的中介作用。

在模型1中，外倾型人格特质对知识分享行为具有正向影响（$\beta=0.535$，$t=11.513>1.96$，$p<0.001$），H1成立；而内倾性与知识分享行为的β系数为0.013（$t=0.309<1.96$，$p>0.05$），说明内倾型人格特质与知识分享行为的关系不显著，H2被推翻。

在模型2中，外倾性、内倾性与知识分享行为的关系与模型1的情况一样。其中，外倾性和内倾性与知识分享行为的β系数分别为0.507（$t=10.555>1.96$，$p<0.001$）和0.038（$t=0.821<1.96$，$p>0.05$），说明外倾型人格特质会正向影响知识分享行为（H1成立），而内倾型人格特质对知识分享行为的负向影响不显著（H2不成立）。从人格特质与网络中心性的关系来看，外倾型人格特质对咨询网络中心性（$\beta=0.248$，$t=4.813>1.96$，$p<0.001$）和情感网络中心性的正向影响均显著（$\beta=0.182$，$t=3.624>1.96$，$p<0.001$），说明H3a和H3b均获得支持；而内倾型人格特质对咨询网络中心性负向影响不显著（$\beta=-0.079$，$t=1.523<1.96$，$p>0.05$），但内倾型人格特质对情感网络中心性的负向影响显著（$\beta=-0.143$，$t=3.047>1.96$，$p<0.01$），从而推翻了H4a而支持了H4b。在网络中心性和知识分享行为的关系方面，数据表明咨询网络中心性对知识分享没有直接的正向影响（$\beta=0.055$，$t=1.435<1.96$，$p>0.05$），H5不成立；而情感网络中心性对知识分享有显著的正向影响（$\beta=0.146$，$t=3.562>1.96$，$p<0.001$），说明H6成立。

如果自变量不能影响因变量，则不存在中介效应（Baron and Kenny，1986）。结合模型1和模型2可知，咨询网络中心性由于不能直接影响知识分享行为（H5不成立），其在外倾性与知识分享行为当中没有发挥中介作用，H7a被推翻；而在加入情感网络中心性之后，外倾性仍然会影响知识分享（模型 1 和模型 2 中的 H1 都成立），说明情感网络中心性在外倾性与知识分享之间起到部分中介作用，故 H7b 成立。此外，由于内倾性不会直接影响知识分享行为（H2 不成立），因此有关内倾性中介作用的假设 H8a 和 H8b 都不成立。

在模型 3 中，外倾型人格特质对知识分享行为具有正向影响（β=0.458，t=9.103>1.96，p<0.001），说明 H1 成立；而内倾性与知识分享行为的 β 系数为 0.038（t=0.913<1.96，p>0.05），说明二者之间的关系不显著，H2 不成立。在外倾性和网络中心性的关系方面，外倾性与咨询网络中心性和情感网络中心性的 β 系数均显著，分别为 0.248（t=4.844>1.96，p<0.001）和 0.182（t=4.607>1.96，p<0.001），说明外倾型人格特质对两种网络中心性都有正向影响，H3a 和 H3b 成立；而内倾性与咨询网络中心性的 β 系数仅为 −0.080（t=1.664<1.96，p>0.05），说明二者之间关系不显著，H4a 不成立，内倾性与情感网络中心性的 β 系数为−0.143（t=3.284>1.96，p<0.01），说明内倾型人格特质对情感网络中心性的确有负向影响，H4b 成立。咨询网络中心性对知识分享没有直接的正向影响（β=0.033，t=0.773<1.96，p>0.05），说明 H5 不成立；而情感网络中心性对知识分享有正向影响（β=0.114，t=2.613>1.96，p<0.01），支持 H6。咨询网络中心性、情感网络中心性均对互惠规范产生显著正向影响，系数分别为 0.187（t=3.105>1.96，p<0.01）和 0.179（t=3.804>1.96，p<0.001），说明 H9 和 H10 都成立。互惠规范与知识分享行为的 β 系数为 0.223（t=3.657>1.96，p<0.001），说明互惠规范对知识分享的正向关系显著，H11 成立。

结合模型 2、模型 3 可知，由于咨询网络中心性不会直接影响知识分享（H5 不成立），因此无法检验互惠规范在二者之间的中介作用，因此 H12a 被推翻；而加入互惠规范后，情感网络中心性与知识分享的关系仍然显著（模型 2 和模型 3 中的 H6 都成立），说明互惠规范在情感网络中心性与知识分享之间起到部分中介作用，H12b 成立。

此外，在控制变量里，社群成员加入年限以及参与频率对其知识分享行为具有显著影响，系数分别为 0.089（t=2.458>1.96，p<0.05）和 0.139（t=3.705>1.96，p<0.001）。

表 4-5　假设检验结果汇总

假设路径	模型 1		模型 2		模型 3	
	β 值	t 值	β 值	t 值	β 值	t 值
主效应						
H1：外倾性→知识分享行为	0.535***	11.513	0.507***	10.555	0.458***	9.103
H2：内倾性→知识分享行为	0.013	0.309	0.038	0.821	0.038	0.913
H3a：外倾性→咨询网络中心性			0.248***	4.813	0.248***	4.844
H3b：外倾性→情感网络中心性			0.182***	3.624	0.182***	3.607
H4a：内倾性→咨询网络中心性			−0.079	1.523	−0.080	1.664
H4b：内倾性→情感网络中心性			−0.143**	3.047	−0.143**	3.284
H5：咨询网络中心性→知识分享行为			0.055	1.435	0.033	0.773
H6：情感网络中心性→知识分享行为			0.146**	3.562	0.114**	2.613
H9：咨询网络中心性→互惠规范					0.137**	3.105
H10：情感网络中心性→互惠规范					0.179***	3.804
H11：互惠规范→知识分享行为					0.223***	3.657
控制变量						
性别→知识分享行为	0.007	0.200	0.005	0.156	−0.009	0.278
年龄→知识分享行为	−0.018	0.406	−0.029	0.717	−0.019	0.468
学历→知识分享行为	−0.011	0.270	−0.009	0.243	−0.003	0.061
收入→知识分享行为	0.071	1.539	0.059	1.309	0.056	1.225
加入年限→知识分享行为	0.086*	2.247	0.084*	2.078	0.089*	2.458
参与频率→知识分享行为	0.159***	4.478	0.137***	3.854	0.139***	3.705
因变量	R^2					
知识分享行为	0.409		0.435		0.479	
咨询网络中心性			0.089		0.089	
情感网络中心性			0.082		0.082	
互惠规范					0.071	

注：有关中介的假设 H7a、H7b、H8a、H8b、H12a、H12b 未在表中标出。"*"表示 $p<0.05$（双尾检验）；"**"表示 $p<0.01$（双尾检验）；"***"表示 $p<0.001$（双尾检验）。

五、模型拟合度检验

计算结果表明，知识分享行为、咨询网络中心性、情感网络中心性和互惠规范的 R^2 分别为 0.479、0.089、0.082、0.071（见表 4-5），说明模型的路径关系处于中等（$0.02<R^2<0.13$），可以接受，与假设相符，所以模型具有较好的拟合度。

第五节　人格特质对知识分享影响机制的研究结论与启示

同一个在线品牌社群当中的不同成员会表现出不同的知识分享行为，已有文献提出人格特质是前因之一（Organ and Ling，1995；邱林照，2003）。然而，没有文献揭示两者的中间机制。本章从社会资本视角对中介效应进行了研究。通过引入社会资本结构维度（网络中心性）和关系维度（互惠规范），我们发现：

（1）外倾型人格特质对咨询网络中心性、情感网络中心性和知识分享行为都有正面影响，而内倾型人格特质只对情感网络中心性有负面影响，说明一个人的外倾特质将其推向咨询网络和情感网络的中心位置，并与他人分享，但其内倾特质阻碍其走向情感中心的位置，因为内倾特质强的人不善社交，不懂得表现出对他人的关心和情感。这一点反映了内倾型与外倾型人格特质会同时发挥作用，使人在做出行为前产生内心的矛盾与冲突。内倾性与咨询网络中心性的关系不显著，说明内倾性不是促进或阻碍咨询网络中心性形成的原因，即只要掌握了丰富的产品或品牌知识，即使内倾性强的成员也有可能会通过为他人提供信息而处于咨询网络的中心位置。

（2）情感网络中心性在外倾性与知识分享的关系中起到部分中介作用，这就说明，成员外倾型人格特质越明显，就越有可能成为情感网络中的中心人物，对品牌社群及其成员的情感会促使其进行知识分享。此外，外倾性也可以不通过情感网络中心性而直接影响知识分享，这是因为外倾特质强的人更加积极，乐于分享，不需要身处网络中心位置就可为社群贡献知识。

（3）咨询网络中心性与知识分享之间没有直接关系，而必须通过互惠规范的"桥梁"作用才会影响知识分享。这是因为，尽管处于咨询网络中心位置可以获得很多的产品和品牌知识，但这并不代表该成员就愿意与他人分享，分享能力和分享意愿是两码事，只有该成员意识到互惠规范，知道社群成员应当相互帮助，才会愿意分享知识。

（4）互惠规范在情感网络中心性对知识分享的影响过程中起到部分中介作用，说明居于情感网络中心位置的成员，出于对社群和成员的感情而乐于分享知识，也可能是出于遵循互惠规范而分享知识。前者可看作"真有之情"的结果，后果可看作"应有之情"的结果（何佳讯，2006），两种"情"都可促进知识的分享。

对于品牌社群管理实践来说，管理者应当根据成员交流内容将社群分为咨询网络和情感网络，然后进行分别管理。首先，在咨询网络当中及时发布更多有价值的产品或品牌专业信息，帮助成员解决问题，而在情感网络中发布更多有爱的图片和故事，营造情感交流氛围。其次，对咨询网络的活跃分子（网络中心占据者）给予奖励，因为其中除了有外倾人格高的成员，也可能有内倾人格高的成员。外倾人格突出的成员收到奖励后，会更积极分享知识，而内倾人格突出的成员因为受到鼓励，也更乐于参与到社群互动当中，从而降低内倾性，提高外倾性。此外，通过提高会员等级、评选热心会员等方式奖励咨询网络的助人者（网络中心占据者），使其发挥意见领袖的作用，来鼓励互惠规范的形成，使知识得以共享。再次，通过帖子数量和内容的识别找到情感网络中乐于提供社会支持和情感安慰的热心成员（网络中心占据者），对其进行奖励和宣传，这些人不仅有助于营造温馨的社群感，其自身也是互惠规范的推动者和知识分享的主力军。他们通常具有高外倾型人格特质，因此应当充分发挥他们的特征优势，带动积极社群氛围的建立。最后，在线品牌社群应该建立互惠互利的机制，刺激助人等行为的发生。管理者可以采取一定措施对社群成员进行管理，对于积极帮助他人的成员，应该通过增加会员等级和积分等形式进行激励，而对于获得过别人帮助但从来没有帮助过他人的成员，应该适当提醒、警告，甚至封账号，因为这些人的行为会破坏社群互惠规范的形成。

本章参考文献

[1] 薛海波. 网络中心性、品牌社群融入影响社群绩效的实证研究[J]. 当

代财经，2011（10）：73-81.

[2] ［美］伯格. 人格心理学[M]. 陈会昌，译. 北京：中国轻工业出版社，2000.

[3] ［美］戴维·诺克，杨松. 社会网络分析（第二版）[M]. 李兰，译. 上海：格致出版社，2012.

[4] ［瑞士］卡尔·古斯塔夫·荣格. 心理类型·荣格文集（第3卷）[M]. 储昭华，沈学君，王世鹏，译. 北京：国际文化出版公司，2011.

[5] 丁道群，沈模卫. 人格特质、网络社会支持与网络人际信任的关系[J]. 心理科学，2005，28（2）：300-303.

[6] 何佳讯. 品牌关系质量本土化模型的建立与验证[J]. 华东师范大学学报（哲学社会科学版），2006，38（3）：100-106.

[7] 罗家德，郑孟育，谢智棋. 实践性社群内社会资本对知识分享的影响[J]. 江苏社会科学，2007（3）：131-141.

[8] 罗家德. 社会网分析讲义（第二版）[M]. 北京：社会科学文献出版社，2010.

[9] 邱林照. 电信客服中心之企业文化与知识分享关系之研究——以人格特质为干扰变项[D]. 台北：中国文化大学，2003.

[10] 张勉，魏钧，杨百寅. 社会资本的来源：工作咨询网络中心性的前因变量[J]. 管理世界，2009（5）：119-127.

[11] 周颖萍. 浅析大五人格特质和社会群体地位的关系[J]. 山东教育学院学报，2004（6）：41-43.

[12] Ajei M T, Noble C H, Noble S M. Enhancing Relationships with Customers through Online Brand Communities[J]. MIT Sloan Management Review, 2012, 53(4): 22-24.

[13] Allport G W. Personality: A Psychological Interpretation[J]. American Journal of Sociology, 1937, 13(1): 48-50.

[14] Baron R M, Kenny D. The Moderator-mediator Variable Distinction in Social Psychological Research: Conceptual, Strategic, and Statistical Considerations[J]. Journal of Personality and Social Psychology, 1986, 51(6): 1173-1182.

[15] Bock G W, Zmud R W, Kim Y G, et al. Behavior Intention Formation in Knowledge Sharing: Examining the Roles of Extrinsic Motivators,

Social-psychological Forces, Organizational Climate[J]. MIS Quarterly, 2005, 29(1): 87-111.

[16] Borgatti S P, Cross R. A Relational View of Information Seeking and Learning in Social Networks[J]. Management Science, 2003, 49(4): 432-445.

[17] Bulte C V D, Wuyts S H K. Social Networks in Marketing[M]. Cambridge, MA: Marketing Science Institute, 2007.

[18] Burt R. Structural Holes: The Social Structure of Competition[M]. Boston: Harvard University Press, 1992.

[19] Carlson B D, Suter T A, Brown T J. Social Versus Psychological Brand Community: The Role of Psychological Sense of Brand Community[J]. Journal of Business Research, 2008, 61(4): 284-291.

[20] Chai S, Sanjukta D H, Raghav R. Factors Affecting Bloggers' Knowledge Sharing: An Investigation across Gender[J]. Journal of Management Information Systems, 2011, 28(3): 309–341.

[21] Chiu C M, Hsu M H, Wang E T G. Understanding Knowledge Sharing in Virtual Communities: An Integration of Social Capital and Social Cognitive Theories[J]. Decision Support Systems, 2006, 42(3): 1872-1888.

[22] Cohen J. Statistical Power Analysis for the Behavioral Sciences (2nd ed.)[M]. Mahwah, NJ: Lawrence Erlbaum, 1988.

[23] Cohen S, E P Lemay. Why Would Social Networks be Linked to Affect and Health Practices?[J]. Health Psychology, 2007, 26(4): 410-417.

[24] Coleman J. Social Capital in the Creation of Human Capital[J]. American Journal of Sociology, 1988, 94(Supplement): 95-120.

[25] Costa J P, McCrae R R. A Theoretical Context for Adult Temperament[J]. Mahwah: Lawrence Erlbaum, 2001.

[26] Darvenport T H, Prusak L. Working Knowledge: How Organizations Manage What They Know[M]. Cambridge: Harvard Business School Press, 1998.

[27] Eysenck H J, Eysenck S B G. Personality Structure and Measurement[M]. London: Routledge and Kegan Paul, 1969.

[28] Freeman L C. Centrality in Social Networks: Conceptual Clarification[J].

Social Networks, 1979, 1(3): 215-239.

[29] Gest S D, Graham-Bermann S A, Hartup W W. Peer Experience: Common and Unique Features of Number of Friendships, Social Network Centrality, and Sociometric Status[J]. Social Development, 2001, 10(1): 23-40.

[30] Good C V. Dictionary of Education[M]. New York: McGraw-Hill Book Company, 1959.

[31] Gouldner A W. The Norm of Reciprocity: A Preliminary Statement[J]. American Sociological Review, 1960, 25(2): 161-178.

[32] Granovetter M. Economic Action and Social Structure: The Problem of Embeddedness[J]. American Journal of Sociology, 1985, 91(3): 481-510.

[33] Granovetter M. The Strength of Weak Ties[J]. American Journal of Sociology, 1973, 78(6): 1360-1380.

[34] Hsu M H, Ju T L, Yen C H, et al. Knowledge Sharing Behavior in Virtual Communities: The Relationship between Trust, Self-efficacy, and Outcome Expectations[J]. International Journal of Human-Computer Studies, 2007, 65(2): 153-169.

[35] Jane E, Essec S. National Culture, Networks, and Individual Influence in a Multinational Management Team[J]. Academy of Management Journal, 2000, 43(2): 191-202.

[36] Katherine J K, Lim B C, Jessica L S, et al. How Do They Get There? An Examination of the Antecedents of Centrality in Team Networks[J]. Academy of Management Journal, 2004, 47(6): 952-963.

[37] Krackhardt D, Hanson J R. The Company behind the Charts[J]. Harvard Business Review, 1993, 71(4): 104-111.

[38] Krackhardt D. The Strength of Strong Ties: The Importance of Philos in Organizations[A]. N Nohria, R Eccles (eds.), Networks and Organizations: Structure, Form and Action[C]. Boston, MA: Harvard Business School Press, 1992.

[39] Lee D W, Kim H S, Kim J A. The Impact of Online Brand Community Type on Consumer's Community Engagement Behaviors: Consumer-Created vs. Marketer-Created Online Brand Community in Online Social-Networking

Web Sites[J]. Cyberpsychology, Behavior, and Social Networking, 2011, 14(1-2): 59-63.

[40] Lee H J, Lee D H, Taylor C R, Lee J. Do Online Brand Communities Help Build and Maintain Relationships with Consumers? A Network Theory Approach[J]. Journal of Brand Management, 2011, 19(3): 213-227.

[41] Foster Scott. Doing Business Research: A Guide to Theory and Practice[J]. Action Learning Research & Practice, 2012, 9(3): 320-324.

[42] Liu Y W, Ipe M. How Do They Become Nodes? Revisiting Team Member Network Centrality[J]. Journal of Psychology, 2010, 144(3): 243-258.

[43] Lucas R E, Diener E, Grob A, et al. Cross-cultural Evidence for the Fundamental Features of Extraversion[J]. Journal of Personality and Social Psychology, 2000, 9(3): 452-468.

[44] Mathwick C, Wiertz C, Ruyter K D. Social Capital Production in a Virtual P3 Community[J]. Journal of Consumer Research, 2008, 34(4): 832-849.

[45] Mount M K, Barrick M R. Five Reasons Why the "Big Five" Article has been Frequently Cited[J]. Personnel Psychology, 1998, 51(4): 849-857.

[46] Nahapiet J, Ghoshal S. Social Capital, Intellectual Capital and the Organizational Advantage[J]. Academy of Management Review, 1998, 23(2): 242-266.

[47] Organ D, Ling L A. Personality Satisfaction and Organizational Citizenship Behavior[J]. Journal of Social Psychology, 1995, 135(3): 339-347.

[48] Putnam R D. The Prosperous Community: Social Capital and Public Life[J]. American Prospect, 1993(13): 35-42.

[49] Saucier G. Mini-Markers: A Brief Version of Goldberg's Unipolar Big-Five Markers[J]. Journal of Personality Assessment, 1994, 63(3): 506-516.

[50] Shah P P. Who are Employees' Social Referents? Using a Network Perspective to Determine Referent Others[J]. Academy of Management Journal, 1998, 41(3): 249-268.

[51] Sparrowe R T, Liden R C, Wayne S J, et al. Social Networks and the Performance of Individuals and Groups[J]. Academy of Management

Journal, 2001, 44(2): 316-326.

[52] Sun S Y, Ju T L, Chumg H F, et al. Influence on Willingness of Virtual Community's Knowledge Sharing: Based on Social Capital Theory and Habitual Domain[J]. International Journal of Human & Social Sciences, 2010 (53) : 142.

[53] Tsai W, Ghoshal S. Social Capital and Value Creation: The Role of Intrafirm Networks[J]. Academy of Management Journal, 1998, 41(4): 464-476.

[54] Wasko M M, Fara J S. It is What One Does: Why People Participate and Help Others in Electronic Communities of Practice[J]. Journal of Strategic Information Systems, 2000, 9(2-3): 155-173.

[55] Wasko M M, Fara J S. Why Should I Share? Examining Social Capital and Knowledge Contribution in Electronic Networks of Practice[J]. MIS Quarterly, 2005, 29(1): 35-57.

[56] Wasserman S, Faust K. Social Network Analysis: Methods and Applications[M]. Cambridge University Press, 1994.

[57] Wellman B, Potter S. The Elements of Personal Communities[A]. B.Wellman (ed.). Networks in the Global Village[C]. Boudler, CO: Westview Press, 1999.

[58] William C M, Voelker T A. Information, Resources and Transaction Cost Economics: The Effects of Informal Network Centrality on Teams and Team Performance[J]. Journal of Behavioral & Applied Management, 2008, 9(2): 134-147.

第五章 社会强化动机、网络中心性与品牌行为①

根据动机理论，一个人的动机会影响其行为；而根据社会交换理论，其行为会影响其他人的行为，进而影响其在网络中的位置。许多研究者（Dholakia et al., 2004；Wang and Fesenmaier, 2004；王新新和薛海波，2008）多从信息获取、娱乐、社交等方面来研究社群成员的参与动机及他们的行为，较少从社会强化（Social Enhancement）的角度来探讨成员加入社群的动机。一些社群成员希望通过参与社群活动来得到他人的认可、尊重，体现自己的重要性，获取一定的社会地位（Vivek and Cooley, 2010；Wang and Fesenmaier, 2004），提升自己的位置，即得到一种社会强化。在社群中，这种地位反映在他们的中心性程度上。有研究发现，社会强化动机会促使或激励社群成员积极、努力地回答他人的问题，帮助他人解决问题（Fuller, 2006），进而会让更多的人愿意去向他们咨询。咨询他们的成员数量越多，就越有利于他们占据网络中心位置。当人们处于网络中心位置时，可以获得信息价值和社交价值（Mathwick et al., 2008）。就信息价值而言，一方面是提供信息给他人，另一方面也会在无意中获得他人的信息，从而了解越来越多的品牌信息；就社交价值而言，在与人相处的过程中，建立了更多的社会关系。这些价值可以促使他们对品牌社群产生更多的归属感。社群归属感是消费者与社群关系的重要体现，社群归属感越强，消费者就越愿意为社群的发展做出贡献（Lin, 2008），也越认可社群的存在，进而对该社群的核心——品牌就越忠诚，并产生与品牌相关的行为倾向。鉴于此，本章以网络中心性作为研究的出发点，探讨社会强化动机对在线品牌社群

---

① 本章初稿发表情况如下：周志民，彭妙娟. 在线品牌社群成员的社会强化动机、网络中心性与品牌行为倾向研究[C]// 2013JMS 中国营销科学学术年会论文集. 北京：清华大学，2013, 08。本书有删改。

网络中心性的影响，以及网络中心性对品牌社群关系和品牌行为的作用。

第一节 社会强化动机、网络中心性与品牌行为的相关理论

一、社会强化动机

动机是一种在自我调节下，由内部需求激发，为达到外部某种目的的行为动力（张爱卿，1996）。动机会影响人们的行为。在针对在线社群的研究中，学者们引入动机理论（Chan et al.，2014；Madupu and Cooley，2010；Park and McMillan，2017；Wang and Fesenmaier，2004），发现社群成员由于不同的动机参与到社群中来，而这种动机也会影响成员们在社群中的表现。有学者指出，某些社群成员参与到社群中来为了获得社群这个社会网络中其他成员的尊重、认可，即表现为一种社会强化动机（Dholakia et al.，2004；Kim et al.，2013）。在印象管理（Impression Management）理论中，有时候人们会试图通过做某些事情或某种行为来加深或改变其他人对自己的看法。可见，社会强化动机是人们进行自我调节的一个非常重要的方面，在印象管理的过程中主要是通过与其他人的社会互动，加强对自己的认知并改变形象，进而改变某种地位的一种基本动机。拥有这种动机的成员会积极回答他人的问题和提供信息（Hars and Ou，2002）。通过与他人沟通，可以获得其他社群成员的认同和肯定（Fuller，2006）。这种地位与其对品牌社群的贡献直接挂钩，其行为影响到成员的网络中心性（张勉和杨百寅，2009）。

二、网络中心性

网络中心性是社会网络中描述个人结构位置的重要指标，反映了个体在网络中的重要性、是否拥有特权及声望（罗家德，2010）。本章主要是从信息的角度出发，研究基于产品信息、品牌信息的交流而形成的社会网络，因此我们只将信息网络中心性作为研究对象，具体分为程度中心性和中介中心性进行研究。程度中心性是指某个个体在网络中与其他行动者的关联程度，是其在群体中拥有的地位和权力；中介中心性指标衡量了一个人在

其他两人之间占据媒介位置的能力（罗家德，2010）。需要说明的是，接近中心性要求社会网络中每位成员全部相关联（罗家德，2010），不符合在线品牌社群的实际情况，故未放入本章研究当中。

三、社群归属感

在线品牌社群归属感是指成员将自己视为社群一员，甚至不可分割的一部分（Lin，2008；Zhao，2012）。在网络环境下，社群归属感是在线社群存在的一个关键因素，对社群归属感较强的成员会花更多的时间、付出更多的努力在在线社群活动中（Roberts，1998）。成员社群归属感的形成能够促进、激励社群成员积极主动地参与社群组织的各种活动，并且给予社群成员心理和生理上的极大满足。现有对于在线品牌社群归属感的研究，基本上分为两个部分：一部分研究探索社群归属感对社群建设的作用及对品牌建设的影响（Lin，2008；Marcelo，2010；Zhao，2012）；另一部分研究鉴于社群归属感的重要性，以社群归属感的前因研究为主（徐伟、江若尘和盛伟，2010；周志民和吴群华，2013）。

四、品牌行为倾向

成员的消费行为和模式往往受到社群本身的结构、规范及其他成员的压力等影响。在线品牌社群本身就是由热爱品牌的成员组成的，他们更愿意在未来重复购买该品牌，而且在社群内交流自己使用产品的经验以及与品牌之间发生的故事，这是口碑推荐和传播的过程。深入分析社群成员的品牌行为倾向非常有意义，因为他们在维护品牌声誉、促进品牌发展方面做出贡献（金立印，2007）。重复购买产品、口碑宣传都属于保护品牌的行为倾向。另一种品牌忠诚行为的表现是抵制竞争品牌的行为（Thompson and Sinha，2008）。无论竞争品牌占据优势或劣势，成员都可能产生一种对竞争品牌的抵制倾向，将之视为"敌人"（Muniz and O'Guinn，2001）。这一倾向源自成员良好的社群体验和对品牌意义的高度认可，他们会鲜明地表示对品牌的偏好和认可，拒绝使用竞争品牌产品，甚至在竞争品牌遭遇困境时会产生幸灾乐祸的情绪（Hu and Zhang，2011；Thomas and James，2007）。

第二节　社会强化动机、网络中心性与品牌行为的研究假设

　　社会人都处于一定的社会关系中，但有些人会处于网络的中心位置，如领导者、威望者等。同样，在线品牌社群本质上也是一个社会网络，其中也存在处于中心位置的人，如意见领袖、社群活跃者等；当然也存在处于边缘的人，如潜水者等。那么，那些具有高中心性的人有什么特质？根据动机理论及印象管理理论可知，社会强化动机提供了一个解释的视角。很多人希望通过参与社群活动来得到他人的认可、尊重，体现自己的重要性，获取一定的社会地位（Vivek and Cooley，2010；Wang and Fesenmaier，2004）。在社群中，这种地位反映在他们的中心性程度上。有研究发现，社会强化动机会促使或激励他们积极、努力地回答他人的问题，帮助他人解决问题（Fuller，2006），进而会让更多的人愿意去向他们咨询。咨询的成员数量越多，他们的网络中心性就越高。

　　当人们处于网络中心的位置时，可以获得信息价值和社交价值（Mathwick et al.，2008）。就信息价值而言，一方面是提供信息给他人，另一方面也会在无意中获得他人的信息，从而了解越来越多的品牌信息；就社交价值而言，在与人相处的过程中，建立了更多的社会关系。这些价值促使人们对品牌社群产生更多的归属感。社群归属感是消费者与社群关系的重要体现，社群归属感越强，就越愿意为社群的发展做出贡献（lin，2008），也越认可社群的存在，进而对该社群的核心——品牌越忠诚，并产生与品牌相关的行为倾向。综上分析，本书提出一个有关网络中心性的概念模型，从社会强化动机的角度解释网络中心性的前因及结果（见图5-1）。

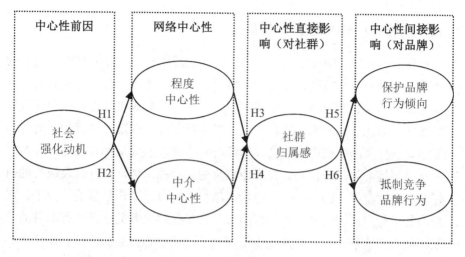

图 5-1　概念模型

一、社会强化动机与网络中心性

Yen 等人（2011）提到，具有社会强化动机的成员会更愿意主动分享他们的经验、信息，为其他成员答疑解难。范晓屏（2009）也发现，正是社会强化动机会影响成员的参与水平和参与层次，具有社会强化动机的人会积极主动地参与社群活动。在在线品牌社群中，具体的表现是具有社会强化动机的社群成员希望通过发表帖子或者帮助其他人来证实自己的能力，同时获得他人的认可和尊重。这种行为在社群中会受到他人的关注，其他成员会更愿意找到这类成员帮助自己，这些成员更可能成为别人咨询的对象。同时，这样的成员会被其他成员认为是可靠的，愿意与其交流，在交流中其他成员会带来他们自己的资源，具有这种动机的人进而能掌握更多的资源，对于自己在网络中中心位置的提升更有利（张勉和杨百寅，2009）。此外，有研究表明，社会强化动机对成为意见领袖有正向影响，社会强化动机越强的人，更愿意去分享他们的信息，帮助其他人解决问题，而处于意见领袖位置的人一般都具有较高的中心性（Kim，2011）。因此，提出以下假设。

H1：在在线品牌社群里，社会强化动机对程度中心性有正向影响。

H2：在在线品牌社群里，社会强化动机对中介中心性有正向影响。

二、网络中心性与社群归属感

程度中心性、中介中心性都可以从侧面反映一个人在社群中与他人的关系，每类中心性的高低都反映了他们的关系范围，中心性越高的人，其在网络中的重要性越高。对于网络中心性高的社群成员来说，由于其位置的特殊性，他（她）能与社群中的众多成员保持着频繁且直接的社会互动关系。具有高度中心性的成员，与社群的其他众多成员都有互动，其对整个社群环境的熟悉度很高。与其他成员的关系越密切，对社群及成员的信任和依恋度越高（Lee et al., 2011），越容易把自己看作社群的一分子。在互动的过程中，拥有高度中心性的成员，能获得更多关于其他行动者的信息和品牌的信息，在长期的浸染下，对社群的好感会加深。拥有高度中心性的成员，能找到更多的共同点，对整个社群更认同（薛海波，2009），从而对社群的归属感更强。Cheng 和 Chiou（2012）在研究在线游戏社群时发现，处于中心位置的人更容易获得他们想要的资源和快乐，从而对待社群的态度也比较正向，容易持续待在社群中，久而久之更容易感受到社群带来的归属感。有学者已经证实，在在线社群中，核心成员（或者说领袖）对社群的归属感较强（徐伟、江若尘和盛伟，2010）。因此，提出以下假设。

H3：程度中心性对社群归属感有正向影响。

H4：中介中心性对社群归属感有正向影响。

三、社群归属感与保护品牌行为倾向和抵制竞争品牌行为倾向

E1en 和 Johnson（2000）研究发现，顾客对社群的归属感对品牌忠诚有非常显著的正向影响，具有较强归属感的人会产生品牌忠诚的行为。Lin（2008）也验证了在线社群归属感和成员忠诚度的关系，指出社群归属感对社群忠诚具有正向影响。杨伟文和刘新（2010）将社群归属感作为社群意识的一个方面，指出成员在社群的归属感正向影响品牌忠诚程度。Hemandeshe 和 Fresneda（2005）认为在品牌社群中，成员的社群归属感会影响他们的消费行为，一般体现在购买行为和沟通行为上。Marcelo 和 Casamassima（2010）研究发现，成员对社群的归属感越强，其对社群就越忠诚，同时更愿意进行口碑传播，宣扬品牌好的方面。可见，归属感越强的人，越愿意花费时间和精力参与在线社群的活动。他们把自己看作品牌社群的一分子，从而增强了社群参与的责任感（徐伟等，2010）。这种责任

感成为一种规范，会转化为对自身品牌的保护，同时对竞争品牌产生一些
消极的行为意向，对它们表现出强烈的抵制态度，拒绝购买这些品牌及加
入以这些品牌为主题的品牌社群。因此，提出以下假设。

H5：社群归属感对保护品牌行为倾向有正向影响。

H6：社群归属感对抵制竞争品牌行为倾向有正向影响。

第三节　实证研究方法

一、构念测量

本章共包含 5 个构念：社会强化动机、网络中心性、社群归属感、保
护品牌行为倾向、抵制竞争品牌行为倾向。其中，网络中心性采用的是社
会网络测量方法，获得的是关系数据，而其他 4 个构念测量的是属性数据，
所有测项均来源于已有文献。本书借鉴 Dholakia 和 Bagozzi（2004）的研
究，选取了 2 个测项来测量社会强化动机；关于社群归属感，则借鉴了 Lin
（2008）的研究，采用了 4 个测项来进行测量；根据 Netemeyer 和 Bearden
（1992）、金立印（2007）的研究，对保护品牌行为倾向、抵制竞争品牌行
为倾向，分别选取了 3 个测项来进行测量。本章对上述 4 个构念的测量均
采用 6 点李克特量表。

网络中心性测量的具体问题是"在 X 品牌论坛中，您遇到产品问题时，
常向哪些论坛成员请教"。其答案以 0 和 1（0 和 1 代表两种关系，"0"表
示两者之间没有关系，"1"表示两者之间有关系）形成的矩阵形式呈现。
在测项设计过程中，所有问题均针对受访者提问，测量的数据则以受访者
主观回答为主。尽管受访者描述的各人之间的关系网络与真实情况有偏差，
但模型当中所有构念的测项均由受访者回答，均为主观答案，因此保证了
模型的一致性。

此外，还选取了性别、年龄、教育、职业、参与频率 5 个人口统计特
征对网络中心性进行了控制。

二、样本选取

本次调研回收了 601 份有效问卷。样本结构见表 5-1。由表 5-1 中的

数据可知，本研究所使用的样本在性别、学历、职业等方面具有代表性。虽然其中年龄结构偏年轻（21～35 岁的比例为 83.3%），但这与在线社群当中年轻人占主流的事实相符。

表 5-1　有效样本结构描述

项　　目	数据结果
性　　别	男性占 49.43%；女性占 50.57%
年　　龄	小于 21 岁占 2.29%，21～25 岁为 25.63%，26～30 岁为 33.42%，31～35 岁为 24.26%，36～40 岁为 8.7%，41～45 岁为 4.12%，46～50 岁为 1.14%，大于 50 岁为 0.46%
教育程度	大专以下占 2.29%，大专占 13.73%，本科占 71.4%，硕士占 11.21%，博士及以上占 1.37%
职　　业	企业工作人员占 62.7%，事业单位人员占 25.63%，自由职业者占 6.18%，学生 5.03%，其他占 0.46%
参与频率	每周小于 1 次为 4.81%，每周 1～2 次为 23.71%，每周 3～4 次为 30.21%，每周 5～6 次为 21.27%，每周 7～8 次为 10.3%，每周 9 次以上为 9.7%

三、实证分析方法

需要说明的是，本章计算了程度中心性和中介中心性两种中心性，计算方法有所不同。其中，程度中心性分为外向中心性（Out-degree Centrality）和内向中心性（In-degree Centrality），前者是指受访者向他人提问，后者是他人向受访者提问（罗家德，2010）。显然，内向中心性更适合于本章的研究视角，即为强化社会地位而广泛接受他人提问，因此我们只计算了内向中心性，将其代入结构方程模型当中，再用 SPSS 17.0、SmartPLS 2.0 等统计软件进行定量分析。

第四节　数据分析与假设检验

一、信度和效度检验

在本章中，由于中心性部分的原始数据属于关系数据，因此我们仅对社会强化动机、社群归属感、保护品牌行为倾向、抵制竞争品牌行为倾向等构念做信度和效度分析。如表 5-2、表 5-3 所示，社会强化动机、社群归属感、保护品牌行为倾向、抵制竞争品牌行为倾向 4 个构念的 Cronbach's α 值都大于 0.7，说明每个构念的内部一致性都较高；所有构念的组合信度 CR 值均在 0.858～0.944，高于 0.70，说明所有构念的组合信度较高。

　　所有测项的因子载荷都处于 0.58～0.93，大于 0.5，且测量模型的拟合指数结果显示，$\chi^2/df=2.685$，$p<0.01$，RMSEA=0.065（<0.08），CFI=0.98（>0.9），NNFI=0.97（>0.9），IFI=0.98（>0.9），说明收敛效度很高（见表 5-2）。如表 5-3 所示，所有平均方差析出（Average Variance Extracted, AVE）值均处于 0.664～0.9，超过了 0.50 的最低标准，而且每个构念 AVE 值的平方根都大于其与其他构念的相关系数，说明判别效度较高。

　　综上所述，数据具有较好的信度和效度，适合做进一步的检验。

表 5-2　问卷的信度和效度检验

测　项	因子载荷
社会强化动机（Cronbach's α=0.882）	
我参与 X 品牌论坛是为了让论坛成员感受到我的重要性	0.87
我参与 X 品牌论坛是为了让论坛成员能加深对我的印象	0.91
社群归属感（Cronbach's α=0.830）	
我对 X 品牌论坛有一种强烈的归属感	0.80
我很高兴成为 X 品牌论坛的一分子	0.68
我对 X 品牌论坛非常忠诚	0.82
总之，X 品牌论坛里面士气很高	0.67
保护品牌倾向（Cronbach's α=0.782）	
维护 X 产品品牌的声誉是我和其他成员分内的事情	0.81
当有人批评 X 品牌产品时，我会极力反驳或澄清	0.75
我总是尽量把 X 品牌产品的优点告诉给别人	0.65
抵制竞争品牌倾向（Cronbach's α=0.773）	
我觉得自己对其他竞争品牌的产品没有太多的好感	0.71
当有人给予其他竞争品牌的产品好评时，我总想去反驳他	0.93
我偶尔会有攻击竞争品牌产品的想法（或实际行动）	0.58
总体模型拟合指数： $\chi^2(48)=128.9$，$\chi^2/df=2.685$，CFI=0.98，NNFI=0.97，IFI=0.98，RMSEA=0.065	

注：因子负荷由验证性因子分析计算而来。

二、共同方法偏差检验

经计算，第一个因子的方差解释率为 47.328%，小于 50%，说明共同方法偏差（Common Method Bias, CMB）尚可接受。此外，构念之间的相关系数均在-0.009~0.687，低于 0.9，说明数据的 CMB 不明显。根据检验结果可知，CMB 不会影响本次数据。

表 5-3 构念的描述性统计

构　念	1	2	3	4	5	6
1.社会强化动机	**0.949**					
2.程度中心性	0.233**	**1.000**				
3.中介中心性	0.155**	0.610**	**1.000**			
4.社群归属感	0.422**	0.201**	0.194**	**0.815**		
5.保护品牌行为倾向	0.413**	0.136	0.155**	0.687**	**0.835**	
6.抵制竞争品牌行为倾向	0.334**	0.024	−0.009	0.226**	0.323**	**0.821**
平均数	3.958	2.291	8.367	4.929	4.765	3.31
标准差	1.087	3.285	17.045	0.685	0.749	0.959
组合信度（CR 值）	0.944	1.000	1.000	0.887	0.873	0.858
平均方差萃取值	0.900	1.000	1.000	0.664	0.697	0.674

注："**"表示 $p<0.01$（双尾检验），对角线上的粗体值为相应构念的 AVE 的平方根，每个平方根都大于其所在的行与列上其他构念与其的相关系数。

三、假设检验

通过 SmartPLS 2.0 计算可以发现（见表 5-4），所有主效应假设均成立。

此外，就控制变量来看，只有中介中心性受到了参与频率的影响，性别、年龄、学历、职业、参与频率 5 个控制变量都没有影响程度中心性和中介中心性。

表 5-4 假设检验结果汇总

假设路径	β 值	t 值
主效应		
H1：社会强化动机→程度中心性	0.204***	4.067

续表

假设路径	β 值	t 值
H2：社会强化动机→中介中心性	0.124**	2.886
H3：程度中心性→社群归属感	**0.132***	**2.249**
H4：中介中心性→社群归属感	0.114*	2.068
H5：社群归属感→抵制竞争品牌行为倾向	0.693***	23.64
H6：社群归属感→保护品牌行为倾向	0.267***	6.294
控制效应		
性别→程度中心性	−0.017	0.335
年龄→程度中心性	0.03	0.659
学历→程度中心性	−0.039	0.805
职业→程度中心性	−0.047	1.108
参与频率→程度中心性	0.081	1.418
性别→中介中心性	0.023	0.434
年龄→中介中心性	0.061	1.312
学历→中介中心性	−0.011	0.299
职业→中介中心性	−0.070	1.863
参与频率→中介中心性	0.128*	2.018
因变量	**R^2**	
程度中心性	0.062	
中介中心性	0.046	
社群归属感	0.049	
抵制竞争品牌行为倾向	0.71	
保护品牌行为倾向	0.48	

注："*"表示 $p < 0.05$（双尾检验）；"**"表示 $p < 0.01$（双尾检验）；"***"表示 $p < 0.001$（双尾检验）。

四、模型拟合度检验

模型的计算结果表明，程度中心性、中介中心性、社群归属感、保护品牌行为倾向、抵制竞争品牌行为倾向的 R^2 分别为 0.062、0.046、0.049、

0.48、0.71（见表 5-4），所有路径都大于 0.02，说明所有路径关系都处于中等和上等，表明模型的拟合度在接受范围之内。

第五节 社会强化动机、网络中心性与品牌行为的研究结论与启示

从本质上看，在线品牌社群是一个社会网络，在任何一个社会网络中，都会存在中心人物和边缘人物。处于中心位置的人拥有什么样的特点，如何找到处于中心位置的人，对于企业进行营销活动非常关键。为什么有人处于中心位置？网络中心性的高低如何影响品牌行为倾向？中间机制是什么？这些问题从理论和实践上都非常值得探讨。本章以在线品牌社群为背景研究了社会网络中心性与社会强化动机、品牌行为倾向之间的关系。通过研究分析，我们发现：

（1）社会强化动机是影响在线品牌社群成员在网络中程度中心性和中介中心性的一个前因变量，即社会强化动机越强的人，他们越有可能处于咨询网络的中心位置。因为具有社会强化动机的成员会更愿意主动分享他们的经验、信息，为其他成员答疑解难（Yen et al., 2011），会更积极地参与社群活动。这也就导致其他成员愿意与其接触，向其咨询问题或寻求帮助等。在这种多重交流互动的过程中，他们会建立更多的社群关系，获得更多的信息，进而更有利于占据网络结构的中心位置。

（2）在咨询网络中，程度中心性、中介中心性越高，社群成员对社群的归属感就越强。具有高度网络中心性的成员与其他成员的互动会更加频繁，关系会更密切，对社群及成员的信任和依恋度越高，越容易把自己看作社群的一分子，找到群体的归属感。Lee 等人（2011）也在其研究中指出，在线品牌社群成员的中介中心性会对其社群依恋产生正向影响，而依恋与归属感紧密相关。

（3）对品牌社群归属感越强，越容易形成保护品牌行为的倾向和抵制竞争品牌行为的倾向。社群归属感是对社群成员及社群的一种特殊情感，喜欢、依赖、负责是这种感情的一种表现，是心理上的一种感受。具有强烈社群归属感的成员，他们对社群的感情较深厚，会积极维护品牌社群的

发展，主动参与社群活动，社群访问频率也越高，因此收到的品牌信息也就越多，对品牌会更加了解，更容易产生保护品牌行为的倾向和抵制竞争品牌的行为倾向。

本章研究结论如下：首先，企业应该意识到社会强化动机对成员行为的影响，通过强化这种动机来激励成员的参与，比如可以采取公开表扬、社群登记、帖子加精、积分等形式；同时提供多种形式的表达方式，如图片、视频、音频等，让他们在有趣的环境中活动，更利于中心性的提高，进而产生强烈的归属感，有利于品牌的建设。其次，企业营销实践时应该重视个体网络中具有高度程度中心性和中介中心性的成员，他们在社群中，不仅仅会传达品牌的信息，也会向其他成员传达他们对品牌的行为倾向，宣扬品牌的意义。他们不仅仅传播物质层面的价格信息、产品特征和使用技巧，更重要的是，他们还向其他社群成员表达对品牌的情感，宣扬对品牌意义的理解，传承品牌的传统及文化等。由此可见，处于网络中心位置的人会对社群的建设和品牌的传播起到非常重要的作用。在企业品牌社群的管理中，企业人员应该重视处于中心位置的社群成员，鼓励和发动他们成为品牌的"传教士"，让他们去影响其他成员对社群和品牌的关系。最后，简单来说，社群归属感，就是社群成员找到了"家"的感觉，同时愿意为"家"的发展付出自己的努力。企业在进行营销实践时，应该通过各种途径，比如让社群成员感觉到自己在社群中的重要性，对社群产生好感。让社群成员尽可能地往社群的中心靠拢，获得更多关于品牌的信息，培养与其他人的关系，从位置的角度来提升社群的归属感，从而形成对品牌的正面行为倾向。

本章参考文献

[1] 胡旺盛，张保花. 品牌社群认同因素对社群成员行为倾向影响的实证研究[J]. 当代财经，2011，323（10）：82-90.

[2] 金立印. 虚拟品牌社群的价值维度对成员社群意识、忠诚度及行为倾向的影响[J]. 管理科学，2007，20（2）：36-45.

[3] 罗家德. 社会网分析讲义（第二版）[M]. 北京：社会科学文献出版社，2010.

[4] 徐伟，江若尘，盛伟. 品牌社群特征维度、顾客归属感与忠诚感研究——基于中国电信行业的实证数据[J]. 软科学，2010，24（10）：34-40.

[5] 张爱卿. 论人类行为的动机[J]. 华东师范大学学报（教育科学版），1996（1）：71-80.

[6] 张勉，魏钧，杨百寅. 社会资本的来源：工作咨询网络中心性的前因变量[J]. 管理世界，2009，5: 119-127.

[7] 周志民，吴群华. 在线品牌社群凝聚力的前因与后效研究[J].管理学报，2013，10（1）：117-124.

[8] Algesheimer R, Borle S, Dholakia U M, et al. The Impact of Customer Community Participation on Customer Behaviors: An Empirical Investigation[J]. Marketing Science, 2010, 29(4): 756-769.

[9] Algesheimer R, Dholakia U M, Herrmann A. The Social Influence of Brand Community[J]. Journal of Marketing, 2005, 69(3): 19-34.

[10] Antia K D, Frazier G L. The Severity of Contract Enforcement in Interfirm Channel Relationships[J]. Journal of Marketing, 2001, 65(4): 67-81.

[11] Bateman P J, Gray P H, Butler B S. The Impact of Community Commitment on Participation in Online Communities[J]. Information Systems Research, 2011, 22(4): 841-854.

[12] Borgatti S P, Cross R. A Relational View of Information Seeking and Learning in Social Networks[J]. Management Science, 2003, 49(4): 432-445.

[13] Brass D J, Burckhardt M E. Potential Power and Power Use: An Investigation of Structure and Behavior[J]. Academy of Management Journal, 1993, 36(3): 441-470.

[14] Cohen J. Statistical Power Analysis for the Behavioral Science[M]. Hillsdale, New Jersey: Lawrence Erlbaum Associates, Inc, Pulishers, 1988.

[15] Dholakia U M, Bagozzi R P, Pearo L K. A Social Influence Model of Consumer Participation in Network and Small-Group Based Virtual Communities[J]. International Journal of Research in Marketing, 2004,

21(3): 241-263.

[16] Fornell C, Larcker D. Evaluating Structural Equation Models with Unobservable Variables and Measurement Error[J]. Journal of Marketing Research, 1981, 18(1): 39-50.

[17] Freeman L C. Centrality in Social Networks: Conceptual Clarification[J]. Social Networks, 1979, 1(3): 215-239.

[18] Fuller J, Bartl M, Muhlbacher H. Community Based Innovation: How to Integrate Members of Virtal Communities into New Product Development[J]. Electronic Commerce Research, 2006, 6(1): 57-73.

[19] Granovetter M. Economic Action and Social Structure: the Problem of Embeddedness[J]. American Journal of Sociology, 1985, 91(3):481-510.

[20] Hars A, Ou S. Working for Free? Motivations for Participating in Open-Source Projects[J]. International Journal of Electronic Commerce, 2002, 6(3): 23-37.

[21] Hulland J. Use of Partial Least Squares (PLS) in Strategic Management Research: A Review of Four Recent Studies[J]. Strategic Management Journal, 1999, 20(2): 195-204.

[22] Krackhardt D, Hanson J R. The Company Behind the Charts[J]. Harvard Business Review, 1993, 71(4): 104-111.

[23] Lee H J, Taylor C R. Do Online Brand Communities Help Build and Maintain Relationships with Consumers? A Network Theory Approach[J]. Journal of Brand Management, 2011, 19(3): 213-227.

[24] Lee N, Lings I. Doing Business Research: A Guide to Theory and Practice[M]. London: Sage, 2008.

[25] Lin H F. Determinants of Successful Virtual Communities: Contributions from System Characteristics and Social Factors[J]. Information & Management, 2008, 45(8): 522-527.

[26] Marcelo R V, Casamassima P. The Influence of Belonging to Virtual Brand Communities on Consumers' Affective Commitment, Satisfaction and Word-Of-Mouth Advertising: The ZARA Case[J]. Online Information Review, 2011, 35(4): 517-542.

[27] Mathwick C, Wiertz C, Ruyter K D. Social Capital Production in a Virtual

P3 Community[J]. Journal of Consumer Research, 2008, 34(4): 832-849.

[28] Merwe R V, Heerden G V. Finding and Utilizing Opinion Leaders: Social Networks and The Power of Relationships[J]. South African Journal of Business Management, 2009, 40(3): 65-76.

[29] Muñiz A M J, O'Guinn T C. Brand Community[J]. Journal of Consumer Research, 2001, 27(3): 412-432.

[30] Nunnally J. Psychometric Theory[M]. New York: McGraw-Hill, 1978.

[31] Richard G, Netemeyer R G, Bearden W O. A Comparative Analysis of Two Models of Behavioral Intention[J]. Journal of the Academy of Marketing Science, 1992, 20(1): 49-59.

[32] Roberts T L. Are News Groups Virtual Communities[A]. Proceedings of Computer-Human Interaction[C]. Losangeles Ca Usa, 1998, 4: 360-367.

[33] Sung J Y. A Social Network Approach to the Influences of Shopping Experiences on E-Wom[J]. Journal of Electronic Commerce Research, 2012, 13(3): 213-223.

[34] Vivek M, Cooley D O. Antecedents and Consequences of Online Brand Community Participation: A Conceptual Framework[J]. Journal of Internet Commerce, 2010, 9(2): 127-147.

[35] Wang Y C, Fesenmaier D R. Towards Understanding Members' General Participation in and Active Contribution to an Online Travel Community[J]. Tourism Management, 2004, 25(6): 709-722.

[36] Yen H J R, Hsu S H, Huang C Y. Good Soldiers on the Web: Understanding the Drivers of Participation in Online Communities of Consumption[J]. International Journal of Electronic Commerce, 2011, 15(4): 89-120.

[37] Zhao L, Lu Y, Wang B, et al. Cultivating the Sense of Belonging and Motivating User Participation in Virtual Communities: A Social Capital Perspective[J]. International Journal of Information Management, 2012, 32(6): 574-588.

第六章　面子需要、网络中心性与社群融入[①]

有研究表明，消费者真正融入社群（Brand Community Integration），是品牌社群存在的前提条件和发挥作用的关键（Bagozzi and Dholakia，2002）。但现有研究在探讨品牌社群融入问题时，大多忽略了成员所处的关系网络的影响，而网络中心性作为社会网络的一个核心概念，可以为此问题提供一个新的角度。另一方面，国人普遍都有爱面子的心理，爱面子成为国人人格的重要特质之一（林语堂，1934）。在普通社交关系中，交际双方爱面子和彼此给面子的程度，直接影响了关系的深浅和走向，是互动关系是否可以长期稳定的重要根据（李凌，2001；乐国安等，2002）。在中国人心中，面子近乎个人尊严，面子观念已深深沁入人心（潘煜等，2014）。面子需要强调个体渴望他人或所处的关系网络对其社会地位、声望、荣誉的认可（Ho，1976；金耀基，2006）。面子不仅存在于现实之中，在网络虚拟世界中也同样存在。只要有身份的符号存在，为了维护自身在虚拟世界中的自我形象，网络使用者就会产生"面子"等与自我密切相关的意识（施卓敏等，2015）。在面子需要的驱动下，社群成员在在线品牌社群中是否会表现得较积极、活跃，主动向其他社群成员提供相关的品牌知识、产品信息等情报，并加强与其他社群成员的互动交流，从而影响个体在关系网络中的结构位置呢？这个问题有待论证。在现有网络位置影响因素的研究中（Klein et al.，2004；Liu and Ipe，2010；周志民等，2014），大多都忽略了中国本土文化因素的影响，缺乏对社会人情的考量。故本章立足于文化主位研究视角，扎根中国文化，从面子需要的角度来探讨其与网络位置的关系。

综上所述，本章基于社会网络分析视角，研究面子需要、网络中心性

[①] 本章初稿发表情况如下：张江乐，周志民. 面子需要、网络中心性与品牌社群融入[C]// 2015JMS中国营销科学学术年会论文集. 上海：华东理工大学，2015.10. 本书有删改。

和在线品牌社群融入之间的关系，这有助于社群管理者处理好成员的面子需要，激励更多成员融入社群。

第一节　面子需要、网络中心性与社群融入的相关理论

一、面子需要

面子需要主要源于个体的行为是否受到他人的赞赏，以及是否被更多人认可（Ho，1976；Li et al., 2013），是所在的关系结构赋予个人的声誉、地位或影响力（金耀基，2006；黄光国，2004），是个体部分自我的展现（Goffman，1955）。Goffman（1956）最早将面子需要划分为防御性面子需要和保护性面子需要。Brown 和 Levinson（1987）以礼貌理论（Politeness Theory）为基础，将面子需要划分为积极的面子需要（渴望社会其他群体的赞赏和肯定）和消极的面子需要（不被别人影响的自由）。Lim（1994）进一步将面子需要划分为自主面子（个体对自己命运的掌控意向）、交情面子（被别人认为有价值）和能力面子（个人能力被尊重的需要）。金耀基（2006）把面子划分为社会性的面子和道德性的面子。前者是社会赋予个人的，如果个体的某一特质没有达到公认的预期状态，那么社会就会收回给予个体的面子；后者是一种道德品质，是大众对具有崇高道德素质的个体的一种尊敬。陈之昭（2006）和周美伶（1996）将其引申为面子倾向，并区分为获取型面子（Acquisitive Face Orientation）和保护型面子（Protective Face Orientation）倾向两种，分别指"爱面子"和"薄面皮"。综上所述，不管学者们对面子需要如何分类，其中都必涉及两个方面，即"挣面子"（Desire to Gain Face）和"护面子"（Fear of Losing Face）。"挣面子"来源于渴望他人的肯定，"护面子"是为了避免丢面子，害怕自己处于尴尬、窘迫的状况。何友晖（1976）指出，当个体的面子需要受到威胁时，他（她）就会产生一种强烈的社会动机去护面子或挣面子。个体的面子需要越强，就说明其对面子的有无就越敏感（朱瑞玲，1987）。

Belk（2013）明确指出，网络虚拟环境并没有否认延伸的自我（Extended Self），甚至延伸的自我在数字化背景下更为重要。为满足在现实中真实自我（Real Self）无法达成的愿望，个体会更倾向于展示理想自我（Ideal Self）

和虚拟自我（False Self）。此外，多个学者研究指出，获得认可（Bagozzi and Dholakia，2006；Chan et al., 2014；Shang et al., 2006）、地位强化（Madupu and Cooley，2010；Tonteri et al., 2011）是消费者参与在线品牌社群的两个主要动因。在线品牌社群给了消费者重塑个人形象的可能，只要有身份的符号存在，成员为了维护其在社群中的形象和地位，会对其身份进行不同程度的管理，这可视为用户在网络环境下也存在面子心理（施卓敏等，2015）。从另一个角度来说，面子需要存在于各种文化中（Brown and Levinson，1987），具有显著的动机特征（宝贡敏和赵卓嘉，2009），是一种相对稳定的个性特质（乐国安，2002），也就是说不会轻易随着环境发生变化。在线品牌社群文化作为文化的一种，社群成员的活动也会受到影响。例如，面子会影响在线社群的知识共享（Cheung et al., 2001）。综上所述，在线品牌社群成员面子是社群成员获得他人赞许、社群地位以及群体角色认同的心理意识（赵建彬等，2016）。结合上文，本章拟探讨面子需要如何影响在线品牌社群成员在社群中的网络中心性，以及网络中心性如何影响在线品牌社群融入。

二、网络中心性

从社会网络的角度来看，在线品牌社群是以信息资源和情感资源为基础的网络。基于信息资源的网络分为情报网络和咨询网络。在情报网络中，当其他成员遇到问题时，受访者会主动向其他成员提供正式或者非正式的消息；反之，咨询网络是受访者遇到问题而向他人进行询问时而形成的一种人际关系网络。面子需要强的人希望获得其他成员的肯定和认可，故会主动搜寻产品知识等，掌握有利资源，久而久之占据网络中心位置，会出现别人咨询他，即他提供相关信息给予社群成员，而不是他咨询别人，故较之咨询网络，本书选取的是情报网络。

此外，我们的研究重点是成员在在线品牌社群中的影响力，就一个网络的中心性来说，这更加符合对程度中心性的界定，而不是亲近中心性（与他人关系的距离远近），也不涉及中介中心性（成员之间的媒介位置）。程度中心性是最常用来衡量在这个团体中成为最主要的中心人物的指标（罗家德，2010）。本章选取的是程度中心性，表示某一成员在在线品牌社群中的影响力和受欢迎程度。由于我们探讨的是其他社群成员向受访者询问品牌和产品信息、寻求情感支持时，受访者是否会主动帮助其他成员解决疑难困惑等问题,故本章选取程度中心性中的内向程度中心性作为研究对象,以对应情报网络的内涵。

三、品牌社群融入

McAlexander 等（2002）认为品牌社群中包含 4 种不同层次的关系：社群成员与产品的关系、社群成员与品牌的关系、社群成员和公司的关系、社群成员之间的关系。他们强调，在品牌社群中，社群成员之间、成员与品牌和产品之间、成员与公司营销人员之间的沟通交流，会促使消费者获得不一样的品牌体验，反映了内部的凝聚力。基于此，McAlexander 等（2002）提出这种以消费者为中心、包括许多其他不同实体的关系网络，会慢慢积累并形成协同效应，最终形成一个单一的综合概念，即品牌社群融入（Brand Community Integration）。以上述 4 个层次关系为基础，品牌社群融入分为 4 个维度，不同的融入层面显示了不同消费者参与整体社群的程度（Lee et al., 2010）。该概念一经提出，学者们便将其运用于营销领域中（Mary et al., 2015；McAlexander et al., 2015；赖明政和杨素贞，2013）。研究表明，品牌社群融入对品牌识别、品牌满意等有促进作用（Ángel and Estrella，2014）。但查阅现有文献发现，影响品牌社群融入前置因素的研究还较少，而找到其前置因素对改善消费者与品牌之间的关系具有重要的指导意义。为此，结合 Granovette（1985）的嵌入理论，本章选取情报网络中心性和情感网络中心性来探讨其对品牌社群融入的影响。

第二节　面子需要、网络中心性与社群融入的研究假设

人们在关系网络中所处的位置不同，有些人处于边缘位置，有些人则处于网络的中心位置，如领导者、威望者等。同样，在线品牌社群本质上也是一个社会网络，其中也存在处于中心位置的人，如意见领袖、社群活跃者等；当然也存在处于边缘位置的人，如潜水者等。那么是什么动机因素影响了社群成员在品牌社群中的位置呢？作为文化视角的一种动机，本书拟引入面子需要（包括"挣面子"和"护面子"）来对这一问题进行探讨。面子需要在中国文化背景中根深蒂固，国人或多或少都有一定的面子需要，"护面子"或"挣面子"的动机影响着国人的行为规范。体现在在线品牌社

群中，面子需要也会影响社群成员的积极或消极行为，从而促使其占据情报网络和情感网络中的某个位置。根据 Granovetter（1985）的"结构关系影响行为"的观点，处于社群网络中心位置的成员掌握着更多的产品信息和知识，能够跟更多人交流，与更多的人建立关系，从而促进其与产品、品牌、公司、成员建立关系。该模型从社会网络分析视角出发，探讨面子需要对情报和情感网络中心性的影响，以及品牌社群网络结构位置对品牌社群融入的影响（见图 6-1）。

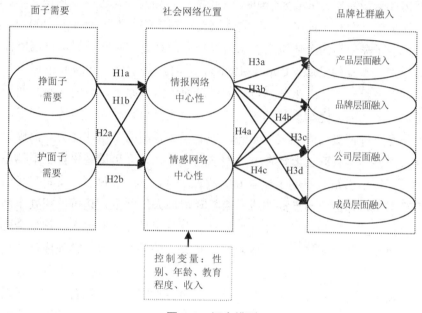

图 6-1　概念模型

一、面子需要与网络中心性

绝大部分社会学和心理学研究者们倾向于认为面子是属于行为动机层面（施卓敏等，2012），来源于互动关系（Tsang et al., 2013），强调个体渴望他人或所处的关系网络对其社会地位、声望、荣誉的认可（Ho，1976；金耀基，2006）。在线品牌社群是一个社会化的群体，其中的成员有不同的等级和位置，居于网络中心位置的成员享有更多的权利和影响力（罗家德，2010）。面子需要把个体与其所在的社会结构相互连接起来，进而影响个体在社会网络中的行为（Liao and Wang，2009）。面子对国人的影响在其青少年时期就已经开始（薛海波等，2014）。国人讲究面子，除了面子与个人在社会关系中的地位高低有关，更重要的是个体受社会群体认可和肯定的程度能为其带来特殊的资源和权力。因此，在中国社会中，个体不仅要护面子，而且还要积极地挣面子（王铁楠，2006）。挣面子和护面子对消费者心理和行为的影响方向是不同的。挣面子会激发积极情绪，如高兴、开心等；丢面子则会诱发一系列消极情绪，如沮丧、害怕、忧虑等（Redding and Michael，1983）。因此，个体往往会采取一些行动或举措来满足挣面子或维护面子的需要（朱瑞玲，1987）。挣面子需要对信息搜寻、知识共享、情感动机等方面有正面影响，护面子则会抑制这些行为（Huang，2008），因为挣面子需要高的个体主要追求的是他人的肯定，倾向于展示自己所拥有的而别人没有的资源（Chou，1996）。同时，翟学伟（2004）也指出，资源拥有者希望让他人来分享自己的资源而感到有面子，给他（她）面子就是对其成功的肯定和重要性的认可，并由此获得荣誉、名声等。相反，护面子是一种消极的面子需求倾向，护面子需要高的个体往往会对消极评价比较敏感，不喜欢过多地在群体面前展现自我，会尽量避免自己不熟悉的领域，害怕出错，倾向于保守和自我保护（Chou，1996）。反映在在线品牌社群中，挣面子需要高的成员希望获得他人的尊重、认可，想处于网络的核心位置。这种动机会让他们主动去分享信息、帮助他人，这也会影响别人对他们的态度和行为。随着知识和人际关系的积累，其他成员会更愿意找到这些成员来帮助自己，从而使这些成员更可能成为别人寻求建议和获得情感支持的对象，也更利于这些成员占据网络中心位置。护面子需要强的成员则是另外一种表现，因为总是担心别人会发现自己的不足，所以在与其他成员接触时，说话可能会更谨慎，或者干脆只看不说话，这样的态度会阻碍其品牌社群关系的建立和维护，更难以占据有利位置。因此，提出以下假设。

H1a：在在线品牌社群里，挣面子需要对情报网络中心性具有正向作用。

H1b：在在线品牌社群里，挣面子需要对情感网络中心性具有正向作用。

H2a：在在线品牌社群里，护面子需要对情报网络中心性具有负向作用。

H2b：在在线品牌社群里，护面子需要对情感网络中心性具有负向作用。

二、网络中心性与品牌社群融入

Granovetter（1985）提出，人的经济行为置于人际关系互动网络中。这一观点强调，行动者在从事一项经济行为时，除了自己理性的算计与个人偏好外，还会在自己的人际社会网络不断地交换信息、搜寻情报、受到影响、改变偏好，所以行动者的行为既是"自主"的，也会"嵌入（Embedded）"在互动网络中，受到社会脉络的制约。个体在网络结构的位置可以影响个人在组织中获得的资源（Burt，1992），从而决定了行动主体关系的运作。这一理论使结构位置与行为的关系研究成为可能。在这个架构下，社会网络结构、个人结构位置等因素会对信任、情感支持、资源取得、人际影响等诸多变量产生影响（罗家德，2010）。Knoke 和 Yang（2012）也认为，行为人之间的关系结构及其在网络中的定位，对每个个体单元和整个系统的行为、意识和态度都会产生重要影响。网络中心位置对资源、信息以及各种社会连接具有控制力（罗家德，2010）。由于网络中心位置的成员会影响创新绩效（张敏和张一力，2015）以及企业经济收益（Ho and Pollack，2014），再加上其意见领袖的作用（Risselada et al.，2016），在网络里对其他成员和创建者都会产生非常重要的影响（Allan，2013），故会促使公司非常重视该位置成员的想法和需求，这就加强了其与公司层面的融入。程度中心性越高的个体，在网络中拥有的影响力就越高，获得的支持也越多（Krackhardt and Hanson，1993），会产生较高的品牌忠诚度（Lee et al.，2010），这有利于促进成员在品牌层面的融入。居于咨询网络中心位置的成员拥有较多数量的关系，能够与更多社群成员建立关系、交流信息，这促进了成员层面的融入。此外，谢毅和彭泗清（2009）指出，任何关系的建立和发展都是以相关信息的获取和加工为基础，各种品牌行为和与产品相关的事件最终都将以信息元素的形式被消费者接受并处理，进而形成或更新他们对品牌或产品的态度。相比边缘位置的消费者，处于情报网络中心位置的成员能更快地获得大量信息情报，能够从不同渠道、不同层面了解产品和品牌的信息（Thomas，2014），这有助于其甄别信息，使其对产品、品牌文化等认识更加深刻，进而加强与品牌和产品的关系。同时，为了一直保持这个结构位置上的优势，他们会更积极主动地去了解产品和挖掘品牌的深层次内涵（Baldwin et al.，1997），进一步加强自己同 4 个层面的联系。综上，做出以下假设。

H3a：在线品牌社群里，情报网络中心性对社群成员在产品层面的融入具有正向作用。

H3b：在线品牌社群里，情报网络中心性对社群成员在品牌层面的融入具有正向作用。

H3c：在线品牌社群里，情报网络中心性对社群成员在公司层面的融入具有正向作用。

H3d：在线品牌社群里，情报网络中心性对社群成员在人员层面的融入具有正向作用。

在情感网络里，社群成员会向网络中有连接关系的成员谈及个人情感、使用产品的直接体验，或者对品牌、公司、营销人员的看法等，从而与倾听者之间形成情感依赖关系。居于情感网络中心位置的成员，与较多的会员建立了情感联系，大家以品牌和产品为基础，谈天说地，可能会从虚拟的线上功能性利益交换关系转为线下真实的情感利益交换关系，探讨生活态度和人生价值（薛海波和王新新，2009）。这种情感体验较好地满足了成员社交、自我实现、社会认同等方面的渴求，故在现实生活中每当看到产品和品牌，成员就可能会联想到那些美好的情感和相处的过往，这在无形中加深了会员对产品和品牌的好感，进而有利于与企业之间建立稳定、和谐的品牌关系（范晓明和王晓玉，2017）。此外，研究指出，成员的网络中心性越高，越容易对品牌社群产生依恋（Lee and Taylor，2011），越容易对社群形成归属感，把自己当作社群的一分子（见第六章）。这种稳定的情感特质始终会影响着成员的心理，增强其对情感源相关利益方（如与品牌相关的人员、产品和企业）的感知和信任。从另一个层面来说，品牌社群以消费者对品牌的情感利益为联系纽带（Muñiz and O'Guinn，2001），居于情感网络中心的成员往往拥有更多非正式权力，改变其他成员品牌态度的动员能力也较强（Stokburger，2010）。且相比边缘位置的成员，核心位置的成员能够听到更多其他成员对公司、产品、品牌、工作人员等方面的喜爱或者抱怨，按照曝光效应（the Mere Exposure Effect）这一概念，只要一个人（或事、物）不断在自己周围出现，自己就有机会喜欢上这个人（或事、物）（Zajonc，1968）。换句话说，居于情感网络中心位置的成员比边缘位置的成员有更多的机会接触到企业、品牌、产品和相关人员，故在这

4 个层面的融入度也会更高。并且，由于这一位置的特殊性，他们与社群里的其他成员建立了较多的强连带关系，强连带关系的数量会增强品牌社群的价值，对品牌忠诚有间接促进作用（周志民、郑雅琴、张蕾，2013）。根据以上论述，假设居于情感网络中心位置的成员对品牌社群融入的 4 个层面有促进作用。

H4a：在线品牌社群里，情感网络中心性对社群成员在产品层面的融入具有正向影响。

H4b：在线品牌社群里，情感网络中心性对社群成员在品牌层面的融入具有正向影响。

H4c：在线品牌社群里，情感网络中心性对社群成员在公司层面的融入具有正向影响。

H4d：在线品牌社群里，情感网络中心性对社群成员在人员层面的融入具有正向影响。

第三节　构念测量与样本选择

一、构念测量

本模型中包含 3 个构念：面子需要（包括挣面子和护面子两个维度）、网络中心性、品牌社群融入。其中，网络中心性采用的是社会网络测量方法，获得的是关系数据，而其他两个构念测量的是属性数据，所有测项均来源于已有文献。

不同的学者开发出了不同的面子需要测量量表。比如，周美伶的保护型与获取型面子量表包含 50 个测项（Chou，1996）；陈之昭（2006）的面子需要量表包含 40 个项目；宝贡敏等人（2009）从面子需要的维度出发，开发了一个包含 105 条测项的问卷。这些测量量表的内容都过于繁杂，降低了问卷调查的可操作性。本章采用的是张新安开发的量表（Zhang，2011）。该量表包含两个维度：护面子（5 个测项）和挣面子（6 个测项），共 11 个测项。他通过 3 项研究来论证量表的有效性和可靠性，实证结果较好，该量表能很好地满足本章的研究需求。

品牌社群融入的测量采用的是 McAlexander 等人（2002）和

Stokburger-Sauer（2010）的相关量表，将品牌社群融入测量分为 4 个维度，分别是：社群成员与产品的关系、社群成员与品牌的关系、社群成员和公司的关系、社群成员和其他成员的关系，除了社群成员和公司之间测量题项是 2 个外，其他都是 3 个测项，共 11 个项目。

在网络中心性测量中，情报网络中心性的问题是"在 X 品牌论坛中，如果其他成员遇到产品问题或向您咨询品牌信息时，您会主动想办法解决吗？"情感网络中心性的问题是"在 X 品牌论坛里，如果其他成员遇到情感问题或人生困惑时，您会给出指引或建议吗？"

此外，选取性别、年龄、收入、教育程度等作为网络中心性的控制变量。

二、样本选取

20 天内收集到有效问卷 786 份，有效样本结构描述见表 6-1。

表 6-1　有效样本结构描述

项　　目	数据结果
性　　别	男性占 46.3%；女性占 53.7%
年　　龄	小于 21 岁 0.76%，21～30 岁为 47.96%，31～40 岁为 43.64%，41～50 岁为 6.86%，51～60 岁为 0.64%，小于 60 岁为 0.14%
教育程度	初中以下为 0.8%，中专 1.27%，大专 10.28%，本科为 75.95%，硕士 10.94%，博士为 0.51%，博士以上为 0.25%
职　　业	学生为 4.71%，自由职业者为 6.36%，事业单位人员为 21.63%，企业单位人员为 66.28%，其他为 1.02%
收　　入	没有收入的为 3.31%，小于 3000 元的为 5.47%，3001～6000 元的为 38.72%，6001～9000 元为 34.34%，9001～12000 元为 13.23%，12001～15000 元为 2.29%，15001～18000 元为 1.43%，18000 元以上为 1.21%
加入时间	1 年以内占 9.8%，1～2 年为 32.06%，2～3 年为 29.9%，3～4 年为 14.5%，4～5 年为 7.38%，5 年以上为 6.36%
论坛规模	50 万人以下为 18.96%，50 万～100 万人为 27.74%，100 万～150 万人为 16.16%，150 万～200 万人为 8.01%，200 万～250 万人为 4.45%，250 万人以上为 24.68%
论坛类型	官方论坛为 74.3%；消费者自建为 25.7%

三、实证分析方法

在中心性数据处理环节,使用社会网络分析软件 UCINET 计算中心性。在假设检验部分,采取偏最小二乘法（PLS）软件 SmartPLS 来进行计算。

第四节　数据分析与实证结果

一、信度和效度检验

由于中心性部分的原始数据属于关系数据,因此本章仅对面子需要(挣面子和护面子)、品牌社群融入等构念进行信度和效度检验。如表 6-2、表 6-3 所示,各构念的 Cronbach's α 值都超过了 0.7,说明其内部一致性都较高。此外,组合信度（CR 值）均高于 0.7,说明各构念的组合信度也较高。此外,由表 6-2 可知,各变量下的测项的因子载荷值均大于 0.5,说明收敛效度理想。鉴别效度用平均方差析出（AVE）来计算,所有 AVE 值均大于 0.5,而且每个构念 AVE 值的平方根都大于其与其他构念的相关系数,说明鉴别效度较高。测量模型的拟合指数为 $\chi^2(296)=1803.675$, $\chi^2/df=6.093$, CFI=0.92,NFI=0.90,IFI=0.92,TLI=0.90,RMSEA=0.079。综上所述,本章的数据具有较好的信度和效度,适合做进一步的检验。

表 6-2　信度和效度

测　项	因子载荷
面子需要——挣面子（Cronbach's α=0.896）	
我希望大家认为我能做得比大多数人好	0.855
我希望在别人眼里,我比大多数人过得好	0.789
我希望自己能够拥有大多数人都渴望得到的东西	0.865
我希望自己能够说出大多数人不知道的东西	0.845
对我来说,得到别人的赞扬和欣赏很重要	0.824
我很想让大家知道我认识一些有头有脸的人物	0.690
面子需要——护面子（Cronbach's α=0.894）	
如果我的工作单位不好,我会尽量不向其他人谈起	0.589
在别人面前,我会尽力隐瞒自己的缺陷	0.616

测 项	因子载荷
就算我真的错了，我也很难向别人当面认错	0.937
我总是避免谈论我的缺点	0.861
就算我真的不懂，我也竭力避免让别人觉得我很无知	0.868
品牌社群融入——产品（Cronbach's α=0.872）	
我喜爱我的 X 品牌产品/服务	0.901
X 品牌产品/服务是我喜欢的东西之一	0.895
我的 X 品牌产品用起来真的很棒	0.880
品牌社群融入——品牌（Cronbach's α=0.863）	
X 品牌产品/服务的品质是最好的	0.896
X 品牌是最好的 Y 产品	0.879
如果我的 X 品牌产品要被替换了，我还是会选择 X 品牌	0.881
品牌社群融入——公司（Cronbach's α=0.885）	
X 公司了解我的需求	0.943
X 公司关心我的想法	0.951
品牌社群融入——成员（Cronbach's α=0.888）	
因为 X 品牌产品，我遇到了一些很棒的人	0.887
我对参与一个关于 X 品牌产品的俱乐部很感兴趣	0.910
面对其他 X 品牌产品的拥有者，我有一种亲切（近）感	0.914
总体模型模拟指数：$\chi^2(296)=1803.675$，$\chi^2/df=6.093$，CFI=0.92，NFI=0.90，IFI=0.92，TLI=0.90，RMSEA=0.079	

注：因子负荷由验证性因子分析计算而来。

二、共同方法偏差检验

计算结果显示，第一个因子的方差解释率为 48.411%，小于 50%，表明 CMB 在可接受范围之内。此外，由表 6-3 可知，构念间的相关系数都小于 0.9，表明数据可以接受。综合两种检验方法可知，数据效度不受 CMB 的影响。

表 6-3　构念的描述性统计

构念	1	2	3	4	5	6	7	8
1.挣面子	0.802							
2.护面子	0.517**	0.787						
3.产品层面融入	0.711**	0.322**	0.892					
4.品牌层面融入	0.659**	0.372**	0.777**	0.885				

续表

构念	1	2	3	4	5	6	7	8
5.公司层面融入	0.631**	0.363**	0.686**	0.736**	0.947			
6.成员层面融入	0.684**	0.361**	0.793**	0.772**	0.756**	0.904		
7.情报网络中心性	0.158**	−0.117**	0.307**	0.201**	0.168**	0.242**	1.000	
8.情感网络中心性	0.133**	−0.033**	0.234**	0.180**	0.157**	0.208**	0.478**	1.000
平均数	5.528	4.533	5.951	5.649	5.442	5.721	0.807	0.716
标准差	1.039	1.378	1.001	1.117	1.225	1.105	0.243	0.300
组合信度（CR值）	0.914	0.888	0.921	0.916	0.945	0.930	1.000	1.000
平均方差萃取值	0.643	0.620	0.796	0.784	0.896	0.817	1.000	1.000

注："**"表示在 0.01 水平（双侧）上显著相关，对角线上的值为 8 个构念相应的 AVE 平方根。

三、假设检验

通过 SmartPLS 2.0 计算可以发现（见表 6-4），假设路径的 t 值均大于 1.96，即所有假设都通过检验并成立。护面子到情报、情感网络中心性的 β 值为负，说明护面子对二者有负向影响。控制变量如性别、年龄、收入、教育程度等均不显著。

表 6-4　假设检验结果汇总

假设路径	β 值	t 值
H1a：挣面子→情报网络中心性	0.317***	5.309
H1b：挣面子→情感网络中心性	0.216***	4.334
H2a：护面子→情报网络中心性	−0.307**	3.179
H2b：护面子→情感网络中心性	−0.150**	2.600
H3a：情报网络中心性→产品层面融入	0.254***	4.858
H3b：情报网络中心性→品牌层面融入	0.151**	2.563
H3c：情报网络中心性→公司层面融入	0.120*	2.111
H3d：情报网络中心性→成员层面融入	0.186***	3.367
H4a：情感网络中心性→产品层面融入	0.112**	3.040
H4b：情感网络中心性→品牌层面融入	0.109**	2.823
H4c：情感网络中心性→公司层面融入	0.100*	2.462
H4d：情感网络中心性→成员层面融入	0.120**	3.147
控制变量		
性别→情报网络中心性	0.006	0.190

续表

假设路径	β 值	t 值
收入→情报网络中心性	0.061	1.357
年龄→情报网络中心性	0.017	0.403
教育程度→情报网络中心性	−0.308	0.804
性别→情感网络中心性	0.011	0.298
收入→情感网络中心性	0.052	1.115
年龄→情感网络中心性	−0.030	0.659
教育程度→情感网络中心性	−0.015	0.325
因变量	R^2	
情报网络中心性	0.068	
情感网络中心性	0.053	
产品层面融入	0.104	
品牌层面融入	0.051	
公司层面融入	0.036	
成员层面融入	0.070	

　　注："*"表示 $p < 0.05$（双尾检验）；"**"表示 $p < 0.01$（双尾检验）；"***"表示 $p < 0.001$（双尾检验）。

四、模型拟合度检验

　　本章采用 PLS 对假设进行检验并测量模型的拟合度。PLS 计算结果表明（见表 6-4），相关构念的 R^2 值都大于 0.02，表明所有路径关系都处于中等状态，与原假设相符，模型有较好的拟合度。

第五节　面子需要对社群融入影响的研究结论与管理意涵

　　本章基于社会网络理论，根植于中国本土文化，以网络中心性为中间变量，探讨了挣面子和护面子需要对情报网络中心性与情感网络中心性的影响，以及后二者对品牌社群融入的作用机制。实证结果表明：①挣面子需要对情报网络中心性和情感网络中心性均有促进作用，护面子需要则阻碍了两种网络中心性的形成；②情报网络中心性和情感网络中心性对品牌社群融入的 4 个层面均有显著正向影响。

研究结论丰富了现有的社会网络营销理论,具体表现在以下几个方面:

(1)关于社会网络的研究中,一些文献提及了自我监控(Mehra et al.,2001)、相似性(Klein et al., 2004)、动机(Barsness, 2005)、人口特征、助人行为、所处时间(张勉和杨百寅,2009;Liu and Ipe, 2010)等前置因素,但很少有研究立足于文化背景来考虑不同文化下的变量,因此探讨网络结构的前置因素以及网络结构位置对消费个体的影响也是有限的。面子需要作为中国人行为的一个重要考量,对国人的影响至深。本章从面子需要这一角度出发,为识别在线品牌社群成员的网络结构位置和社群融入程度提供了新的视角。

(2)通过实证分析,验证了挣面子需要和护面子需要对网络中心性的差异化影响。挣面子需要强的成员会主动积极满足其他成员的需求,以获得大家的认可和肯定,进而随着知识和情感关系的积累,占据网络的中心位置。而护面子需要对网络中心性是负向影响,原因是:护面子需要是一种自我保护倾向,护面子需要强的成员害怕出丑,不希望其他成员发现自己不好或者无知的一面,故会在其他成员面前尽力隐瞒自己的不足。出于这种防备的心态,护面子需要高的成员在和其他成员相处时会表现得小心翼翼,难以深入交流,故很难融入社群成员中去。久而久之,这种不开放的心态会阻碍其与其他成员建立稳定的联系,从而影响其在网络结构中的位置。

(3)现有的多数研究并没有将社会网络的属性进行区分,概念模糊。本章明确提出研究对象为情报网络和情感网络里的内向程度中心性,并对相关构念进行了清晰界定,进一步促进了社会网络营销研究的规范化,并对处于不同结构位置的社群成员的级别管理提供了新的理论依据。在情报和情感网络里,越是处于网络结构的中心位置,所掌握的资源也越多,了解的信息和所拥有的社群成员关系也就越多,越有利于成员获取产品或品牌的信息、增加对公司的了解、加强与其他成员的联系,也就越容易融入在线品牌社群中。

结合上述结论,可以提出以下管理启示:首先,在在线品牌社群中,社群管理人员可以对社群有贡献的会员或较活跃的成员进行一些宣传,树典型,立榜样,进一步强化"面子"这一形象资本对社群成员的影响,以满足成员的挣面子心理。其次,社群中的管理人员要照顾成员护面子的心态，降低社群参与的难度，对所有参与交互的社群成员进行鼓励（如增加积分、徽章），并对社群氛围进行制度化管理，不允许讽刺和打压的帖子出现。最后，企业营销人员要重视在线品牌社群成员内的关系，针对不同位置的成员要采取不同的营销方式进行分级管理。网络中心位置的成员非正式权力非常大，影响的成员范围较广，是分享知识和信息、营造社群情感氛围的主力军。管理者可以给予处于网络中心位置的成员多些特权（如新产品体验、产品知识培训、会员积分加倍等），这样可以促使他们更好地融入在线品牌社群，进而加深其同品牌、产品的联系。此外，还可以组织居于中心位置的成员经常参加企业的活动，加强其与公司的互动，促使社群成员更全面地了解企业，提升对企业的认同度，发挥意见领袖的口碑效应，进而达到为企业宣传的效果。

本章参考文献

[1] 宝贡敏，赵卓嘉. 面子需要概念的维度划分与测量一项探索性研究[J]. 浙江大学学报（人文社会科学版），2009，39（2）：82-90.

[2] 陈之昭. 面子心理的理论分析与实际研究[C]//中国社会心理学评论（第二辑）. 北京：社会科学文献出版社，2006.

[3] （美）戴维·诺克，杨松. 社会网络分析（第二版）[M]. 李兰，译. 上海：格致出版社，人民出版社，2012.

[4] 黄光国. 面子——中国人的权力游戏[M]. 北京：中国人民大学出版社，2004.

[5] 金耀基. "面""耻"与中国人行为之分析[C]//中国社会心理学评论（第2辑）. 北京：社会科学文献出版社，2006.

[6] 赖明政，杨素贞. 品牌社群整合对品牌社群权益的影响——以品牌社群认同及品牌社群承诺为中介[J]. 行销评论，2013，10（3）：293-321.

[7] 乐国安. 当前中国人际关系研究[M]. 天津：南开大学出版社，2002.

[8] 罗家德. 社会网分析讲义（第二版）[M]. 北京：社会科学文献出版社，2010.

[9] 林语堂. 中国人[M]. 上海：学林出版社，1994.

[10] 潘煜，高丽，张星等. 中国文化背景下的消费者价值观研究——量表

开发与比较[J]. 管理世界，2014，（4）：90-106.

[11] 施卓敏，陈永佳，赖连胜. 网络面子意识的探究及其对社交网络口碑传播意愿的影响[J]. 营销科学学报，2015，11（2）：133-151.

[12] 施卓敏，范丽洁，叶锦锋. 中国人的脸面观及其对消费者解读奢侈品广告的影响研究[J]. 南开管理评论，2012，15（1）：151-160.

[13] 王轶楠. 从东西方文化的差异分析面子与自尊的关系[J]. 社会心理科学，2006，21（2）：230-236.

[14] 谢毅，彭泗清. 两类企业公开信息及其交互作用对消费者品牌关系的影响[J]. 南开管理评论，2009，12（1）：71-83.

[15] 薛海波，王新新. 品牌社群影响品牌忠诚的作用机理研究——基于超然消费体验的分析视角[J]. 中国工业经济，2009，（10）：96-107.

[16] 薛海波，符国群，江晓东. 面子意识与消费者购物决策风格：一项70后、80后、90后的代际调节作用研究[J]. 商业经济与管理，2014，272（6）：65-75.

[17] 翟学伟. 人情、面子与权力的再生产——情理社会中的社会交换方式[J]. 社会学研究，2004，（5）：48-57.

[18] 张敏，张一力. 团队成员过度自信有益于提升创新绩效吗？——基于认知社会网络的实验研究[J]. 浙江大学学报（人文社会科学版），2015，45（4）：174-188.

[19] 张勉，魏钧，杨百寅. 社会资本的来源：工作咨询网络中心性的前因变量[J]. 管理世界，2009，（5）：119-127.

[20] 周志民，张江乐，熊义萍. 内外倾型人格特质如何影响在线品牌社群中的知识共享行为——网络中心性与互惠规范的中介作用[J]. 南开管理评论，2014，17（3）：19-29.

[21] 周志民，郑雅琴，张蕾. 在线品牌社群成员关系如何促进品牌忠诚——基于强弱连带整合的视角[J]. 商业经济与管理，2013，258（4）：14-23.

[22] 朱瑞玲. 中国人的社会互动：论面子的运作[J]. 中国社会学刊，1987，（11）：23-53.

[23] 赵建彬，陶建蓉，景奉杰. 在线品牌社群网络关系对创新行为的影响研究[J]. 软科学，2016，30（11）：136-144.

[24] Allan A. Are Network Effects Really All about Size? The Role of Structure and Conduct[J]. Strategic Management Journal, 2013, (34):

257-273.

[25] Angel M, Estrella D. Analysis of Consumers' Response to Brand Community Integration and Brand Identification[J]. Journal of Brand Management, 2014, 21(3): 254-272.

[26] Bagozzi R P, Dholakia U M. Antecedents and Purchase Consequences of Customer Participation in Small Group Brand Communities[J]. International Journal of Research in Marketing, 2006, 23(1): 45-61.

[27] Bagozzi R P, Dholakia U M. Intentional Social Action in Virtual Communities[J]. Journal of Interactive Marketing, 2002, (2): 2-22.

[28] Baldus B J, Voorhees C, Calantone R. Online Brand Community Engagement: Scale Development and Validation[J]. Journal of Business Research, 2015, 68(5): 978-985.

[29] Baldwin T T, Bedell M D, Johnson J L. The Social Fabric of a Team-Based MBA Program: Network Effects on Student Satisfaction and Performance[J]. Academy of Management Journal, 1997, 40(60): 1369-1397.

[30] Barsness Z I, Diekmann K A, Seidel M L. Motivation and Opportunity: The Role of Remote Work, Demographic Dissimilarity, and Social Network Centrality in Impression Management[J]. Academy of Management Journal, 2005, 48(3): 401-419.

[31] Belk R W. Extended Self in a Digital World[J]. Journal of Consumer Research, 2013, 40(3): 477-500.

[32] Brass D J, Burckhardt M E. Potential Power and Power Use: An Investigation of Structure and Behavior[J]. Academy of Management Journal, 1993, 36(3): 441-470.

[33] Brown P, Levinson S C. Politeness: Some Universals in Language Usage[M]. New York: Cambridge University Press, 1987.

[34] Burt R. Structural Holes: The Social Structure of Competition[M]. Cambridge: Harvard University Press, 1992.

[35] Carlson B D, Suter T A, Brown T J. Social Versus Psychological Brand Community: The Role of Psychological Sense of Brand Community[J]. Journal of Business Research, 2008, 61(4): 284-291.

[36] Chan T K H, Zheng X, Cheung C M K, et al. Antecedents and Consequences of Customer Engagement in Online Brand Communities[J]. Journal of Marketing Analytics, 2014, 2(2): 81-97.

[37] Cheung F M, Leung K, Zhang J X. Indigenous Chinese Personality Constructs: Is the Five-Factor Model Complete?[J]. Journal of Cross-Cultural Psychology, 2001, 32(4): 407-433.

[38] Chou M L. Protective and Acquisitive Face Orientation: A Person by Situation App Roach to Face Dynamic in Social Interaction[D]. Unpublished Ph. D. Dissertation, University of Hong Kong, 1996.

[39] Cohen J. Statistical Power Analysis for the Behavioral Sciences (2nd ed.)[M]. Mahwah, NJ: Lawrence Erlbaum, 1988.

[40] Feeley T H, Hwang J, Barnett G A. Predicting Employee Turnover from Friendship Networks[J]. Journal of Applied Communication Research, 2008, 36(1): 56-73.

[41] Fornell C, Larcker D. Evaluating Structured Equation Models with Unobservable and Measurement Errors[J]. Journal of Marketing Research, 1981, 18(6): 39-50.

[42] Goffman E. Embarrassment and Social Organization[J]. American Journal of Sociology, 1956, 62(12): 264-274.

[43] Granovetter M. Economic Action and Social Structure: The Problem of Embeddedness[J]. American Journal of Sociology, 1985, 91(3): 481-510.

[44] Gruner R, Homburg C, Lukas B. Firm-hosted Online Brand Communities and New Product Success[J]. Journal of the Academy of Marketing Science, 2014, 42(1): 29-48.

[45] Ho D Y. On the Concept of Face[J]. The American Journal of Sociology, 1976, 81(4): 867-884.

[46] Ho V T, Pollack J M. Passion Isn't Always a Good Thing: Examining Entrepreneurs' Network Centrality and Financial Performance with a Dualistic Model of Passion[J]. Journal of Management Studies, 2014, 519(3): 433-459.

[47] Huang Q, Davison R M, Gu J. Impact of Personal and Cultural Factors on Knowledge Sharing in China[J]. Asia Pacific Journal of Management,

2008, 25(3): 451-471.

[48] Hulland J. Use of Partial Least Squares (PLS) in Strategic Management Research: A Review of Four Recent Studies[J]. Strategic Management Journal, 2015, 20(2): 195-204.

[49] Klein K J, Lim B C, Saltz J L, et al. How Do They Get There? An Examination of the Antecedents of Centrality in Team Networks[J]. Academy of Management Journal, 2004, 47(6): 952-963.

[50] Krackhardt D, Hanson J R. Informal Networks: The Company behind the Chart[J]. Harvard Business Review, 1993, 71(4): 104-111.

[51] Lee S H, Cotte J, Noseworthy T J. The Role of Network Centrality in the Flow of Consumer Influence[J]. Journal of Consumer Psychology, 2010, 20(1): 66-77.

[52] Li L, Dong X, Lueptow R M. Public Face and Private Thrift in Chinese Consumer Behavior[J]. International Journal of Consumer Studies, 2013, 37(5): 538-545.

[53] Liao J, Wang L. Face as a Mediator of the Relationship between Material Value and Brand Consciousness[J]. Psychology & Marketing, 2009, 26(11): 987-1001.

[54] Lim T S. Facework and Interpersonal Relationships[C]. Stella Ting-Toomey (ed.), The Challenge of Facework: Cross-cultural and Interpersonal Issues. New York: State University of New York Press, 1994.

[55] Liu Y W, Ipe M. How Do They Become Nodes? Revisiting Team Member Network Centrality[J]. Journal of Psychology, 2010, 144(3): 243-258.

[56] Madupu V, Cooley D O. Antecedents and Consequences of Online Brand Community Participation: A Conceptual Framework[J]. Journal of Internet Commerce, 2010, 9 (2): 127-147.

[57] Marry C M, Emi M, Ronda M S, et al. The Importance of University Traditions and Rituals in Building Alumni Brand Communities and Loyalty[J]. Academy of Marketing Studies Journal, 2015, 19(3): 107-118.

[58] McAlexander J H, Kim S K, Roberts S D. Loyalty: The Influences of Satisfaction and Brand Community Integration[J]. Journal of Marketing

Theory & Practice, 2015, 11(4): 1-11.

[59] McAlexander J H, Schouten J W, Koenig H F. Building Brand Community[J]. Journal of Marketing, 2002, 66(1): 38-54.

[60] Mehra A, Kilduff M, Brass D J. The Social Networks of High and Low Self-Monitors: Implications for Workplace Performance[J]. Administrative Science Quarterly, 2001, 46(1): 121-146.

[61] Muñiz A M J, O'Guinn T C. Brand Community[J]. Journal of Consumer Research, 2001, 27(3): 412-432.

[62] Nick H, Mohana S, Savvas P, et al. Branding Co-Creation with Members of Online Brand Communities[J]. Journal of Business Research, 2017, 70(1): 136-144.

[63] Nunnally J. Psychometric Theory[M]. New York: McGraw-Hill, 1978.

[64] Redding S G, Michael N. The Role of "Face" in the Organizational Perceptions of Chinese Managers[J]. International Studies of Management & Organization, 1983, 13(3): 92-123.

[65] Risselada H, Verhoef P C, Bijmolt T H A. Indicators of Opinion Leadership in Customer Networks: Self-reports and Degree Centrality[J]. Marketing Letters, 2016, 27(3): 449-460.

[66] Shang R A, Chen Y C, Liao H J. The Value of Participation in Virtual Consumer Communities on Brand Loyalty[J]. Internet Research, 2006, 16(4): 398-418.

[67] Sharon S, Lorien L. Online Brand Communities: Constructing and Co-Constructing Brand Culture[J]. Journal of Marketing Management, 2016, 32(7-8): 628-651.

[68] Stokburger S N. Brand Community: Drivers and Outcomes[J]. Psychology & Marketing, 2010, 27(4): 347-368.

[69] Thomas C O, Marjorie K S, Frances M T. Do Well-Connected Directors Affect Firm Value?[J]. Journal of Applied Finance, 2014, 24(2): 17-31.

[70] Tonteri L, Kosonen M, Ellonen H K, et al. Antecedents of an Experienced Sense of Virtual Community[J]. Computers in Human Behavior, 2011, 27(6): 2215-2223.

[71] Tsang K K, Ng T K, Wang Y. Ingratiation, Renqing, Mianzi and

Attraction: A Guanxi Perspective[J]. Scientific Journal of Pure and Applied Sciences, 2013, 2(2): 95-105.

[72] Van D B, Wuyts S. Social Networks in Marketing[M]. Cambridge, MA: Marketing Science Institute, 2007.

[73] Zajonc R B. Attitudinal Effects of Mere Exposure[J]. Journal of Personality and Social Psychology, 1968, 9(2): 1-7.

[74] Zhang X A, Cao Q, Nicholas G. Consciousness of Social Face: The Development and Validation of a Scale Measuring Desire to Gain Face Versus Fear of Losing Face[J]. The Journal of Social Psychology, 2011, 151(2): 129-149.

第四篇

结构洞

第四篇

宫颈癌

第七章 社群公民行为、结构洞与品牌行为^①

　　社会现实是在人们的社会互动过程中建构起来的（Berger et al., 1966）。按照 Schaefer（2005）的观点，社会互动（Social Interaction）是人们对他人行为做出响应的方式。通过社会互动，个体层面的行为演变成为社会结构。由此可知，在线品牌社群网络结构的形成前因是成员在社群当中的行为。由于在线品牌社群是一个品牌爱好者聚集的非正式组织，成员对社群并没有明确的责任和义务，也没有奖励或报酬，因此成员在社群中的行为都是自愿的，类似于组织公民行为（Organizational Citizen Behavior，OCB）（Organ，1988）。结合社会互动理论，可以认为，在线品牌社群组织公民行为影响了成员在网络中的位置。线下的关系网可以通过面对面的交流建立，类似的，尽管在线品牌社群的成员素未谋面，绝大多数人互不认识，但他们可以在网络上互动交流，通过共同熟悉的第三方，形成一条关系链，从而使一些成员嵌入两个陌生成员之间的结构洞位置。此外，根据嵌入理论（Granovetter，1985）可知，结构洞会影响成员行为，由此是否可以推测，处于在线品牌社群结构洞位置的成员更容易表现出品牌忠诚和品牌推荐等品牌行为？综上所述，在本章中，我们引入"在线品牌社群公民行为"（Citizen Behaviors in Online Brand Communities）的概念，以探究在线品牌社群结构洞的嵌入前因和作用结果。本章主要回答两个问题：社群公民行为是如何促使成员嵌入在线品牌社群结构洞位置的？结构洞位置如何影响这些成员的品牌消费行为？

---

　　① 本章初稿发表情况如下：周志民，李楚斌，张江乐，温静. 网上组织公民行为、结构洞嵌入与消费者品牌行为研究：以在线品牌社群为背景[J]. 营销科学学报，2014,10(2): 1-14。本书有删改。

第一节　组织公民行为与结构洞的相关理论

一、组织公民行为

自组织公民行为的概念提出以来，心理学、组织行为学领域对它的研究就一直方兴未艾。在 Organ（1988）看来，OCB 是"员工自发进行的，在组织正式的薪酬体系中尚未得到明确或直接的承认，但就整体而言有益于组织运作的功能和效率的行为总和"。OCB 的定义有 3 个要点（Organ，1990）：①角色外行为，不是员工正式工作要求的；②不能被组织正式报酬系统所直接保证；③尽管这些行为很平凡，但所有行为的集合将提高组织效能。结合组织公民行为定义，同时考虑在线品牌社群的非正式组织特征，可以认为，在线品牌社群公民行为是在线品牌社群成员个人自发进行的，不以获取社群的奖赏为直接目的的，能够维持或提高社群活力，对社群有利的一种积极行为。

组织公民行为的维度研究一直以来都是热点，很多学者提出了不同的观点。譬如，Organ（1988）提出的维度包括利他主义、礼貌行为、维护和平、助威行为、运动员精神、责任心、公民美德；Williams 和 Anderson（1991）提出的维度包括对个人有利的组织公民行为和对组织有利的组织公民行为；Van Dyne 等（1994）的观点是服从、忠诚与参与；在借鉴国外学者研究的基础上，Farh 等（2004）提出中国组织公民行为的 10 个维度包括积极主动、帮助同事、意见表露、参与群体活动、树立企业形象、自觉学习、参与公益活动、维护节约组织资源、保持工作环境整洁和人际和谐。究竟选择哪位学者的观点，取决于研究的目标。

传统企业与在线品牌社群中的组织公民行为存在一定差异：企业属于正式组织，企业员工有着正式的工作岗位并承担一定的工作职责，所以多个维度都是与组织工作密切相关；而在线品牌社群是一种不同于传统企业的非正式组织，是同一品牌爱好者聚集而成的非正式组织形式（Bagozzi and Dholakia，2006），因此，其维度与传统的组织公民行为不同。由于本章重点落在结构洞而非组织公民行为，因此没有必要选用全面的组织公民行为维度，故采用 Williams 和 Anderson （1991）的观点，选择对个人有利和对组织有利的组织公民行为。其中，对个人有利的维度是在线品牌社群参与（Van Dyne et al., 1994），因为通过社群参与，成员可以获得期待的信息与支持；对组织有利的维度是利他主义（Borman and Motowidlo，1997；Farh et al., 2004；Organ，1988；Podsakoff et al., 1990），因为社群中有成员提供帮助，才增加了社群的黏性。有了社群参与和利他主义，在线品牌社群才会汇集更多人进行交流，因此二者都是对组织发展有利的组织公民行为。

二、结构洞

结构洞（Structural Hole）是指社会网络中的某个或某些个体与某些个体发生直接联系，但与其他个体不发生直接联系、无直接关系或关系间断的现象，从网络整体看好像是网络结构中出现了洞穴（Burt，1992）。处于结构洞位置的个体或组织，占据了位置优势，将获得更多的价值。一些研究探讨了结构洞的前因，如 Burt 等（1998）认为个体在结构洞中的位置受个性的影响极大；Burt（2005）还认为没有人能够长时间占据结构洞位置，因为每个人都会去追求这个位置，结构洞并非是静止的而是动态变化的；Yuval 和 Garry（2006）认为有更大意向占据结构洞的是社群中的个人主义者，他们拥有更强倾向性；Zaheer 和 Soda（2009）认为结构限制和网络机会是结构洞的起源。作为社会网络的一个核心概念，结构洞也属于社会资本的范畴（Nahapiet and Ghoshal，1998）。有研究表明，品牌社群当中的社会资本会给成员带来社群利益（Mathwick et al., 2008）。由于结构洞是一个特殊的位置，会给处于其中的成员带来一定的社群内部社会地位，因此本章将社会强化利益作为结构洞位置获取的利益。

第二节　社群公民行为、结构洞与品牌行为的研究假设

社会现实是在人们的社会互动过程中建构起来的（Berger et al., 1966）。按照 Schaefer（2005）的观点，社会互动（Social Interaction）是人们对他人行为做出响应的方式。通过社会互动，个体层面的行为演变成为社会结构。由此可知，在线品牌社群结构洞的形成前因是成员在社群当中的行为。由于在线品牌社群是一个品牌爱好者聚集的非正式组织，成员对社群并没

有明确的责任和义务，因此成员在社群中的行为都是自愿的，属于组织公民行为的范畴。结合社会互动理论，可以认为，在线品牌社群组织公民行为影响了成员嵌入结构洞位置。结构洞作为社会网络的一个核心概念，也属于社会资本的范畴。有研究表明（Mathwick et al., 2008），品牌社群当中的社会资本会给成员带来社群利益。Burt（1992）指出，结构洞可以带来两方面的利益——信息利益和控制利益。对在线品牌社群而言，信息利益是其核心利益（Mathwick et al., 2008），而控制利益并不存在，因为作为一个非正式组织，成员之间并不存在利益关系，也就不存在控制与被控制。由于结构洞位置是一个特殊的位置，会给处于其中的成员带来一定的社群内部社会地位，因此本书将社会强化利益作为结构洞位置的第二个利益。根据 Granovette（1985）的嵌入理论，结构洞会影响成员行为，因此本研究将品牌忠诚和品牌推荐这两个消费者品牌行为作为模型的最终变量。基于以上分析，本书提出概念模型（见图 7-1），以探究在线品牌社群结构洞的形成与作用机制。

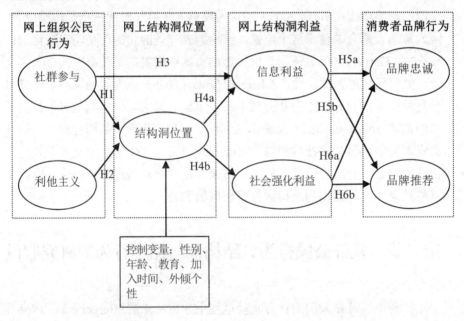

图 7-1　概念模型

一、在线品牌社群组织公民行为与结构洞嵌入

在线品牌社群成功的关键在于成员的参与（Casalóet al., 2008）。社群参与本质上是成员之间的交流。通过在线交流，成员可以增进彼此之间的了解，进而产生信任和关系（Granovetter，1985）。社会互动被视为社会关系的前因（Tsai et al., 1998）。经常参与社群活动的成员有更多的机会与人接触，从而形成更为广泛的关系。甚至，这些参与度高的成员会更忠诚于社群，更愿意推荐他人加入社群（Algesheimer et al., 2005）。反之，参与程度低的成员由于交流少，在社群中认识的人也有限。可见，参与程度越高，成员越容易成为他人关系的"桥梁"，即处于结构洞位置。因此，可做出以下假设。

H1：在线品牌社群成员的社群参与对其嵌入结构洞位置起正向作用。

利他主义是组织公民行为的重要维度（Organ，1990；Podsakoff et al., 1990）。由于互联网的隐秘性，在互联网上的利他行为要远超过现实社会（Wallace，2001）。在线品牌社群当中，互惠规范成为社群运行的根基（Mathwick et al., 2008），成员相信帮助了他人，他人也会帮助自己，因此一些人愿意为他人提供帮助。这些利他行为让他们赢得了其他社群成员的认同和尊重，从而获得了一定的社群地位。所以，Shekari（2012）指出，利他主义是领导力形成的一个驱动力。一旦利他主义高的成员成为社群的领导或居于核心位置，就会有很多人与其交流，而这些人之间可能并不熟悉，久而久之，该成员就进入了结构洞的位置。基于以上分析，我们提出如下假设。

H2：在线品牌社群成员的利他主义对其嵌入结构洞位置起正向作用。

二、在线品牌社群参与与社群中的信息利益

在线品牌社群是一个品牌信息的网上集散地。Schau 和 Muñiz（2006）认为，诸多社群成员就像产品、服务、价格、品牌等方面的专家一样提供了大量信息。成员通过看帖、提问、讨论、分享等方式参与到在线品牌社群当中（Chang et al., 2012），从而获得了很多所需的信息。研究表明，社群参与越多，成员对品牌的了解就越多，所形成的品牌联想就越丰富（Woisetschläger et al., 2008）。由此，可以做出如下假设。

H3：在线品牌社群成员的社群参与有利于其获得信息利益。

三、结构洞位置与社群中的利益

由于身处其他社群成员之间的"桥梁"位置，相比之下，结构洞的占据者可以与更多的异质化成员交流，从中获得更多的异质化信息（Burt，1992）。因此，结构洞位置是一个可以带来优势的位置（姚小涛和席酉民，2008），是一种社会资本（Lin et al., 1981；Nahapiet et al., 1998）。根据 Burt的观点，信息利益通过通路、先机和举荐 3 个方面来获得。通路是指有机会接触到信息，先机是指及早获得信息，举荐是指获得别人推荐的信息。这些信息获取方式都与结构洞位置相关。在在线品牌社群当中，处于结构洞位置的成员，更有可能获得信息的通路、先机和举荐，因此更容易获得更多信息。故而，做出以下假设。

H4a：处于结构洞位置的品牌社群成员更容易得到信息利益。

尽管在线品牌社群是一个虚拟空间，成员的真实身份具有隐蔽性，但成员仍然可以通过在线互动交流而建立新的网上身份认同（杜骏飞和巢乃鹏，2003）。在线品牌社群当中的身份地位需要通过在线交互来获得。相比之下，处于结构洞位置的成员在品牌社群中认识更多的人，会有更多人向其咨询，其在社群中交流的内容也会有更多人关注，从而可以提升其在社群当中的声望和重要性（Hars and Ou，2002）。这些声望通过社群当中的积累分值、地位图标、其他成员的评价得以展现，体现了处于结构洞位置的成员过去对社群的贡献（Dholakia et al., 2009）。因此，提出如下假设：

H4b：处于结构洞位置的品牌社群成员更容易得到社会强化利益。

四、社群利益与品牌行为

McAlexander 等（2002）认为，除了顾客满意度之外，顾客忠诚度还受品牌社群的影响。由于社群成员几乎都是品牌拥护者（Muniz and O'Guinn，2001），因此在线品牌社群中充满了各类有用的正面信息，成员可以从中了解到各种各样的品牌知识，从而产生对品牌的好感和承诺（Zhou et al., 2012）。Shang 等人（2006）的研究也表明，成员在社群中获得的信息越多，即得到的信息利益越大，对品牌就会越忠诚。故而，做出如下假设。

　　H5a：信息利益对品牌社群成员品牌忠诚具有正向作用。

　　当社群成员获得的品牌信息越多时，其越容易嵌入与品牌相关的情境中去，对品牌也越来越喜爱，会表现出更加积极正面的行为倾向和品牌态度（金立印，2007）。这些积极正面的行为倾向既包括推荐他人参与到社群当中（Muniz and O'Guinn，2001），也包括推荐他人购买品牌。Marcelo 和Casamassima（2010）也发现，成员对社群的归属感越强，其对社群就越忠诚，同时更愿意进行口碑传播，宣扬品牌好的方面。把自己看作品牌社群一分子的那些成员，会产生维护品牌的责任感。因此，做出以下假设。

　　H5b：信息利益对品牌社群成员品牌推荐具有正向作用。

　　成员在品牌社群当中不仅获得信息利益，也获得了社交利益（Mathwick et al.，2008；Zhou et al.，2013）。通过社群成员之间的交流，一些处于结构洞位置的成员获得了其他成员的关注，从而强化了他们在品牌社群当中的社会地位和身份认同（Hars and Ou，2002）。这种心理满足感带来了超然的消费体验，加强了成员与品牌社群的关系，也促使他们形成更大的品牌忠诚度（Schouten et al.，2007；薛海波和王新新，2009）。基于此，做出如下假设。

　　H6a：社会强化利益对品牌社群成员品牌忠诚具有正向作用。

　　社群成员在获得关系认同的同时，会相互分享关于品牌的经验、信息和价值（Jang et al.，2008），并向其他人推荐该品牌（Amine and Sitz，2004；Jang et al.，2008），甚至会散布对竞争品牌无益的信息（Thompson and Sinha，2008）。这些成员通过向其他成员分享品牌信息，可以获得更多关注和好评，因此具有品牌推荐的动力。因此，可以做出如下假设。

　　H6b：社会强化利益对品牌社群成员品牌推荐具有正向作用。

第三节　构念测量与样本选择

一、构念测量

　　模型中包含 6 个构念（社群参与、利他主义、结构洞位置、社会强化利益、品牌推荐、品牌忠诚），其测项均来自以往文献中成熟的量表。其中社群参与的测项来自 Chang 等（2012）的量表，利他主义包含"我乐于帮助 X 品牌论坛新成员熟悉并了解该论坛"等 3 个测项（Wong et al., 2006）；社会强化利益的测项由"X 品牌论坛的成员可以感觉到我的重要性"和"X 品牌论坛的成员对我有较深的印象"两个测项构成（Dholakia et al., 2004）；品牌推荐用"我会主动向别人推荐 X 品牌产品"等 3 个测项来测量（Kamal and David, 1996），品牌忠诚包含 3 个测项（Ahluwalia, 2000；Agrawal and Maheswaran, 2005；Raju et al., 2008），其中，"如果 X 品牌缺货，对我来说选择其他品牌也无所谓（R）"和"我更可能去购买一个打折的品牌而不是 X 品牌（R）"为反向测项；外倾个性测项来自 Saucier 的量表（1994），包含 4 个测项。此外，我们还引入学历、性别、年龄、加入时间和外倾个性 5 个控制变量。除结构洞以外，其他所有构念测项均采用李克特 6 点量表。

结构洞位置的测量采用自我中心网络当中的提名生成法和提名诠释法（详见第四章），具体描述 5 个人关系的问题为"在 X 品牌论坛中，您（或 A、B、C、D、E）经常与哪些论坛成员交流"。结构洞的计算比较复杂，总的来说存在两类计算指标：第一类是 Burt（1992）给出的结构洞指数，第二类是中间中心度指数。Burt 给出的结构洞指数依据的是个体网，而中间中心度指数适用于整体网（刘军，2009）。由于本章的数据来源是个体中心网，故 Burt 的结构洞指数更适合本章的测量。此外，Burt 的结构洞指标考虑 4 个方面：有效规模（Effective Size）、效率（Efficiency）、限制度（Constraint）和等级度（Hierarchy），其中第三个指标最重要（刘军，2009），其又被称为 Burt 约束。因此，本章选取限制度作为测量指标。我们使用社会网络分析软件 UCINET 计算自我中心网络的限制度（约束指数）。计算约束指数需要使用网络联系对称矩阵。由于约束指数指的是个体中心网中自我中心节点受到其他节点的约束程度，所以它们的大小与自我中心节点拥有的结构洞数量成反比，即约束指数值越大，结构洞数量越少。故选取约束指数的相反数为结构洞指数。

二、样本选取

本次调研共获得 525 份有效问卷。其有效样本结构见表 7-1，与当前中国网民年龄结构相似。加入品牌社群的时间以 1～3 年居多，占样本的 65.96% 以上，呈正态分布；具有本科文凭的网民构成了本研究的主体，占样本的 75% 以上；同时样本主要都是企业及事业单位人员，占样本总数的 85%。总体而言，样本具有代表性。

表 7-1 有效样本结构描述表

性别	占比（%）	年龄（岁）	占比（%）	加入社群的时间（年）	占比（%）	学历	占比（%）	职业	占比（%）
男性 女性	50.48 49.52	<15 15～20 21～25 26～30 31～40 41～50 >50	0 2.1 20.38 36.57 36 4.76 0.19	<1 1～2 2～3 3～4 4～5 >5	16 38.47 26.48 13.33 2.67 3.05	高中、中专及以下 大专 本科 硕士 博士及以上	2.48 12.38 75.62 9.52 0	企业工作人员 事业单位人员 自由职业者 学生 其他	61.33 24.38 6.1 4.38 3.81

第四节 数据分析与实证结果

一、信度和效度检验

如表 7-2、表 7-3 所示，各构念的 Cronbach's α 值都超过了 0.7，说明其内部一致性都较高；组合信度（CR 值）均高于 0.8，说明各构念的组合信度也较好。此外，各变量下的测项的因子载荷值均大于 0.5，说明收敛效度理想。鉴别效度用平均方差析出（AVE）来计算，所有 AVE 值均大于 0.5，而且每个构念 AVE 值的平方根都大于其与其他构念的相关系数，说明鉴别效度较高。总体模型模拟指数为 $\chi^2(265)=798.25$，$\chi^2/df=3.01$，$p<0.01$，RMSEA=0.062，CFI=0.93，NNFI=0.91，IFI=0.94。

综上所述，本章的数据具有较好的信度和效度，适合做进一步的检验。

表 7-2 信度和效度检验

测 项	因子载荷
社群参与（Cronbach's α = 0.844）	
我会主动在 X 品牌论坛跟帖参与讨论	0.79
我会主动与 X 品牌论坛成员分享产品知识和个人经验	0.82

续表

测　项	因子载荷
我会主动与 X 品牌论坛成员进行互动	0.77
我会经常上 X 品牌论坛收集品牌相关的信息	0.67
利他主义（Cronbach's α= 0.867）	
我乐于帮助 X 品牌论坛新成员熟悉并了解该论坛	0.86
如果 X 品牌论坛成员遇到问题，我会尽我所能给予帮助	0.84
我会在 X 品牌论坛成员之间建立双向沟通关系	0.78
信息利益（Cronbach's α = 0.822）	
我能从 X 品牌论坛获取有用的信息	0.79
X 品牌论坛是一个重要的信息来源	0.80
我经常能从 X 品牌论坛获得具有独特价值的信息	0.75
社会强化利益（Cronbach's α = 0.898）	
X 品牌论坛的成员可以感觉到我的重要性	0.96
X 品牌论坛的成员对我有较深的印象	0.85
品牌推荐（Cronbach's α = 0.86）	
我会主动向别人推荐 X 品牌产品	0.84
我会主动向别人介绍 X 品牌产品	0.82
我会主动建立 X 品牌的良好口碑	0.80
品牌忠诚（Cronbach's α = 0.85）	
我认为我自己对 X 品牌忠诚	0.78
如果 X 品牌缺货，对我来说选择其他品牌也无所谓	0.85
我更可能去购买一个打折的品牌而不是 X 品牌	0.82
外倾个性（Cronbach's α=0.846 ）	
我是健谈的	0.83
我是精力旺盛的	0.80
我是喜欢社交的	0.84
我是大胆的	0.71
整体模型拟合： $\chi^2(265)$ =798.25，χ^2/df=3.01；RMSEA=0.062；CFI=0.93；NNFI=0.91；IFI=0.94	

二、共同方法偏差检验

采用 SPSS16.0 计算得出结果，第一个因子的方差解释率为 45.82%，小于 50%，说明数据的共同方法偏差在接受范围之内。此外，由表 7-3 可知，构念间的相关系数最大者为 0.771，小于 0.9，表明数据可以接受。综合两种检验方法可知，本章的数据效度不受 CMB 的影响。

表 7-3　描述性统计

变量	1	2	3	4	5	6	7	8
1.社群参与	**0.825**							
2.利他主义	0.771**	**0.887**						
3.信息利益	0.591**	0.551**	**0.860**					
4.社会强化利益	0.496**	0.473**	0.285**	**0.952**				
5.品牌推荐	0.550**	0.486**	0.549**	0.513**	**0.884**			
6.品牌忠诚	0.451**	0.415**	0.413**	0.456**	0.598**	**0.875**		
7.外倾个性	0.464**	0.468**	0.352**	0.676**	0.504**	0.526**	**0.952**	
8.结构洞位置	0.120**	0.154**	0.084	0.147**	0.078	0.059	0.066	**1.000**
平均数	5.005	4.983	5.291	4.258	4.954	4.779	-0.750	4.619
标准差	0.796	0.871	0.682	1.152	0.816	0.849	0.261	0.895
组合信度（CR）	0.894	0.918	0.895	0.951	0.915	0.908	0.907	1.000
平均方差萃取值（AVE）	0.680	0.788	0.740	0.907	0.782	0.766	0.711	1.000

注："**"表示 $p < 0.01$（双尾检验）。对角线上的加粗体数字为相应构念之 AVE 的平方根，每个平方根都大于其所在的行与列上的其他构念及其相关系数。品牌忠诚的两个反问测项均以 7 作为被减数，以便于计算。

三、假设检验

检验结果发现，社群参与对结构洞位置的影响不显著（β=-0.008，t=0.147，p>0.05），H1 不成立。除此以外，其他假设均成立。具体见表 7-4。

学历、性别、年龄、加入时间和外倾个性 5 个控制变量中，只有加入时间的 t 值大于 1.96（t=3.219），其余 4 个变量 t 值均小于 1.96，可见加入时间对结构洞位置的控制作用成立。

表 7-4　假设检验

假设路径	β 值	t 值
主效应		
H1: 社群参与→结构洞位置	-0.008	0.147
H2: 利他主义→结构洞位置	0.165*	2.237
H3: 社群参与→信息利益	0.603***	10.302
H4a: 结构洞位置→信息利益	0.009	0.378
H4b: 结构洞位置→社会强化利益	0.147***	3.438

续表

假设路径	β 值	t 值
H5a: 信息利益→品牌忠诚	0.318[***]	6.201
H5b: 信息利益→品牌推荐	0.437[***]	7.544
H6a: 社会强化利益→品牌忠诚	0.377[***]	9.237
H6b: 社会强化利益→品牌推荐	0.390[***]	10.378
控制变量		
性别→结构洞位置	0.022	0.778
年龄→结构洞位置	−0.050	1.374
加入时间→结构洞位置	0.137[**]	3.219
教育→结构洞位置	−0.030	0.894
外倾个性→结构洞位置	−0.018	0.495
因变量	R^2	
结构洞位置	0.045	
信息利益	0.366	
社会强化利益	0.022	
品牌忠诚	0.312	
品牌推荐	0.441	

注: "*"表示 $p < 0.05$（双尾检验）；"**"表示 $p < 0.01$（双尾检验）；"***"表示 $p < 0.001$（双尾检验）。

四、模型拟合度检验

模型的结果如表 7-4 所示，信息利益、品牌推荐和品牌忠诚的 R^2 都远远大于 0.26，而结构洞和社会强化利益的 R^2 在 $0.02\sim0.13$，这是由于测量结构洞用的是关系数据，而测量社会强化利益用的是传统的李克特量表，这两套测量体系在整合上存在不协调而导致的。由于所有假设的 t 值都在可接受的范围之内，因此模型的拟合度在可接受的范围内。

第五节　社群公民行为、结构洞与品牌行为的研究结论与启示

从在线品牌社群发展来看，结构洞是一个非常关键的构念。正是因为

结构洞的存在，大量不相识的社群成员才能连成关系链，最终形成网络。为此，本章从组织公民行为的角度出发，对在线品牌社群中结构洞位置的形成及其作用机制进行了探究。实证研究发现：

（1）在线品牌社群公民行为是成员嵌入结构洞位置的一个前因。具体而言，利他主义促使成员处于结构洞位置，而社群参与则不能，因为利他主义指由于为他人提供了帮助，更容易结识更多陌生成员而处于他们的关系中间位置，而社群参与可能更多的是为了获取信息，并未有助于他人而形成真正的互动交流，故很难认识很多成员。

（2）社群参与能够帮助成员获得更多的信息，因为在线品牌社群是信息丰富的地方，很多成员提供的丰富信息可以被其他成员获取。

（3）处于结构洞位置的成员可以获得社会强化利益，但无法获得信息价值，原因是在线品牌社群中的信息是公开的，这一点与线下有本质性区别，在线上社群里即使不处于结构洞位置，成员也可浏览到其他成员之间交流的帖子获得相关信息；但要获得社会强化利益，就必须处于结构洞位置，因为结构洞位置带来了地位优势和身份认同。

（4）成员在社群中获得的信息利益和社会强化利益会正向影响成员的品牌消费行为。由于社群是品牌的载体，品牌的口碑评价与处于特殊位置的成员处于利益共生的状态，因此该成员会自发地进行品牌推荐，来增加自身的影响力，这样处于社群结构洞位置的成员会将情感从对品牌社群的忠诚转移到对品牌的忠诚。

（5）在控制变量中，外倾个性并不必然促使成员处于结构洞位置，可能的原因是，现实中内向的人到了网络匿名的情境下，也可能表现出外向性，愿意与人分享品牌或产品知识；成员加入在线品牌社群的时间则对结构洞位置有显著影响，因为加入时间越久，其嵌入品牌社群的程度就越深，同时在社群中培养的关系网络和资源也会更多，这样的人顺理成章地处于结构洞之中。

那么，回归到营销实践中，对于在线品牌社群而言，成员的组织公民行为是其持续发展的关键，无论是社群参与还是利他主义，都能推动社群的发展。管理者应该培养一个有利于组织公民行为形成的在线社群环境。受到文化熏陶或者奖励刺激，社群成员能够更多地参与社群活动，帮助其他成员。此外，还要对利他主义成员进行奖励。没有利他主义，在线品牌社群中就没人提供大量的信息，也不会具有凝聚力。因此，对于表现出利他行为的社群成员，管理者应该给予物质或精神奖励，如赠送礼品、提升级别、提高权限等。这些奖励对其他社群成员也有一定的示范作用。最后，要增强社群成员信息利益和社会强化利益。一方面应当在社群中不时地提供有价值的信息，或者鼓励社群成员自身更多地提供信息；另一方面应积极完善社群成员等级制，让加入品牌社群时间更久、贡献更多的会员处于较高级别的会员等级，并给予虚拟荣誉徽章来提升成员对社群的满意度。

本章参考文献

[1] 杜骏飞，巢乃鹏. 认同之舞：虚拟社区的人际交流[J]. 新闻大学，2003，（2）：51-54.

[2] 金立印. 虚拟品牌社群的价值维度对成员社群意识、忠诚度及行为倾向的影响[J]. 管理科学，2007，20（2）：36-45.

[3] 刘军. 整体网分析讲义：UCINET 软件实用指南[M]. 上海：格致出版社，2009.

[4] 薛海波，王新新. 品牌社群影响品牌忠诚的作用机理研究——基于超然消费体验的视角[J]. 中国工业经济，2009，（10）：96-107.

[5] 姚小涛，席酉民. 高层管理人员的咨询网络结构洞与企业竞争优势[J]. 管理学家（学术版），2008（4）：307-400.

[6] Agrawal N, Maheswaran D. The Effects of Self-construal and Commitment on Persuasion [J]. Journal of Consumer Research, 2005, 31(4): 841-849.

[7] Ahluwalia R. Examination of Psychological Processes Underlying Resistance to Persuasion[J]. Journal of Research, 2000, 27(2): 217-232.

[8] Algesheimer R, Dholakia U M, Herrmann A. The Social Influence of Brand Community: Evidence from European Car Clubs[J]. Journal of Marketing, 2005, 69(3): 19-34.

[9] Amine A, Sitz L. How does a Virtual Brand Community Emerge? Some Implications for Marketing Research[D]. Universite de Paris XII Institut de Recherche en Gestion, 2004.

[10] Bagozzi R P, Dholakia U M. Antecedents and Purchase Consequences of

Customer Participation in Small Group Brand Communities[J]. International Journal of Research in Marketing, 2006, 23(1): 45-61.

[11] Berger P L, Luckmann T. The Social Construction of Reality: A Treatise in the Sociology of Knowledge[M]. NY: Anchor Books, 1966.

[12] Borman W C, Motowidlo S J. Task Performance and Contextual Performance: The Meaning for Personnel Selection Research[J]. Human Performance, 1997, 10(2): 99-109.

[13] Burt R S. Structural Holes[M]. Boston: Harvard University Press, 1992.

[14] Burt R S. Brokerage and Closure: An Introduction to Social Capital[M]. Oxford: Oxford University Press, 2005.

[15] Burt R S, Jannotta J E, Mahoney J T. Personality Correlates of Structural Holes[J]. Social Networks, 1998, 20(1): 63-87.

[16] Casaló L V, Flavián C, Guinalíu M. Fundaments of Trust Management in the Development of Virtual Communities[J]. Management Research News, 2008, 31(5): 324-338.

[17] Chang C C, Tseng K H, Chen C W. The Moderating Role of Online Community Participation in the Relationship between Internal Marketing and Organizational Citizenship Behavior[J]. Social Behavior & Personality: An International Journal, 2012, 40(10): 1725-1738.

[18] Dholakia U M, Richard P B, Lisa K P. A Social Influence Model of Consumer Participation in Network and Small-group-based Virtual Communities[J]. International Journal of Research in Marketing, 2004, 21(3): 241-263.

[19] Dholakia U M, Vera B, Caroline W, et al. Communal Service Delivery: How Customers Benefit from Participation in Firm-hosted Virtual p3 Communities[J]. Journal of Service Research, 2009, 12(2): 208-226.

[20] Farh J L, Zhong C, Organ D. Organizational Citizenship Behavior in the People's Republic of China[J]. Organization Science, 2004, 15(2): 241-253.

[21] Granovetter M. Economic Action and Social Structure: The Problem of Embeddedness[J]. The American Journal of Sociology, 1985, 91(3): 481-510.

[22] Hars A, Ou S. Working for Free? Motivations for Participating in Open-source Projects[J]. International Journal of Electronic Commerce, 2002, 6(3): 25-39.

[23] Jang H, Olfman L, Ko I, et al. The Influence of On-line Brand Community Characteristics on Community Commitment and Brand Loyalty[J]. International Journal of Electronic Commerce, 2008, 12(3): 57-80.

[24] Kamal G, David W S. Customer Satisfaction and Customer Behavior: The Differential Role of Brand and Category Expectations[J]. Marketing Letters, 1996, 7(3): 249-263.

[25] Lin N, Ensel W M, Vaughn J C. Social Resources and Strength of Ties: Structural Factors in Occupational Status Attainment[J]. American Sociological Review, 1981(46): 393-405.

[26] Marcelo R V, Casamassima P. The Influence of Belonging to Virtual Brand Communities on Consumers' Affective Commitment, Satisfaction and Word-of-mouth Advertising: The ZARA Case[J]. Online Information Review, 2011, 35(4): 517-542.

[27] Mathwick C, Wiertz C, Ruyter K D. Social Capital Production in a Virtual p3 Community[J]. Journal of Consumer Research, 2008, 34(6): 832-849.

[28] McAlexander J H, Schouten J W, Koenig H F. Building Brand Community[J]. Journal of Marketing, 2002, 66(1): 38-54.

[29] Muñiz A M, O'Guinn T C. Brand Community[J]. Journal of Consumer Research, 2001, 27(3): 412-432.

[30] Nahapiet J, Ghoshal S. Social Capital, Intellectual Capital and the Organizational Advantage[J]. Academy of Management Review, 1998, 23(2): 242-266.

[31] Organ D. Organizational Citizenship Behavior: The Good Soldier Syndrome[M]. Lexington, MA: Lexington Books, 1988.

[32] Organ D. The Motivational Basis of Organizational Citizenship Behavior[J]. Research in Organizational Behavior, 1990, 12: 43-72.

[33] Podsakoff P M, MacKenzie S B, Bommer W H. Transformational Leader Behaviors and Their Effects on Followers' Trust in Leader, Satisfaction, and Organizational Citizenship Behaviors[J]. Leadership Quarterly, 1990, 1(2): 107-142.

[34] Raju S, Unnava H R, Montgomery N V. The Effect of Brand Commitment on the Evaluation of Nonpreferred Brands: A Disconfirmation Process[J]. Journal of Consumer Research, 2008, 35(5): 851-862.

[35] Saucier G. Mini-makers: A Brief Version of Goldberg's Unipolar Big-five Makers[J]. Journal of Personality Assessment, 1994, 63(3): 506-516.

[36] Schaefer R T. Sociology[M]. New York: McGraw-Hill Companies, 2005.

[37] Schouten J W, Mcalexander J H, Koeing H F. Transcendent Customer Experience and Brand Community[J]. Journal of the Academy of Marketing Science, 2007, 35(3): 357-368.

[38] Schau J H, Muñiz A. A Tale of Tales: The Apple Newton Narratives[J]. Journal of Strategic Marketing, 2006, 14(1): 19-33.

[39] Shang R A, Chen Y C, Liao H J. The Value of Participation in Virtual Consumer Communities on Brand Loyalty[J]. Internet Research, 2006, 16(4): 398-418.

[40] Shekari H. Promoting Leadership Effectiveness in Organizations: A Case Study on the Involved Factors of Servant Leadership[J]. International Journal of Business Administration, 2012, 3(1): 54-65.

[41] Thompson S A, Sinha R K. Brand Communities and New Product Adoption: The Influence and Limits of Oppositional Loyalty[J]. Journal of Marketing, 2008, 72(6): 65-80.

[42] Tsai W, Ghoshal S. Social Capital and Value Creation: The Role of Intrafirm Networks[J]. The Academy of Management Journal, 1998, 41(4): 464-476.

[43] Van Dyne L, Graham J W, Dienesch R M. Organizational Citizenship Behavior: Construct Redefinition, Measurement and Validation [J]. Academy of Management, 1994, 37(4): 765-802.

[44] Wallace M. Sharing Leadership of Schools through Teamwork-A Justifiable Risk[J]. Educational Management and Administration, 2001, 29(2): 53-167.

[45] Williams L J, Anderson S E. Job Satisfaction and Organizational Commitment as Predictors of Organizational Citizenship and In-role Behaviors[J]. Journal of Management, 1991, 17(3): 601-617.

[46] Wong Y T, Ngo H, Wong C. Perceived Organizational Justice, Trust, and

OCB: A Study of Chinese Workers in Joint Ventures and State-owned Enterprises[J]. Journal of World Business, 2006, 41(3): 344-355.

[47] Woisetschläger D M, Evanschitzky H, Holzmüller H H. How to Make Brand Communities Work: Antecedents and Consequences of Consumer Participation[J]. Journal of Relationship Marketing, 2008, 7(4): 377-390.

[48] Yuval K, Garry R. Psychological Predispositions and Network Structure: The Relationship between Individual Predispositions, Structural Holes and Network Closure[J]. Social Networks, 2006, 28(1): 56-84.

[49] Zaheer A, Soda G. Network Evolution: The Origins of Structural Holes[J]. Administrative Science Quarterly, 2009, 54(1): 1-31.

[50] Zhou Z, Wu J, Zhang Q, Xu S. Transforming Visitors into Members in Online Brand Communities: Evidence from China[J]. Journal of Business Research, 2013, 66(12): 2438-2443.

[51] Zhou Z, Zhang Q, Su C, et al. How do Brand Communities Generate Brand Relationships? Intermediate Mechanism[J]. Journal of Business Research, 2012, 65(7): 890-895.

第八章 产品知识、结构洞与品牌承诺①

就在线品牌社群而言，没有结构洞，素不相识的社群成员将处于分隔状态，无法连接起来形成关系网络，社群也就无从谈起。另一方面，信息交流是在线品牌社群存在的基本形式，而成员的产品知识是信息交流的基础，可见产品知识促进了在线品牌社群社会网络的发展。此外，除了产品知识这一能力因素外，在线品牌社群社会网络的发展还取决于成员是否有意愿与他人交流，这种自觉能动性会影响成员是否愿意占据结构洞位置。并非所有具有产品知识的成员都愿意积极分享，互依自我程度高的人是否更倾向于积极与其他成员交流？其在产品知识和结构洞之间是否存在调节作用？一旦成员处于结构洞位置，其与品牌社群和品牌的关系可能会提升，这一系列问题涉及在线品牌社群社会网络对于品牌建设的贡献。综上，本章选取结构洞作为社会网络的核心概念，以产品知识为前因变量、互依自我为调节变量来探讨其形成机制，以及结构洞对品牌社群关系及品牌关系的影响。

第一节 结构洞与互依自我的理论基础

一、结构洞

在上一章中，我们了解到，在初始状态下，绝大多数社群成员都素不相识，其关系链基本都是断裂的，之后，由于一些具有利他主义的成员表现出组织公民行为，为其他成员提供帮助，从而开始建立关联。这些成员

---

① 本章初稿发表情况如下：周志民，邓乔茜，饶志俊. 在线品牌社群产品知识与结构洞：互依自我的调节[J]. 管理科学，2015, 28(4)：86-96。本书有删改。

自然成为不同成员之间的"桥"，缺少他们，"桥"将断裂，最终形成"洞穴"，即结构洞。

在已有对个体占据结构洞成因的研究中，Lee（2010）认为以往的知识创新绩效有助于个体占据结构洞；Sasovova 等（2010）指出自我监控对结构洞的形成有正向影响；也有学者认为网络中结构洞成员比非结构洞成员易于创造和获得更多价值，这种利益驱使成员产生追逐结构洞位置的意图（Afuah，2013）。综合可知，个体结构洞位置的形成一方面取决于个体在网络中的独特优势，如知识创新、与他人的异质性和自我监控能力；另一方面受个体意识的影响，如利益使个体萌生占据结构洞的动机。

针对结构洞作用的结果，许多研究都证实了结构洞能赋予跨结构洞成员竞争优势，例如在组织层面，McEvily 等（1999）发现集群企业与区域机构（Regional Institutions）的桥连接（Bridging Ties）可以提供新的信息、思想和机会；Zaheer 和 Bell（2005）研究发现企业绩效的提升因素包括企业内部的创新能力和外部网络的结构洞。在个人层面，Rodan（2010）认为结构洞的占据者会拥有更好的创新性；Burt（2001）也发现，跨越结构洞的管理者能获得更好的工作评价，晋升更为频繁，更有可能产生有价值的想法。

二、互依自我

通过对比不同文化背景下的个体在自我、他人、自我与他人关系构建上的差异性，Markus 和 Kitayama（1991）提出了两种不同的自我概念形态：独立自我和互依自我。其中，互依自我是由社会关系来区分界定的，它所强调的是个人与他人的关联性与互相依赖性，认为必须要与他人保持相互的关系，同时自己将作为社会关系的一部分而存在；此外，强调适得其所，归属相应的社会团体并完成其社会任务（Singelis，1994）。拥有互依自我和独立自我概念形态的个体在对自我与他人的认知方式等方面存在明显差异，并对个体的动机与行为产生影响，因此在消费者行为研究领域日益受到重视（柴俊武等，2011）。互依自我程度高的个体非常看重是否拥有良好的社会关系，他们更容易在拥有和谐的人际关系、保持良好的社会地位时，对自身产生更为积极的自我评价，这甚至成了他们自尊提升的唯一来源（Cross et al.，2000）。

第二节 产品知识、结构洞与品牌承诺的研究假设

Granovetter 的嵌入理论认为，经济活动嵌入在社会关系的网络中，经济行动者的决策行为受社会网络中的成员互动关系影响。类似的，处于在线品牌社群结构洞位置的成员会因为其结构位置的特殊性而影响其社群行为和品牌行为。由此，可以基于嵌入理论来构建一个"成员个人特征-关系结构位置-社群及品牌行为"的研究框架，探究结构洞的前因与后果。图 8-1 为概念模型。在成员个人特征方面，以产品知识作为关键要素，因为处在结构洞这一结构位置的成员应该是社群中的信息中心，很多成员都需要从他/她这里了解信息，从而促进关系交互和网络形成。除了产品知识这一能力因素外，还取决于其是否有意愿与他人交流，这种自觉能动性会影响成员是否愿意占据结构洞位置。因此，本研究在模型中加入"互依自我"这一概念，作为"产品知识"与"结构洞"两个构念之间的调节变量。成员占据的结构洞位置越多，他们就会具有越多的信息利益和控制利益，这些都是品牌社群及品牌所带来的，因此他们对品牌社群和品牌产生了承诺。

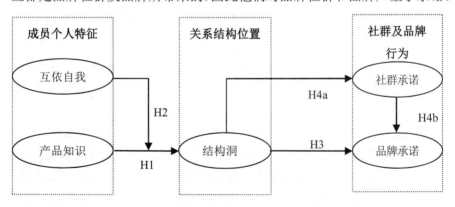

图 8-1 概念模型

一、产品知识对结构洞的影响

产品知识是消费者对某类产品的术语、属性和使用等相关信息的了解（Brucks，1985）。Dacin 和 Mitchell（1986）将产品知识划分为具体知识、

间接知识和消费者情感。在线品牌社群当中充斥着大量的产品知识和非产品知识，这些知识以产品信息、使用经验、个人评价等形式存在（Tsai et al., 2012），是在线品牌社群得以持续发展的"能源"，因为大多数成员参与品牌社群的主要动机就是寻求有用的信息（Mathwick et al., 2008），众多学者认为在线品牌社群为参与者提供信息价值即为其存在的主要意义（Madupu and Cooley，2010；Park and McMillan，2017；Romm and Pliskin，1997）。因此，一些品牌社群成员掌握的产品知识较为丰富，就会导致更多的成员与其交流、请教，这能满足他人寻求信息的需要；加之在线品牌社群中成员的网络异质性，即互相认识的机会甚少，无法在大范围内普及产品信息，从而掌握更多产品知识的成员在品牌社群中可以形成独特优势，将占据更多的结构洞。根据以上分析，可以提出以下假设。

H1：产品知识正向影响成员拥有结构洞的程度。

二、互依自我在产品知识和结构洞之间的调节作用

在线品牌社群中的成员也存在互依自我和独立自我的不同特征。在虚拟交往中，互依自我程度高的个体更容易产生虚拟社群意识，如在互动中感觉自己是品牌社群的一分子、拥有彼此分享信息的倾向（Kim et al., 2004）。成员拥有的产品知识意味着帮助他人解决产品问题的能力，这种能力将推动其进入结构洞的位置。互依自我意味着主动与其他成员交流，从而在理想的人际关系中形成自我。对于产品知识丰富且互依自我程度高的成员而言，其既具有帮助他人的能力，又具有建立关系的意愿，因此更容易形成结构洞位置；反之，对于产品知识丰富但互依自我程度低的成员而言，即使有帮助他人的能力，但缺乏与人交流的动力，因此不容易形成结构洞位置。简言之，产品知识是个体占据结构洞的能力保证，互依自我则为成员将这种能力转化为占据结构洞的实际行动提供动机。基于以上分析，提出以下假设。

H2：互依自我程度在产品知识与成员结构洞拥有程度的关系中起到正向调节作用。

三、结构洞对品牌承诺的影响

品牌承诺反映了消费者与特定品牌间的关系，是消费者对保持有价值关系的持久愿望（Moorman et al., 1992）。品牌承诺包含情感承诺和算计承诺：情感承诺偏感性，表现了消费者对产品的满意程度，更是对品牌的一种高层次信任（Garbarino and Johnson, 1999）；算计承诺偏理性，是由于缺乏选择或转换成本较高而导致的对产品价值的依赖（Anderson and Weitz, 1992）。研究表明，结构洞为行动者带来信息利益和控制利益（Burt, 1992），以提高个体的竞争优势。一方面，结构洞是信息流动的缺口，具有丰富结构洞的网络能够提供新颖的非冗余信息，占据结构洞的人通过与他人建立弱连带（Granovetter, 1973），能够获取结构洞两侧的异质性信息，嵌入结构洞的成员也会因此更具创造性（Sosa, 2011）；另一方面，控制利益是指第三方可通过谈判优势，切断他人之间的连接，使自己获得优势能力（Latora et al., 2013）。Algesheimer 等（2005）的研究发现，社群成员的品牌产品知识越丰富，与品牌及品牌社群的关系就越好。消费者对产品的兴趣和相关信息的收集涉入程度越高，对品牌的认知就越强，从而提高其品牌承诺水平（吴剑琳等，2011）。在线品牌社群中，嵌入结构洞的品牌社群成员拥有信息和控制优势，相对掌握更多产品知识，在此情况下，其品牌承诺也得以提高。此外，Ruyter 和 Wetzels（1999）指出，若双方相互依赖性较高，则双方的转换壁垒也会增加。处于结构洞的成员不仅传递很多品牌信息，也可以获得很多品牌信息，这增加了他们对品牌的依赖性，转换品牌变得更不容易，从而提高了成员对品牌的算计承诺；同时，他们还会主动并乐于帮助他人传递品牌的信息、解决与品牌相关的问题，这些主动行为可以使成员更加清晰地了解品牌所代表的价值和利益，增加他们对品牌的情感和满意度，由此增加情感承诺。综上所述，可以提出以下假设。

H3：成员结构洞的位置正向影响品牌承诺。

四、品牌社群承诺在结构洞与品牌承诺间的中介作用

个体融入在线品牌社群中，与社群中的其他人保持良好的关系，对社群产生依附感，从而对在线品牌社群产生强烈的情感（Greer, 2000），喜欢上在线品牌社群这种社交方式（Preece, 1999）。Schouten 等（2007）的

研究证明，成员对在线品牌社群的这种情感与认同源于消费者体验，且在在线品牌社群中，大多数的消费者体验是通过信息的分享和言论的交流产生的。除了信息利益和控制利益外（Burt，1992），在上一章中，我们了解到占据结构洞的成员还可获取社会强化利益，在社群中有较重要的位置和较高的声望；据此，成员可以接触比常人更多的信息、获取更多的社交价值而获得消费者体验，继而对在线品牌社群形成情感上的依恋。从根本上说，这些带给他们满足感的利益来源于在线品牌社群，所以他们愿意与品牌社群保持关系，从而形成对品牌社群的承诺。

在复杂的关系网络中，充分浸入品牌社群的处于结构洞位置的成员会积极与其他彼此不联系的个体建立联系，而对社群的正向情感和便于连接他人的结构洞特性，会令社群成员更愿意、也更容易同其他社群成员发展成紧密的人际关系（McAlexander et al.，2002）。由于社群成员几乎都是品牌拥护者（Muñiz and O'Guinn，2001），因此在线品牌社群中充满了各类有用的正面信息，结构洞成员受这些正面信息影响，会对品牌产生更积极的看法，从而导致这些品牌社群中的活跃成员最终转化成为品牌爱好者（Andersen，2005），成员可以从中了解到各种各样的品牌知识，进而对品牌产生好感和承诺（Zhou et al.，2012）。与此同时，成员对品牌社群的承诺意味着会频繁地参与社群活动，在参与活动以及同其他成员交流的过程中，会接收到更多的品牌信息，这些会增加他们对品牌的理解并加深品牌卷入程度；这种深层次理解和卷入关系能加深消费者对品牌的情感和依恋，使成员品牌转换变得更加困难，从而产生品牌承诺。此外，有学者研究发现，成员的在线品牌社群承诺越高，其品牌承诺也越高（Jang et al.，2008；Kim et al.，2008）。综上所述，品牌社群承诺连接了结构洞和品牌承诺，故提出如下假设。

H4：品牌社群承诺在结构洞与品牌承诺之间起到中介作用。

H4a：成员结构洞的位置正向影响品牌社群承诺。

H4b：品牌社群承诺正向影响品牌承诺。

第三节　测量与样本

一、构念测量

模型中共包含产品知识、互依自我、结构洞、品牌社群承诺、品牌承诺5个核心构念，测项均来自文献。其中，产品知识采用"我了解该品牌产品的质量"等5个测项来测量（Granovetter，1985；Brucks，1985）；互依自我采用"我乐意在很多方面与众不同"等8个测项进行测量（Romm and Pliskin，1997）；品牌社群承诺使用"我想永远保持与品牌论坛 X 之间的关系"等5个测项来测量（Tsai et al., 2012）；品牌承诺采用了"我认为自己对品牌 X 忠诚"等3个测项来测量（Agrawal and Durairaj，2005；Ahluwalia et al., 2000）。所有构念（除结构洞以外）皆通过李克特6点量表来测量。

由于结构洞是社会网络指标，因此采用关系数据形式，而非属性数据，具体测量见第七章。结构洞的控制变量由性别、能力、教育、收入等人口统计特征变量组成。

二、样本选取

本次调查最终得到有效问卷500份。有效样本的结构描述见表8-1。

表8-1　样本结构特征

性别	占比(%)	年龄	占比(%)	收入(元)	占比(%)	学历	占比(%)	职业	占比(%)
		<21	8.6	< 2000	22.0	大专以下	7.8	企业工作人员	63.7
		21～25	34.8	2000～3999	26.8	大专	14.8		
		26～30	30.0	4000～5999	24.4	本科	65.4	事业单位人员	17.9
男性	56.40	31～35	16.0	6000～7999	13.4	硕士	10.4		
女性	43.60	36～40	5.8	8000～9999	7.6	博士及以上	1.6	自由职业者	5.1
		41～45	3.0	>10000	5.8				
		46～50	1.4					学生	11.3
		> 50	0.4					其他	2.0

第四节 数据分析与检验结果

一、信度和效度检验

如表 8-2 所示，所有构念的 Cronbach's α 值均超过了 0.7，表示各构念的内部一致性都很高。组合信度（CR）的计算结果表明，所有构念的组合信度系数都在 0.8 以上，说明组合信度很好。此外，所有测项的因子载荷都大于 0.5，说明收敛效度理想（见表 8-3）。所有变量的 AVE 值均高于 0.7，且 AVE 的平方根都大于其与其他构念的相关系数，表示鉴别效度较高。模型的总体拟合指数分别为：χ^2（314）=1162.550，χ^2/df=3.700，RMSEA=0.074（<0.080），CFI=0.960（>0.900），NNFI=0.950（>0.900），IFI=0.960（>0.900）。

综上所述，数据具有较好的信度和效度，适合做进一步的检验。

表 8-2 测项的信度和效度

测项	因子载荷
产品知识 （Cronbach's α = 0.842）	
我经常使用 X 品牌产品	0.590
我了解 X 品牌产品的质量	0.790
我了解 X 品牌产品的性能	0.802
我了解 X 品牌产品的功能	0.753
我了解 X 品牌产品的外部特征	0.676
我了解 X 品牌产品的内部特征	0.666
品牌社群承诺（Cronbach's α = 0.915）	
如果 X 品牌论坛不存在了，我会有一种失落感	0.781
我真的关心 X 品牌论坛的命运	0.837
我对 X 品牌论坛非常忠诚	0.896
我想永远保持与 X 品牌论坛之间的关系	0.838
对我来说，保持与 X 品牌论坛之间的关系很重要	0.845
品牌承诺 （Cronbach's α = 0.723）	
如果 X 品牌不可获得，那么选择其他品牌对我来说也无所谓	0.738
我认为自己对 X 品牌忠诚	0.764
我更可能购买正在促销的品牌，而不是 X 品牌	0.752

测项	因子载荷
互依自我（Cronbach's α = 0.780）	
我乐意在许多方面与众不同（R）	0.766
为了集体的利益，我会牺牲自己的利益	0.555
独立于他人的个性特点对我来说非常重要（R）	0.777
我经常感到保持良好的人际关系比自我取得的成绩更重要	0.540
对我来说，保持活跃的想象很重要（R）	0.578
对我来说，与他人维持一种融洽的关系非常重要	0.735
不管与谁在一起，我的表现始终如一（R）	0.592
如果朋友遇到挫折，我觉得我有责任帮助他（她）	0.550
整体模型拟合： χ^2（314）=1162.550，χ^2/df=3.700，p<0.010；CFI=0.960，NNFI=0.950，IFI=0.960，RMSEA=0.074	

注：互依自我中有 4 个测项后面标有 R，表示反向提问，对应的是独立自我，计算时用 7 减去其得分。

二、共同方法偏差检验

结果显示，旋转前最大方差解释率是 46.340%，低于 50%，说明 CMB 尚可接受。从表 8-3 来看，所有构念之间的相关系数均处于 0.273~0.708（不含控制变量的相关系数），小于 0.9。由此，综合以上两种方法的结果来看，本章的数据不受 CMB 影响。

表 8-3　构念的描述性统计

构　念	1	2	3	4	5	6	7	8
1.产品知识	**0.864**							
2.品牌社群承诺	0.708**	**0.882**						
3.品牌承诺	0.273**	0.395**	**0.871**					
4.互依自我	0.367**	0.422**	0.488**	**0.852**				
5.性别	0.061	0.068	-0.011	0.021	**1.000**			
6.年龄	0.005	-0.008	-0.020	-0.137	-0.072	**1.000**		
7.教育	-0.102	-0.090	0.091	0.019	-0.054	-0.002	**1.000**	
8.收入	-0.034	-0.021	0.058	-0.014	0.015	0.183	0.172	**1.000**
平均数	4.980	4.990	4.040	4.090	1.248	4.279	5.709	4.009
标准差	1.040	1.000	1.260	1.220	0.432	1.040	1.020	1.460

构　念	1	2	3	4	5	6	7	8
组合信度（CR）	0.938	0.946	0.905	0.929	1.000	1.000	1.000	1.000
平均方差萃取值	0.752	0.778	0.759	0.726	1.000	1.000	1.000	1.000

注：对角线上的粗体数值为各变量 AVE 值的开方。"**"表示 $p<0.010$。

三、假设检验

本章建构了 3 个模型来分步检验中介效应和调节效应。其中，模型 1 有产品知识、结构洞和品牌承诺 3 个变量，旨在检验模型的主效应；模型 2 在模型 1 基础上增加品牌社群承诺，以检验其中介作用；模型 3 又在模型 2 基础上加入互依自我，以检验其调节作用。

如表 8-4 所示，在模型 1 中，产品知识显著影响结构洞（$\beta=0.139$，$t=3.395>1.962$），H1 成立，结构洞显著影响品牌承诺（$\beta=0.202$，$t=4.593>1.962$），H3 成立。

在模型 2 中，结构洞到品牌社群承诺的路径关系显著（$\beta=0.254$，$t=5.600>1.962$），H4a 成立；而品牌社群承诺到品牌承诺的路径关系亦显著（$\beta=0.588$，$t=15.926>1.962$），H4b 成立；在引入品牌社群承诺作为中介变量后，结构洞对品牌承诺的影响从显著（$\beta=0.202$，$t=4.593>1.962$）变成不显著（$\beta=0.056$，$t=1.590<1.962$），说明品牌社群承诺起到完全中介作用，H4 成立。

模型 3 中，将互依自我作为调节变量引入模型后，发现其能够对产品知识到结构洞的路径起到调节作用（$\beta=0.164$，$t=3.151>1.962$），H2 成立。因此，就模型 3 而言，除结构洞到品牌承诺的路径系数不显著（$\beta=0.045$，$t=1.379<1.962$，即 H3 不成立）外，其他 4 组路径系数均呈现显著正向关系，故 H1、H2 和 H4（包括 H4a、H4b）成立。

控制变量中，只有教育对结构洞有显著正向影响（$\beta=0.108$，$t=2.560>1.962$），说明受教育程度越高的人，越容易占据结构洞位置。

根据表 8-4 可知，R^2 都大于 0.259，表明模型的拟合度较好，在可接受的范围内。

表 8-4　假设检验结果

假设路径	模型 1		模型 2		模型 3	
	β 值	t 值	β 值	t 值	β 值	t 值
主效应						
H1: 产品知识→结构洞	0.139**	3.395	0.139**	3.535	0.167**	2.866
H3: 结构洞→品牌承诺	0.202**	4.593	0.056 ns	1.590	0.045 ns	1.379
H4a: 结构洞→品牌社群承诺			0.254**	5.600	0.254**	5.873
H4b: 品牌社群承诺→品牌承诺			0.588**	15.926	0.495**	8.494
调节效应						
H2: 互依自我×产品知识→结构洞					0.164**	3.151
控制效应						
性别→结构洞	-0.047 ns	1.226	-0.034 ns	1.103	-0.037 ns	1.190
年龄→结构洞	0.002 ns	0.100	0.003 ns	0.034	0.001 ns	0.024
教育→结构洞	0.798*	2.000	0.121**	3.152	0.108**	2.560
收入→结构洞	0.047 ns	1.226	0.037 ns	1.091	0.037 ns	1.091
因变量	R^2					
品牌社群承诺			0.501		0.501	
品牌承诺	0.082		0.161		0.434	

注:"*"表示 $p<0.050$（双尾检验）;"**"表示 $p<0.010$（双尾检验）;"ns"表示关系不显著。

第五节　产品知识与结构洞的研究结论与启示

本章将结构洞理论与品牌社群理论相结合，在社会网络和嵌入理论的基础上，研究产品知识如何促进在线品牌社群结构洞的形成，以及结构洞对品牌社群承诺和品牌承诺的影响，其中，特别探讨了互依自我的调节作用和品牌社群承诺的中介作用。结果表明：

（1）产品知识可以促进结构洞的形成。在线品牌社群研究中，诸多文献已证实成员在社群活动中存在着获取产品知识的信息动机（Tsai et al.,

2012），但产品知识对其拥有者产生何种影响尚不明确。本章研究表明，那些掌握丰富产品知识的社群成员，往往占据着大量的结构洞位置。他们在品牌社群中"威望"很高；许多成员在使用产品遇到问题或者是需要购买建议的时候，往往向他们求助，这是他们能力的体现。由于交流的平台是在网络上，与他们交流的群友之间存在着很大的异质性，即非重复关系，而他们将这些断裂的非重复关系连接起来，从而占据了结构洞这一位置。

（2）互依自我对产品知识到结构洞的转移关系存在正向调节作用。组织行为学领域中，已有学者探讨了个体的人格特质会影响行动者在社会网络中的表现（Liu and Ipe，2010），本章将"自我建构"这一个体人格层面的概念纳入在线品牌社群社会网络的研究中，发现在产品知识影响结构洞的过程中，互依自我起到正向调节作用。这意味着，成员并非掌握了丰富的产品知识就能处于结构洞位置，是否愿意与其他成员互动以及是否愿意为其他成员解决问题会推动或阻碍结构洞位置的占据。本质上，产品知识是一种能力的表现，而互依自我则可视为一种意愿的体现，只有当个体有意愿去贡献产品知识时，自身的能力才能助推其占据结构洞位置。

（3）处在结构洞位置的成员拥有更高的品牌社群承诺与品牌承诺。其中，社群承诺在结构洞和品牌承诺之间起完全中介作用。这意味着，从结构洞到品牌承诺的直接关系并不成立。可能的解释是，结构洞位置所带来的利益是在线品牌社群这个组织所给予的，因此成员首先对在线品牌社群形成了情感关系和承诺意愿，之后才转化为对品牌社群的核心——品牌的承诺。由此可见，品牌社群承诺是品牌承诺形成的关键路径，而结构洞位置又是重要前因，这一关系影响机制应当成为社群管理者的关注焦点。

本章的结论对企业的品牌社群管理实践具有一定的指导意义：①企业应当帮助成员提高产品知识。企业在社群中普及和提高产品知识对促进消费者的品牌承诺有着至关重要的作用，而产品知识是与产品有着直接关系的客观属性，是企业必须也是完全能够控制的产品属性。提高产品知识的具体方法包括在社群当中通过企业官方及时发布产品信息、鼓励掌握了较多产品信息的社群成员积极分享和普及信息等。②企业应当提高成员的互依自我程度。尽管互依自我更多来自一个成员内在的个性，但社群管理者仍可以通过营造社群和谐氛围来吸引这些成员与人交往，让他们感受到互依关系给自身带来的价值，从而产生对社群和其他成员的心理依赖。③企业应当推动核心成员进入结构洞位置，提高他们的社群承诺。为建立成员的社群承诺，企业应当促进有产品知识的成员进入结构洞位置，增加社群带给他们的价值（如信息价值、社交价值、娱乐价值等）；而对于处于结构洞位置的成员，社群管理者应当给予鼓励和支持，使他们的社群承诺感更强。

本章参考文献

[1] 柴俊武，赵广志，张泽林. 自我概念对两类怀旧广告诉求有效性的影响[J]. 心理学报，2011，43（3）：308-321.

[2] 梁鲁晋. 结构洞理论综述及应用研究探析[J]. 管理学家（学术版），2011，4: 52-62.

[3] 吴剑琳，代祺，古继宝. 产品涉入度、消费者从众与品牌承诺：品牌敏感的中介作用——以轿车消费市场为例[J]. 管理评论，2011，23（9）：68-75.

[4] 薛海波. 网络中心性、品牌社群融入影响社群绩效的实证研究[J]. 当代财经，2011，323（10）：73-81.

[5] 薛海波，王新新. 品牌社群关系网络密度影响品牌忠诚的作用机制研究[J]. 商业经济与管理，2011，238（8）：58-66.

[6] 徐彪，李心丹，张珣. 基于顾客承诺的 IT 业品牌忠诚形成机制研究[J]. 管理学报，2011，8（11）：1675-1681.

[7] 张玉荣. 品牌社群网络结构在参与状态与品牌忠诚之间的中介作用研究[J]. 经济论坛，2012，505（8）：153-157.

[8] 周志民，李楚斌，张江乐，温静. 网上组织公民行为、结构洞嵌入与消费者品牌行为研究：以在线品牌社群为背景[J]. 营销科学学报，2014, 10（2）：1-14.

[9] Anderson E, Weitz B. The Use of Pledges to Build and Sustain Commitment in Distribution Channels[J]. Journal of Marketing Research, 1992, 29(2): 18-34

[10] Afuah A. Are Network Effects Really All About Size? The Role of Structure and Conduct[J]. Strategic Management Journal, 2013, 34(3): 257-273.

[11] Ahluwalia R, Burnkrant R E, Unnava H R. Consumer Response to Negative Publicity: The Moderating Role of Commitment[J]. Journal of Marketing Research, 2000, 37(2): 203-214.

[12] Agrawal N, Durairaj M. The Effects of Self-construal and Commitment on Persuasion[J]. Journal of Consumer Research, 2005, 31(4): 841-849.

[13] Algesheimer R, Dholakia M, Herrmann A. The Social Influence of Brand Community: Evidence From European Car Clubs [J]. Journal of Marketing, 2005, 69(3): 19-34.

[14] Andersen P H. Relationship Marketing and Brand Involvement of Professionals Through Web-enhanced Brand Communities: The Case of Coloplast[J]. Industrial Marketing Management, 2005, 34(1): 39-51.

[15] Burt R S. Structural Holes: The Social Structure of Competition[M]. Cambridge: Harvard University Press, 1992: 65.

[16] Burt R S. Attachment, Decay, and Social Network[J]. Journal of Organizational Behavior, 2001, 22 (6): 619-643.

[17] Brucks M. The Effects of Product Class Knowledge on Information Search Behavior[J]. Journal of Consumer Research, 1985, 12(1): 1-16.

[18] Bagozzi R P, Yi Y, Phillips L W. Assessing Construct Validity in Organizational Research[J]. Administrative Science Quarterly, 1991, 36(3): 421-458.

[19] Cross S E, Bacon P L, Morris M L. The Relational-interdependent Self-construal and Relationships [J]. Journal of Personality and Social Psychology, 2000, 78(4): 791-808.

[20] Cohen J. A Power Primer[J]. Psychological Bulletin, 1992, 112(1): 155-159.

[21] Dacin P A, Mitehell A A. The Measurement of Declarative Knowledge[J]. Advances in Consumer Research, 1986, 13(1): 54-59.

[22] Garbarino E, Johnson M S. The Differential Roles of Satisfaction, Trust, and Commitment in Customer Relationships[J]. Journal of Marketing, 1999, 63(4): 70-87.

[23] Granovetter M S. The Strength of Weak Ties[J], American Journal of Sociology, 1973, 78(6): 1360-1380.

[24] Granovetter M S. Economic Action, Social Structure, and Embeddedness[J]. American Journal of Sociology, 1985, 91(3): 481-510.

[25] Greer B G. Psychological and Social Functions of An E-mail Mailing List for Persons With Cerebral Palsy[J]. Cyber Psychology and Behavior, 2000, 3(2): 221-233.

[26] Harris S O, Mossholder K W. The Affective Implications of Perceived Congruence With Culture Dimensions During Organizational Transformation[J]. Journal of Management, 1996, 22(4), 527-547.

[27] Hur W, Ahnk K, Kim M. Building Brand Loyalty Through Managing Brand Community Commitment[J]. Management Decision, 2011, 49(7): 1194-1213.

[28] Jang H, Olfman L, Ko I, et al. The Influence of On-line Brand Community Characteristics on Community Commitment and Brand Loyalty[J]. International Journal of Electronic Commerce, 2008, 12(3): 57-80.

[29] Kim W, Lee C, Hiemstra S J. Effects of An Online Virtual Community on Customer Loyalty and Travel Product Purchases [J]. Tourism Management, 2004, 25(3): 343-355.

[30] Liu Y W, Ipe M. How do They Become Nodes? Revisiting Team Member Network Centrality[J]. Journal of Psychology, 2010, 144(3): 243-258.

[31] Lee H J, Lee D, Taylor C R, et al. Do Online Brand Communities Help Build and Maintain Relationships With Consumers? A Network Theory Approach[J]. Journal of Brand Management, 2011, 19(3): 213-227.

[32] Lee J. Heterogeneity, Brokerage, and Innovative Performance: Endogenous Formation of Collaborative Inventor Networks[J]. Organization Science, 2010, 21(4): 804-822.

[33] Latora V, Nicosia V, Panzarasa P. Social Cohesion, Structural Holes, and A Tale of Two Measures[J]. Journal of Statistical Physics, 2013, 151(3-4): 745-764.

[34] Maria L M. Innovation in a Global Consulting Firm: When the Problem is too Much Diversity[J]. Strategic Management Journal, 2010, 31 (8): 841-872.

[35] McEvily B, Zaheer A. Bridging Ties: A Source of Firm Heterogeneity in

Competitive Capabilities[J]. Strategic Management Journal, 1999, 20(12): 1133-1156.

[36] Mathwick C, Wiertz C, Ruyter K D. Social Capital Production in A Virtual P3 Community[J]. Journal of Consumer Research, 2008, 34(4): 832-849.

[37] Markus R, Kitayama S. Culture and the Self: Implications for Cognition, Emotion, and Motivation[J]. Psychological Review, 1991, 98(4): 224-253.

[38] McWilliam G. Building Stronger Brands Through Online Communities[J]. Sloan Management Review, 2000, 41(3): 43-54.

[39] Moorman C, Zaltman G, Deshpande R. Relationships Between Providers and Users of Market Research--the Dynamics of Trust Within and Between Organizations[J]. Journal of Marketing Research, 1992, 29(3): 314-328.

[40] McAlexander J H, Sehouten J W, Koeing H F. Building Brand Community[J]. Journal of Marketing, 2002, 66(l): 38-54.

[41] Moorman C, Zaltman G, Deshpande R. Relationships Between Providers and Users of Market Research--the Dynamics of Trust Within and Between Organizations[J]. Journal of Marketing Research, 1992, 29(3): 314-328.

[42] Preece J. Empathy Online[J]. Virtual Reality, 1999, 4(1): 74-84.

[43] Rodan S. Structural Holes and Managerial Performance: Identifying the Underlying Mechanisms[J]. Social Networks, 2010, 32(3): 168-179.

[44] Romm C, Pliskin N. Virtual Communities and Society: Toward an Integrative Three Phase Model[J]. International Journal of Information management, 1997, 17(4): 261-270.

[45] Ruyter K, Wetzels M. Commitment in Auditor-client Relationships: Antecedents and Consequences[J]. Accounting, Organizations and Society, 1999, 24(1): 57-75.

[46] Reagans R, McEvily B. Network Structure and Knowledge Transfer: The effects of Cohesion and Range[J]. Administrative Science Quarterly, 2003, 48(2): 240-267.

[47] Sosa M E. Where do Creative Interactions Come From? The Role of Tie

Content and Social Networks[J]. Organization Science, 2011, 22(1): 1–21.

[48] Singelis T M. The Measurement of Independent and Interdependent Self-construals[J]. Personality and Social Psychology Bulletin, 1994, 20(5): 580-591.

[49] Schouten J W, McAIexander J H, Koenig H F. Transcendent Customer Experience and Brand Community[J]. Journal of the Academic Marketing Science, 2007, 35 (3): 357-368.

[50] Sasovova Z, Mehra A, Borgatti S P, et al. Network Churn: The Effects of Self-monitoring Personality on Brokerage Dynamics[J]. Administrative Science Quarterly, 2010, 55 (4): 639-670.

[51] Tsai H T, Huang H C, Chiu Y L. Brand Community Participation in Taiwan: Examining the Roles of Individual, Group, and Relationship-level Antecedents[J]. Journal of Business Research, 2012, 65(5): 676–684.

[52] Wiener Y. Commitment in Organizations: A Normative View[J]. Academy of Management Review, 1982, 7(3): 418-428.

[53] Xiao Z, Tsui A S. When Brokers May Not Work: The Cultural Contingency of Social Capital in Chinese High-tech Firms[J]. Administrative Science Quarterly, 2007, 52(1): 1-31.

[54] Zaglia M E. Brand Communities Embedded in Social Networks[J]. Journal of Business Research, 2013, 66(2): 216-223.

[55] Zaheer A, Bell G G. Benefiting From Network Position: Firm Capabilities, Structural Holes, and Performance[J]. Strategic Management Journal, 2005, 26(9): 809-825.

第五篇
网络密度

第九章　社群氛围、网络密度与社群承诺[①]

组织氛围（Organizational Climate）又称为"组织气候"，是组织中与工作相关的政策、实践和程序等社会环境和气候（Schneider, 2000; Schulte et al., 2006）。组织行为学研究发现，组织氛围会影响员工的工作投入、创新绩效、组织公民行为等各种行为（王仙雅等，2014）。类似的，尽管在线品牌社群是一个非营利组织，但本质上也是组织。Barnard（1938）提出，组织的存在必须具备 3 个前提条件：共同的愿景、合作的意愿和有效沟通的方式。在线品牌社群也具有族群意识、仪式与传统、道德责任感等特点，也有地位层级差异（Muñiz and O'Guinn, 2001）。在在线品牌社群中，共同愿景就是族群意识与传统仪式，合作愿景就是维护社会发展的责任感，而有效沟通方式则是通过网上论坛及其他社会化媒体进行交流互动。基于此，在线品牌社群可以借鉴组织行为学当中的一些理论进行研究，如在线品牌社群当中也应该存在类似于"组织氛围"的"社群氛围"，即社群成员对社群环境的感知。那么，在线品牌社群氛围如何对社群成员的态度和行为产生影响？本章将对这一问题展开研究。如果社群氛围有利于社群承诺的形成，那么将为社群承诺的形成机制提供一个组织行为学视角的解释。

分析社会网络时有几个因素需要考虑：成员之间的关系、关系中成员的位置和社群的总体性特征（Wellman and Frank, 2001）。为聚焦研究问题，本章选择描述社群总体特征的核心变量——网络密度作为研究对象，因为网络密度能够全面地描述社群成员的交互情况。社群氛围影响的是整个社群，而不仅仅是某个成员，所以，网络密度可能会在社群氛围与社群承诺当中发挥中介作用。更进一步，成员之所以会对社群产生承诺，是因为他们在社群当中获得了丰富的价值体验（Mathwick et al., 2008）。显然，这些

---

① 本章初稿发表情况如下：周志民，温静. 在线品牌社群氛围如何促进社群承诺？网络密度和社群体验的多重中介效应[C]// 中国高等院校市场学研究会 2014 年年会论文集. 银川：宁夏大学，2014。本书有删改。

体验来自社群成员的交互程度，即网络密度。换言之，社群体验可能在网络密度和社群承诺之间承担中介角色。

　　基于以上分析，本章以网络密度和在线品牌社群体验作为多重中介变量，研究在线品牌社群氛围对社群承诺的影响机制。具体而言，我们尝试回答两个问题：①在线品牌社群氛围如何促进成员的社群承诺？②网络密度和社群体验是否在社群氛围与社群承诺之间产生多重中介效应？

第一节　网络密度与社群氛围的理论基础

一、网络密度

　　作为描述社会网络结构特征的重要变量之一，网络密度反映了网络成员相互联系的平均程度，描述了自我中心网所有成员互动关系的总体情况（Wasserman et al，1994）。一个高密度的社会网络意味着网络中的大部分成员都相互关联，也就是说在网络中有很高比例的成员贡献了流量值和规则（Oliver，1991）。

　　网络密度的研究方向集中在知识转移、企业竞争以及团队创新等组织行为和企业战略方面（Sparrowe et al., 2001），从品牌社群的角度分析网络密度的文献并不多（Lee et al., 2011；薛海波和王新新，2011）。基于社会网络理论，一个密集的网络意味着每个成员与其他成员有更多的关系（Axelrod，1984；Greve，1995）。在一个密集网络中，成员倾向于分享和交流更多的信息，因此在一个密集的网络中会有更好的沟通（Nelson，1989）。研究发现，高密度的社会网络比低密度的社会网络具有更高的凝聚力（Coleman，1988）。

二、组织氛围与在线品牌社群氛围

　　组织氛围来自 Lewin（1930）在研究场地论时提出的"心理气氛"（Psychological Atmosphere）的概念。组织氛围可以以多种形式来影响组织的心理环境（Diekhoff et al., 2006；王辉和常阳，2017）。组织氛围也被定义为组织中与工作相关的政策、实践和程序等的社会环境和气候（Schneider，2000；Schulte et al., 2006）。一些学者则认为，组织氛围是非心理化的组织情景（Glick，1985）。因此，感知抑或情景是组织氛围定义的两类主要观点（陈维政和李金平，2005）。本章同意感知论的观点，因为即使是同一个组织情景，感知不同，后续的态度和行为也就不同。显然，在线品牌社群当中也存在或轻松或压抑的氛围。基于 Tagiuri 和 Litwin（1968）的观点，我们将在线品牌社群氛围界定为社群成员感知的、能影响其行为的，并能够依照社群一系列特征进行描述的性质相对稳定的社群内部环境，是社群组织内部的心理环境气氛。

根据目的的不同，组织氛围可分为支持性组织氛围和控制性组织氛围（王端旭和洪雁，2011）。支持性组织氛围会对成员在组织中的发展产生支持和帮助的作用，如 Bock 等人（2005）提出的公平、创新、支持等维度；而控制性组织氛围则强调对社群成员的管治和规范，不少学者都曾将控制作为组织氛围的一个维度，如 Stringer（2002）将对员工设定的绩效标准作为一个重要维度，Hoy（2003）则提出环境压力分量表。类似的，笔者将在线品牌社群氛围划分为支持性社群氛围和控制性社群氛围。支持性社群氛围是指在在线社群中，信息可以自由且公开地进行流动，管理人员关心成员的需求，能够及时提供各种所需的资源和帮助，会员在社群内部可以自由发言、自由交流；相反，若社群内部实行严格规范管理，对成员按标准设置不同等级，禁止成员之间相互辱骂，禁止乱发帖子等，则此种社群氛围称为控制性社群氛围。

三、在线社群体验

体验是消费者受到某些刺激后做出的内在反应（Schmitt，1999）。这一心理学概念由 Holbrook 与 Hirschman（1982）首次引入消费及营销研究领域。学术界主要研究了产品体验、购物和服务体验、消费体验及品牌体验（Brakus et al.，2009），社群体验的文献并不多见（Schouten et al.，2007）。在线社群体验是指消费者通过在线互动得到的全部经验（Nambisan and Watt，2011）。总结近年来学者对品牌体验的有关研究，可以发现体验的几个共同点：体验是人与外界要素相互作用而产生的；体验是一种人的内心感受；不同的人获得的体验是不同的。据此可知，在线品牌社群体验是品牌拥护者对在线品牌社群的某些经历产生回应的个别化感受。从维度来看，沙振权和温飞（2010）认为在线品牌社群体验维度包括信息体验、娱乐体验和互动体验，而 Nambisan 和 Watt（2009）则提出实用体验、享乐体验、社交体验和易用体验 4 个体验维度。由于易用体验主要是研究社群使用和操作方面的系统体验，与社群氛围并无联系。因此，本章选择实用体验、享乐体验和社交体验来研究在线品牌社群体验。

四、组织承诺与社群承诺

管理学中，对于承诺的研究大多集中于组织行为学中的组织承诺。组织承诺是个体对组织持有的一种态度（Mudrack，1989），是个体与组织在情感上的一种联系（Mowday et al., 1979）。在营销学当中，关系承诺是关系质量的一个核心构念，是一种维持关系的愿望（Morgan and Shelby，1994）。类似的，品牌社群也是一种组织（Muñiz and O'Guinn，2001），因此也会存在成员对品牌社群的承诺，Hur 等（2011）、Park 等（2012）将其界定为社群中个体对品牌社群产生的情感上的依恋。在本章中，在线品牌社群承诺是社群成员与在线品牌社群维持关系的愿望。大量研究表明，社群承诺会影响品牌承诺和忠诚的形成（Jang et al., 2008），以及消费者对社群的积极贡献程度（Shen et al., 2018），因此成为社群研究当中的关键概念。

第二节　社群氛围、网络密度与社群承诺的研究假设

以往学者对社会网络的许多结果变量（如个体及群体绩效、权利、升迁等）都进行了研究，然而为什么某些群体的网络密度比较高呢？相关的前置变量研究还不多见。本研究拟从组织行为学层面出发，选取社群氛围作为网络密度的形成前因进行研究。良好的组织氛围有利于增强组织凝聚力，而组织凝聚力可以提高组织的网络密度。一个社会网络的网络密度越大，社会网络内部信息流动的程度将会越高。根据嵌入理论，不同的社群网络结构或位置可能会给成员带来不同的社群价值体验，从而增强成员对品牌社群的承诺。因此，提出本研究的概念模型（见图 9-1）。

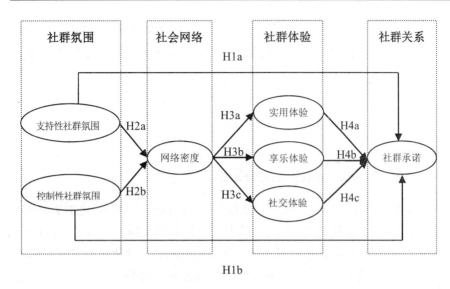

图 9-1 概念模型

一、在线品牌社群氛围与社群承诺

组织氛围为成员带来预期的良好组织情境，从而增强了他们对组织的情感性承诺（Mottaz，1988）；DeCotiis 和 Summers（1987）的研究也指出，组织承诺可由组织中的结构、程序及组织气候等许多特性来预测；Litwin（1986）的研究指出，组织氛围会影响个体成员的想法、行为以及动机、感受和信念等；Noordin 等（2010）的研究认为，组织氛围与组织承诺之间呈显著的正相关关系。可见，组织氛围对组织承诺有促进作用。具体到支持性氛围而言，凌文辁等（2011）研究了影响组织承诺的前因，提出 18 个前因中多数属于支持性组织氛围，如组织工作支持、组织生活支持、领导信任度等；有研究发现，组织的公平性与组织承诺之间呈正相关（张勉等，2002），而组织公平性属于组织支持性氛围的范畴。Randhaw 和 Kaur（2014）研究也指出，良好的组织氛围显著正向影响组织承诺。而就控制性氛围而言，Mishra 和 Spreitzer（1998）认为，通过对工作氛围加以维护，可保障员工所需的资源、信息、机会、回馈等要素，可提高员工的自觉性，使其感到自己具有控制力以及影响力。可见，控制性氛围有利于为成员带来更好的环境，从而增强他们对组织的好感，最后形成组织承诺。组织氛围与组织承诺的关系也可推广到在线品牌社群当中，因为社群中也存在有利于成员交流的信任、互惠等支持性氛围，能给成员带来良好预期，还存在管治、净化交流空间的控制性氛围，能给成员带来安全干净的网络环境，从而形成在线品牌社群承诺。因此，提出以下假设。

H1a：支持性社群氛围对成员的社群承诺起正向作用。

H1b：控制性社群氛围对成员的社群承诺起正向作用。

二、在线品牌社群氛围与网络密度

组织氛围通过影响成员的交互行为（Stringer，2002），进而影响组织的网络密度，即交互越多，密度就越大。具体到支持性社群氛围而言，Organ和 Ryan（1995）的研究表明，员工感知的组织公平性和管理者支持越强，则员工的组织公民行为就越多；Zhou 和 George（2001）认为，支持性氛围鼓励社群内部信息自由公开交流，以及成员之间相互帮助，支持新想法、新观点，有利于激发成员的积极性和能动性。同样，在在线品牌社群中，支持性社群氛围创造了信任和互惠的环境，进而可以增强成员之间的互动程度，增大在线品牌社群的网络密度。因此，提出以下假设。

H2a：支持性社群氛围对在线社群社会网络密度有正向作用。

较高的网络密度有利于促进成员之间的信任与合作（Coleman，1988）。可见，一个值得信赖的社群环境会强化成员之间的交流合作，从而形成高密度的网络。控制性社群氛围正是这样一个值得信赖的社群环境，相应的规范和惩罚（如禁止成员相互辱骂、删除恶性谣言、广告等）为社群成员的正常交流提供了保障。Bock 等（2005）在理性行为理论（TRB）框架下的研究发现，组织氛围通过影响员工的主观规范进而对其知识分享行为产生影响。可见在组织的控制性氛围中，通过影响成员的主观规范可以影响成员之间的沟通交流。社群成员遵守社群内部的规章制度，不互相辱骂吵架，可以在一个非常友好的环境下相互交流，从而更容易与其他成员建立关系。因此，可以做出以下假设。

H2b：控制性社群氛围对在线社群社会网络密度有正向作用。

三、网络密度与在线社群体验

在线社群实用体验是指顾客以在线社群为媒介，通过与其他成员进行交流获得的实用的价值体验（Mathwick et al., 2001）。Nelson 和 Vasconcellos（2007）认为，一个社会网络的网络密度越大，社会网络内部在每两个个体之间就有更高程度的信息流动。也就是说，在线品牌社群网络密度越大，消费者可以在其中得到的实用体验就越多。因此，可以做出如下假设。

H3a：在线品牌社群网络密度对成员的在线品牌社群实用体验有正向作用。

在线社群享乐体验是消费者在浏览在线社群内容时产生的轻松、享乐的情感知觉（Pine and Gilmore，1998）。Algesheimer 等（2005）的研究认为，享乐内容是在线社群最为基础和重要的组成部分，社群的画面、内容、情境、音乐、活动等都可以体现社群的享乐性。与感兴趣事物的高度互动可以给消费者提供一种快乐和有趣的环境，而且可能转化为积极的享乐体验（Mummalaneni，2005；Voss et al., 2003）。可见，互动是享乐体验的前提。在线品牌社群的网络密度越大，说明成员之间的互动就越多，进而可以得到更多的享乐体验。因此，可以做出如下假设。

H3b：在线品牌社群网络密度对成员的在线品牌社群享乐体验有正向作用。

在线品牌社群社交体验可以定义为在线品牌社群成员通过在线品牌社群与其他成员交流、沟通而得到的体验。社交体验主要反映消费者对在线品牌社群成员的开放、友善和礼貌的整体感知。在线品牌社群充满了大量类似的品牌消费者，构成了社交环境，其中强大的网络关系和人际关系能够带来积极的社交体验（Chan et al., 2014；Preece，2000）。另一方面，当消极的互动（如粗鲁的、不恰当的帖子）主导在线社群时，将会降低社群成员对在线社群的社交体验（Honeycutt，2005）。因此，可以做出如下假设。

H3c：在线品牌社群社会网络密度对成员的在线品牌社群社交体验有正向作用。

四、在线社群体验与社群承诺

社群实用体验对社群满意度（Andersen，2005）和社群忠诚度（Hur et al., 2011）具有重要影响。Kim 等（2000）的研究表明，顾客需求是否得到满足是影响其在线社群体验的一个关键因素，并指出信息的获取是顾客最主要的需求。社群提供的信息资源是吸引消费者加入社群的关键因素（Mathwick et al., 2008）。当消费者认为可以从社群中得到所需的信息，即获得丰富的实用体验时，消费者就会更多地参与社群活动，进而对社群产生情感。因此，提出如下假设。

H4a：成员的在线品牌社群实用体验对其在线品牌社群承诺有正向作用。

消费者在品牌社群中获得的自我转换、与世俗分离等巅峰体验称为"超然消费体验"。这种体验是指消费者得到精神上的愉悦和快乐，而非经济和物质层面的体验。超然消费体验会深远持久地影响消费者的态度和行为（Schouten et al., 2006）。这些消费者的态度也包括消费者对品牌社群的态度。由于获得了享乐体验，消费者会因内心感到愉悦而产生对社群的喜爱，并增强留在社群的意愿（Natcha and Kwunkamol, 2017）。金立印（2007）、王静一和王海忠（2012）等的研究证实了这一点，即在线品牌社群娱乐价值会促进社群承诺或忠诚。因此，做出如下假设。

H4b：成员的在线品牌社群享乐体验对其在线品牌社群承诺有正向作用。

作为一个社会关系集合，在线品牌社群本身就是一个良好的社交平台。McWilliam（2000）研究指出互动对于消费者承诺非常重要。可见，成员在在线品牌社群中获得的社交体验与其对社群的承诺有正相关作用。Mathwick 等（2008）、王新新和薛海波（2010）也认为，品牌社群的社会价值可以增强品牌社群承诺。因此，做出如下假设。

H4c：成员的在线品牌社群社交体验对其在线品牌社群承诺有正向作用。

五、网络密度和社群体验的多重中介效应

许多学者认为组织氛围不会直接影响组织承诺（Fred and James, 2003；周荣辅和李陶然，2013），二者之间存在一些中介变量，如成员的风险偏好、心理资本等。基于前述文献可知，组织氛围可以通过影响成员的交互行为，

进而影响组织的网络密度，而且组织的网络密度会直接影响成员在组织中获得的体验。McAlexander 等（2002）的研究表明，顾客通过从社群中获得体验，可以增强其与其他成员之间的关系，并且此关系会逐渐增强，由虚幻变为真实，最终使其对社群产生强烈的情感。可见，当一个在线品牌社群的支持性氛围越显著，社群成员越愿意在其中进行互动交流，社群的网络密度就越大；社群网络密度越大，即社群成员之间的交互越频繁，成员从社群中得到的实用体验、享乐体验和社交体验就越丰富，最终可以增强成员的社群承诺。此外，当一个在线品牌社群的控制性氛围越显著，社群的制度就越规范，成员在社群中的交流就越顺畅和有效，从而对社群的网络密度产生正向影响。当社群的网络密度越大，成员之间的交流越多，成员就得到了更多的社群体验，从而形成社群承诺。

自变量与因变量之间存在着单一中介变量的中介效应是简单中介效应（Preacher and Hayes，2008）。若自变量与因变量之间同时存在多个中介变量，此种模型称为多重中介效应模型（柳士顺和凌文轻，2009）。根据以上分析,本章中的自变量社群氛围与因变量社群承诺之间存在两个中介变量，因此，可以提出以下假设。

H5a：网络密度和社群实用体验在支持性社群氛围和社群承诺之间具有多重中介效应。

H5b：网络密度和社群享乐体验在支持性社群氛围和社群承诺之间具有多重中介效应。

H5c：网络密度和社群社交体验在支持性社群氛围和社群承诺之间具有多重中介效应。

H6a：网络密度和社群实用体验在控制性社群氛围和社群承诺之间具有多重中介效应。

H6b：网络密度和社群享乐体验在控制性社群氛围和社群承诺之间具有多重中介效应。

H6c：网络密度和社群社交体验在控制性社群氛围和社群承诺之间具有多重中介效应。

第三节　测量与样本

一、构念测量

本章的研究模型包括在线品牌社群氛围、网络密度、社群体验、社群承诺 4 个构念。其中，社群氛围包括支持性社群氛围和控制性社群氛围两个维度，前者的 9 个测项来自 Rogg 等（2001）的文献，后者的 5 个测项部分来自 Muchinsky（1977）的文献，再结合访谈来进行补充。访谈的方式是在小米社区和华为花粉俱乐部中与会员在线交流，询问"在这个论坛中，你感受到有哪些规则要遵守"。社群体验包括实用体验、享乐体验和社交体验 3 个维度，测项来自 Nambisan 和 Watt（2011）的文献。社群承诺的测项来自 Mathwick 等（2008）的文献。所有构念测项均采用李克特 6 点量表。

网络密度的测量较为特殊，因为需要收集关系数据，所以采用自我中心网络当中的提名生成法和提名诠释法（罗家德，2010），具体见第四章。调研中描述 5 个人关系的问题为"在 X 品牌论坛中，您经常与哪些论坛成员交流？"然后分别让受访者回答两两成员之间的关系，最后形成一个 1-0（0 和 1 分别代表两种关系，"1"表示两者之间有关系，"0"表示两者之间没有关系）矩阵。

此外，我们还引入社群规模、社群历史、加入时间、性别、年龄、收入、教育 7 个控制变量。为了增加样本的多样化，问卷中并未指定在线品牌社群，而是由受访者自行填写所处的熟悉的在线品牌社群。

二、样本选取

我们共收集到 510 份有效问卷，具体样本见表 9-1。总体而言，样本具有代表性。

表 9-1　样本的描述性统计

性别	占比(%)	年龄	占比(%)	加入社群的时间	占比(%)	学历	占比(%)	收入（元）	占比(%)
男性 女性	53.92 46.08	<15 15～20 21～25 26～30 31～40 41～50 >50	0 0.98 13.92 29.41 41.18 13.53 0.98	<6 个月 6 个月～ 1 年 1～2 年 2～3 年 >3 年	9.02 20.01 30.39 19.80 20.78	高中、中专及以下 大专或本科 硕士 博士及以上	2.75 81.76 14.71 0.78	没有收入 2000 以下 2000～3000 3001～5000 5001～8000 8001～15000 15000 以上	2.55 1.36 7.65 24.71 30.00 5.49 8.24

第四节　数据分析与假设检验

一、网络密度计算

为了将网络密度纳入模型当中，首先需要采用社会网络分析软件 UCINET 6.0 对网络关系数据进行计算，得到一个数据以描述网络密度。斯科特提出的网络密度计算公式为：网络密度＝2×线的数量÷[点的数量×（点的数量-1）]。根据这一公式，可以计算每个受访者所处的在线品牌社群的网络密度。该数据可以代入下一步的概念模型实证检验当中。

二、信度和效度检验

信度和效度检验结果如表 9-2 所示。所有构念的 Cronbach's α 值都大于等于 0.8，说明每个构念的内部一致性都较高。组合信度（CR）均大于 0.8，说明组合信度高。删除不符合标准的题项，所有测项的因子载荷都大于 0.5，且各变量的验证模型经修正之后具体适配度结果显示:χ^2（481）=1947.83，χ^2/df=4.05，RMSEA=0.07，CFI=0.85，NFI=0.82，IFI=0.85，GFI=0.80，说明收敛效度较高。判别效度用平均方差析出（AVE）来计算。如表 9-3 所示，所有 AVE 值均超过了 0.50 的最低标准，且每个构念 AVE 的平方根都大于其与其他构念的相关系数，说明判别效度较高。

综上所述，本研究的数据具有较好的信度和效度，适合做进一步的检验。

表 9-2 信度和效度检验

测 项	因子载荷
支持性社群氛围（SC）（Cronbach's α = 0.89）	
SC1: 在 X 品牌论坛中，会员之间可以进行很好的交流与沟通	0.72
SC2: 在 X 品牌论坛中，会员之间的关系是平等的	0.57
SC3: 在 X 品牌论坛中，会员提出的好建议会被大家采纳	0.71
SC4: 在 X 品牌论坛中，版主做决策的时候会考虑会员的意见	0.72
SC5: 总体而言，X 品牌论坛里面的会员之间关系很好	0.77
SC6: 在 X 品牌论坛中，很多会员会帮助其他会员	0.73
SC7: X 品牌论坛的会员会合作解决问题	0.76
SC8: X 品牌论坛的会员会彼此尊重	0.74
SC9: X 品牌论坛的会员相互信任	0.81
控制性社群氛围（CC）（Cronbach's α = 0.80）	
CC1: 在 X 品牌论坛中，会员发表有关品牌的负面内容会受到严格审核，有的甚至被屏蔽	0.70
CC2: 在 X 品牌论坛中，有许多规则要遵守	0.55
CC3: 在 X 品牌论坛中，会员发帖回复次数和浏览次数越多，其帖子位置越高	0.76
CC4: 在 X 品牌论坛中，会员如果辱骂了别的会员，将会被禁言	0.79
CC5: 在 X 品牌论坛中，会员如果发布广告信息，通常将会被删帖	0.86
实用体验（PE）（Cronbach's α = 0.85）	
PE1: 我从 X 品牌论坛中获取的信息是有价值的	0.72
PE2: 我从 X 品牌论坛中获取的信息是有用的	0.72
PE3: 我从 X 品牌论坛中获取的信息是有成效的	0.76
PE4: 我从 X 品牌论坛中获取的信息是宝贵的	0.75
PE5: 我从 X 品牌论坛中获取的信息是实用的	0.74
PE6: 我从 X 品牌论坛中获取的信息是丰富的	0.69
PE7: 我从 X 品牌论坛中获取的信息是中肯的	0.73
享乐体验（HE）（Cronbach's α = 0.88）	
HE1: 我觉得 X 品牌论坛中的内容（文字、图片、flash 等）很有趣	0.72
HE2: 在 X 品牌论坛中，我是开心的	0.82
HE3: 在 X 品牌论坛中，我是快乐的	0.83
HE4: X 品牌论坛使我着迷	0.74
HE5: 在 X 品牌论坛中，我能全神贯注	0.83
HE6: 我在 X 品牌论坛中很享受	0.83

续表

测　项	因子载荷
社交体验（SE）（Cronbach's α = 0.84）	
SE1:在 X 品牌论坛中，大家都很友好	0.78
SE2:在 X 品牌论坛中，大家都很有人情味	0.87
SE3:在 X 品牌论坛中，大家都很有礼貌	0.85
SE4:在 X 品牌论坛中，大家都很有魅力	0.80
在线品牌社群承诺（OBC）（Cronbach's α=0.84）	
OBC 1:品牌 X 论坛的关系对我来说很重要	0.81
OBC 2:我很在乎品牌 X 论坛的发展	0.78
OBC 3:与品牌 X 论坛的关系我打算长期维持下去	0.73

注：因子负荷由验证性因子分析计算而来。

表 9-3　构念的描述性统计

构　念	1	2	3	4	5	6	7
1.支持性社群氛围	**0.750**						
2.控制性社群氛围	0.440**	**0.860**					
3.实用体验	0.701**	0.454**	**0.754**				
4.享乐体验	0.685**	0.464**	0.722**	**0.820**			
5.社交体验	0.748**	0.401**	0.685**	0.779**	**0.847**		
6.社群承诺	0.621**	0.435**	0.630**	0.733**	0.677**	**0.847**	
7.网络密度	0.332**	0.158**	0.209**	0.347**	0.334**	0.295**	**1.000**
平均数	4.944	4.794	5.079	4.780	4.744	4.811	0.611
标准差	0.589	0.631	0.537	0.647	0.660	0.766	0.272
组合信度（CR）	0.910	0.806	0.888	0.891	0.856	0.817	1.000
平均方差萃取值	0.530	0.608	0.533	0.580	0.599	0.599	1.000

注："**"表示 $p < 0.01$（双尾检验）。对角线上的加粗体数字为相应构念之 AVE 的平方根，每个平方根都大于其所在的行与列上的其他构念及其相关系数。

三、假设检验

运用结构方程模型统计软件 AMOS7.0 对假设进行检验，结果表明（见表 9-4）：控制性氛围对网络密度的正向影响不显著（β=0.07，t=1.376，p>0.05），H2b 不成立；其余路径均显著。此外，社群成员的性别也显著影响成员的社群承诺（$\beta=-0.08$，$t=3.117$，$p<0.01$）。

表9-4 假设检验

假设路径	β 值	t 值
主效应		
H1a:支持性社群氛围→社群承诺	0.15*	2.220
H1b:控制性社群氛围→社群承诺	0.12*	2.370
H2a:支持性社群氛围→网络密度	0.35***	6.799
H2b:控制性社群氛围→网络密度	0.07	1.376
H3a:网络密度→实用体验	0.24***	4.379
H3b:网络密度→享乐体验	0.36***	7.995
H3c:网络密度→社交体验	0.32***	7.193
H4a:实用体验→社群承诺	0.18**	2.798
H4b:享乐体验→社群承诺	0.62***	7.493
H4c:社交体验→社群承诺	0.22***	3.627
控制变量		
社群规模→社群承诺	−0.010	0.473
社群历史→社群承诺	0.025	0.957
加入时间→社群承诺	0.031	1.134
性别→社群承诺	−0.080**	3.117
年龄→社群承诺	−0.031	1.386
收入→社群承诺	0.019	0.889
教育→社群承诺	−0.031	1.257

注："*"表示 $p < 0.05$（双尾检验）；"**"表示 $p < 0.01$（双尾检验）；"***"表示 $p < 0.001$（双尾检验）。

四、多重中介效应检验

若要检验网络密度与社群体验在支持性社群氛围与社群承诺之间的多重中介效应，需要满足4个条件（Burton et al., 2004）：①自变量支持性社群氛围对网络密度、网络密度对社群体验的影响显著；②社群体验显著影响社群承诺；③支持性社群氛围对社群承诺具有显著影响；④当控制中介变量网络密度与社群体验时，支持性社群氛围不再显著影响社群承诺，则为完全中介效应；若支持性社群氛围对社群承诺的影响减弱，但具有影响，此时为部分中介效应（Baron and Kenny, 1986）。

　　本章建立了4个模型来检验多重中介效应：模型 M_1 是完全中介模型，即不存在自变量到因变量的关系路径；模型 M_2 是主效应模型，只检验自变量到因变量的关系路径；模型 M_3 无中介模型，不检验自变量与中介变量之间的路径关系；模型 M_4 是部分中介模型。结果显示（见表9-5），模型 M1 验证了支持性社群氛围显著影响网络密度，网络密度显著影响社群实用体验、享乐体验和社交体验，即满足条件①；模型 M_1 还验证了社群的实用体验、享乐体验和社交体验对社群承诺具有显著影响，即满足条件②；模型 M_2 结果检验了条件③，即支持性社群氛围对社群承诺的影响显著。模型 M_2 没有包括中介作用，即支持性社群对网络密度、网络密度对社群体验、社群体验对社群承诺的影响作用检验，模型拟合比较理想。第4个条件是检验支持性社群氛围对社群承诺影响是否减弱或是消失。对于条件④，模型 M_3 的结果显示，网络密度和社群体验降低了支持性社群氛围对社群承诺的影响，但支持性社群氛围对社群承诺的影响作用依然成立。所以，网络密度和社群体验在支持性社群氛围与社群承诺之间具有部分多重中介效应，即 H5a、H5b、H5c 成立。

　　对于控制性氛围而言，表 9-5 中结果显示，模型 M_1 验证了网络密度显著影响社群实用体验、享乐体验和社交体验，但是控制性社群氛围对网络密度的影响不显著，即不满足条件①，检验结束，所以网络密度和社群体验在控制性社群氛围与社群承诺之间不具有多重中介效应，即 H6a、H6b、H6c 不成立。

　　此外，我们对模型之间的拟合度也做了比较，如表 9-6 中的部分中介效应模型 M_4 的模型拟合度要优于完全中介模型 M_1（$\chi^2/df_{M1}=4.59>\chi^2/df_{M4}=4.05$；$GFI_{M1}=0.77<GFI_{M4}=0.80$；$CFI_{M1}=0.81<CFI_{M4}=0.85$；$RMSEA_{M1}=0.08>RMSEA_{M4}=0.07$），同时，部分中介效应模型 M_4 的模型拟合度也要优于无中介模型 M_3（$\chi^2/df_{M3}=4.35>\chi^2/df_{M4}=4.05$；$GFI_{M3}=0.79<GFI_{M4}=0.80$；$CFI_{M3}=0.84<CFI_{M4}=0.85$；$RMSEA_{M3}=0.08>RMSEA_{M4}=0.07$）。

表 9-5　SEM 中介效应检验结果

假设路径	完全中介模型 M_1	主效应模型 M_2	无中介模型 M_3	部分中介模型 M_4
支持性社群氛围→社群承诺		0.65***	0.14*	0.15*

续表

假设路径	完全中介模型 M_1	主效应模型 M_2	无中介模型 M_3	部分中介模型 M_4
控制性社群氛围→社群承诺		0.26***	0.13*	0.13*
实用体验→社群承诺	0.22***		0.19**	0.19**
享乐体验→社群承诺	0.63***		0.64***	0.62***
社交体验→社群承诺	0.31***		0.21***	0.20***
支持性社群氛围→网络密度	0.33***			0.35***
控制性社群氛围→网络密度	0.05			
网络密度→实用体验	0.22***		0.23***	0.23***
网络密度→享乐体验	0.36***		0.36***	0.36***
网络密度→社交体验	0.36***		0.32***	0.32***

注:"*"表示 $p < 0.05$(双尾检验);"**"表示 $p < 0.01$(双尾检验);"***"表示 $p < 0.001$(双尾检验)。

表 9-6　SEM 中介效应检验模型拟合

模型	χ^2	df	$\Delta \chi^2$	χ^2/df	GFI	CFI	RMSEA
模型 M_1	2300.88	501	比较基准	4.59	0.77	0.81	0.08
模型 M_2	435.79	117		3.73	0.91	0.91	0.07
模型 M_3	1955.78	449	345.10***	4.35	0.79	0.84	0.08
模型 M_4	1947.83	481	353.05***	4.05	0.80	0.85	0.07

五、竞争模型对比分析

为了进一步论证模型是否最优化,我们建构了 3 个竞争模型予以对比分析。根据以上实证研究,控制性社群氛围对网络密度的影响不显著,因此 3 个模型均去除了"控制性社群氛围→网络密度"路径。竞争模型 M_1 将实用、享乐、社交 3 种社群体验合并成一个构念(社群体验),竞争模型 M_2 不考虑社群氛围到社群承诺的直接关系,竞争模型 M_3 为本章模型(见图 9-2)。对比各模型的拟合指数可以发现(见表 9-7),模型 M_1 的拟合指标为:$\chi^2=1062.25$,df=184,$p=0.001$,$\chi^2/df=5.77$,CFI=0.83,GFI=0.84,NFI=0.81,RMSEA=0.09,表明模型拟合不够理想。模型 M_2 的拟合指数显示,$\chi^2=1959.80$,df=483,$P=0.001$,$\chi^2/df=4.06$,CFI=0.84,GFI=0.79,

NFI=0.80，RMSEA=0.07，模型的绝对适配度指标χ^2/df 和 RMSEA 都得到了明显改善。模型 M_3 的拟合指数为：χ^2=1947.83，df=481，p =0.001，χ^2/df=4.05，CFI=0.85，GFI=0.80，NFI=0.82，RMSEA=0.07，绝对适配度指标和相对适配度指标均有改善。此外，同模型 M_2 相比，模型 M_3 在牺牲了 2 个自由度（483-481）的情况下，使χ^2 降低了 11.97（1959.80-1947.83），$\triangle\chi^2$=11.97 在 $\triangle$ df=2 时具有统计显著性（$p<0.001$），说明模型 M_3 相比前两个竞争模型有了显著改善，具有更好的模型拟合度。因此，本章将模型 M_3 确定为最终模型。

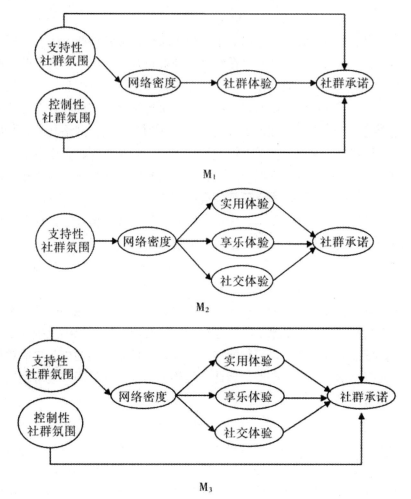

图 9-2　竞争模型

表 9-7　竞争模型拟合优度结果

模型	χ^2	df	χ^2/df	GFI	CFI	NFI	RMSEA
模型 M_1	1062.25	184	5.77	0.84	0.83	0.81	0.09
模型 M_2	1959.80	483	4.06	0.79	0.84	0.80	0.07
模型 M_3	1947.83	481	4.05	0.80	0.85	0.82	0.07

第五节　社群氛围与网络密度的研究结论与启示

由于在线品牌社群承诺对于品牌关系建设非常重要，因此社群承诺的培育成为研究热点。基于"在线品牌社群也是一种组织形式"的前提，笔者借鉴组织行为学的理论，从在线品牌社群支持性氛围和控制性氛围的双重角度来研究社群承诺的形成机制，并引进了网络密度和社群体验两大中介变量。这一尝试在理论上打通了组织行为学、社会网络与品牌社群的关联。特别是，本章关注了"控制性氛围"这一在组织建设中可能存在异议的变量，以及"网络密度"这一社会网络整体特征变量，对于相关研究领域而言，存在新意。本章研究发现：

（1）支持性社群氛围会促进网络密度的增加，但控制性社群氛围与网络密度的关系未得到证实。支持性社群氛围为消费者更好地参与品牌社群提供良好的氛围（如相互信任、相互帮助解决问题等），成员因此会不断增加交流互动，品牌社群的网络密度也随之增加。而控制性社群氛围意味着在社群中制订一系列相关规范与惩罚机制，一方面可能抑制部分不守规则的成员乱发言和乱灌水，减少他们的网络交流程度，也因此减少了部分网络密度；另一方面可以净化网络交流环境，使守规则的成员更愿意积极与人交流，增加了网络密度。因此，最终使得控制性氛围不会对网络密度产生显著作用。

（2）网络密度越大，成员得到的社群实用体验、享乐体验和社交体验就越多、越丰富。网络密度越大，意味着社群成员之间的互动交流越多。由于社群成员的背景各不相同，因此各自所掌握的信息存在差异，通过交流，可以让其他成员获得更多的实用体验；作为一个放松消遣的场所，人们在品牌社群里面经常分享一些有趣的图片和文字，或互相调侃、开玩笑，让人感受到愉悦的享乐体验；此外，一旦在社群里面分享不愉快的经历，总会有热心人给予开导关怀，使成员可以获得社会支持。

（3）无论是支持性社群氛围还是控制性社群氛围，都会直接促进社群承诺。当社群的支持性氛围显著时，成员在其中相互交流、相互帮助，甚至相互信任，从而直接产生对社群的承诺；而当社群的控制性社群氛围较为显著时，意味着社群将制订相关规范与惩罚机制，有助于成员在社群中获得安全感，久而久之便提升了社群承诺。

（4）网络密度和社群体验在支持性社群氛围与社群承诺之间具有部分多重中介作用，而在控制性社群氛围和社群承诺之间不存在中介作用。综合前几个研究发现来看，支持性社群氛围既可以直接影响社群承诺，也可以通过增大网络密度和增加社群体验来形成社群承诺，而控制性社群氛围由于不能直接影响网络密度,因此网络密度和社群体验的中介作用不存在。这一结果表明，支持性社群氛围与控制性社群氛围在品牌社群当中的作用机制是不同的，前者的作用机制更为复杂。

通过上述结论，我们了解到，社群管理者应该营造支持性社群氛围，以提高社群成员交流的网络密度。具体而言，社群管理者应该建立完善的奖励机制（如增加社群积分、提升成员荣誉等），鼓励成员积极分享和互惠。同时，尽可能丰富成员的社群体验，具体包括：鼓励社群当中进行有用信息的供应和整理，过滤垃圾和虚假信息；增强社群活动和内容的趣味性和享乐性，如设置一些娱乐板块，或者组织线下娱乐活动；完善论坛的交流功能，增加一些媒体丰度（如增加视频分享功能），使互动实现即时化和生动化。此外，笔者还认为，在品牌社群中建立一个控制性社群氛围是有必要的。虽然控制性社群氛围并不能直接增加网络密度，但通过限制成员乱发帖（如恶意发布辱骂、散播谣言、垃圾广告等），可以创造一个干净友好的网络交流空间，使成员更愿意留在社群当中，从而增加社群承诺与忠诚。

本章参考文献

[1] 陈维政，李金平. 组织气候研究回顾及展望[J]. 外国经济与管理，2005，27（8）：18-25.

[2] 金立印. 虚拟品牌社群的价值维度对成员社群意识、忠诚度及行为倾

向的影响[J]. 管理科学, 2007, 20 (2) : 36-45.

[3] 凌文辁, 张智灿, 方俐洛. 影响组织承诺的因素探讨[J]. 心理学报, 2011, 33 (3) : 259-263.

[4] 柳士顺, 凌文辁. 多重中介模型及其应用[J]. 心理科学, 2009, 32 (2) : 433-435.

[5] 罗家德. 社会网分析讲义 (第二版) [M]. 北京: 社会科学文献出版社, 2010.

[6] 刘军. 社会网络分析导论[M]. 北京: 社会科学文献出版社, 2004.

[7] 沙振权, 蒋雨薇, 温飞. 虚拟品牌社区体验对社区成员品牌认同影响的实证研究[J]. 管理评论, 2010, 22 (12) : 79-88.

[8] 王仙雅, 林盛, 陈立芸, 等. 组织氛围、隐性知识共享行为与员工创新绩效关系的实证研究[J].软科学, 2014, 28 (5) : 43-47.

[9] 王辉, 常阳. 组织创新氛围、工作动机对员工创新行为的影响[J]. 管理科学, 2017, 30 (3) : 51-62.

[10] 王新新, 薛海波. 品牌社群社会资本、价值感知与品牌忠诚[J].管理科学, 2010, 23 (6) : 53-63.

[11] 王端旭, 洪雁. 组织氛围影响员工创造力的中介机制研究[J]. 浙江大学学报 (人文社科版), 2011, 41 (2) : 77-83.

[12] 王静一, 王海忠. 虚拟品牌社群娱乐价值对品牌忠诚的作用机制研究[J]. 经济经纬, 2012 (3) : 121-125.

[13] 薛海波, 王新新. 品牌社群关系网络密度影响品牌忠诚的作用机制研究[J]. 商业经济与管理, 2011, 8: 58-66.

[14] 张勉, 张德, 王颖. 企业雇员组织承诺三因素模型实证研究[J]. 南开管理评论, 2002 (6) : 70-75.

[15] 周荣辅, 李陶然. 风险偏好与组织气候对员工组织承诺影响的实证研究[J]. 燕山大学学报, 2013, 14 (3) : 131-135.

[16] Algesheimer R, Borle S, Dholakia U M, et al. The Impact of Customer Community Participation on Customer Behaviors: An Empirical Investigation[J]. Marketing Science, 2010, 29(4): 756-769.

[17] Axelrod R. The Evolution of Cooperation[J]. Basic Books, 1984.

[18] Algesheimer R, Dholakia U, Herrmann A. The Social Influence of Brand Community: Evidence from European Car Clubs[J]. Journal of

Marketing, 2005, 69(3): 19-34.

[19] Andersen P H. Relationship Marketing and Brand Involvement of Professionals through Web-Enhanced Brand Communities: the Case of Coloplast［J］. Industrial Marketing Management, 2005, 34(3): 285-297.

[20] Barnard C I. The Functions of the Executive［M］. Harvard University Press: Anniversary Edition, 1974.

[21] Bateman P J, Gray P H, Butler B S. The Impact of Community Commitment on Participation in Online Communities［J］. Information Systems Research, 2011, 22(4): 841-854.

[22] Bock G W, Zmud R W, Kim Y G, et al. Behavioral Intention Formation in Knowledge Sharing: Examining the Roles of Extrinsic Motivators, Social-psychological Forces, and Organizational Climate［J］. MIS Quarterly, 2005, 29(1): 87-111.

[23] Brakus J J, Schmitt B H, Lia Z. Brand Experience: What Is It? How Is It Measured? Does it affect loyalty? ［J］. Journal of Marketing, 2009, 73(3): 52-68.

[24] Burton S, Moberg D P, Netemeyer R G, et al. Understanding Adolescent Intentions to Smoke: An Examination of Relationships Among Social Influences, Prior Trial Behaviors, and Antitobacco Campaign Advertising［J］. Journal of Marketing, 2004, 68(3): 110-123.

[25] Baron R M, Kenny D A. The Moderator-mediator Variable Distinction in Social Psychological Research: Conceptual, Strategic, and Statistical Considerations［J］. Journal of Personality and Social Psychology, 1986, 51(6), 1173-1182.

[26] Coleman J C. Social Capital in the Creation of Human Capital［J］. American Journal of Sociology, 1988, 94(1): 95–120.

[27] Diekhoff G M, Thompson S K, Denney R M. A Multidimensional Scaling Analysis of Church Climate［J］. Journal of Psychology and Christianity, 2006, 25(1): 17-26.

[28] DeCotiis T A, Summers T P. A Path Analysis of a Model of the Antecedents and Consequences of Organizational Commitment［J］. Human Relations, 1987, 40 (7): 445-470.

[29] Fred S, James S. Promoting Relationship Learning[J]. Journal of Marketing, 2003, 67 (3): 80-95.

[30] Granovetter M. Economic Action and Social Structure: The Problem of Embeddedness[J]. American Journal of Sociology, 1985, 91(3): 481-510.

[31] Greve H R. Jumping Ship: The Diffusion of Strategy Abandonment[J]. Administrative Science Quarterly, 1995, 40(3): 444-473.

[32] Glick W H. Conceptualizing and Measuring Organizational and Psychological Climate: Pitfall in Multilevel Research[J]. Academy of Management Review, 1985, 10 (3): 601-616.

[33] Hoy W K, Smith P A, Sweetland S R. The Development of the Organizational Climate Index for High Schools: Its Measure and Relationship to Faculty Trust[J]. High School Journal, 2003, 86(2): 38-49.

[34] Holbrook M B, Hirschman E C. The Experiential Aspects of Consumption, Consumer Fantasies, Feelings, and Fun[J]. Journal of Consumer Research, 1982, 9(2): 132-140.

[35] Hur W, Ahn K, Kim M. Building Brand Loyalty through Managing Brand Community Commitment[J]. Management Decision, 2011, 49(7): 1194-1213.

[36] Honeycutt C. Hazing as a Process of Boundary Maintenance in an Online Community[J]. Journal of Computer-Mediated Communication, 2005, 10(2): 1.

[37] Jang H, Olfman L, Ko I, et al. The Influence of On-line Brand Community Characteristics on Community Commitment and Brand Loyalty[J]. International Journal of Electronic Commerce, 2008, 3(1): 57-80.

[38] Kim A J. Community Building on the Web: Secret Strategies for Successful Online Communities[M]. Berkeley, CA: Peachpit Press, 2000.

[39] Lee H J, Lee D, Taylor C R, et al. Do Online Brand Communities Help Build and Maintain Relationships with Consumers? A Network Theory Approach[J]. Journal of Brand Management, 2011, 19(3): 213-227.

[40] Litwin G G, Stringer R A. Motivation and Organizational Climate[M]. Harvard University Press, 1986.

[41] Muñiz A M, O'Guinn T C. Brand Community[J]. Journal of Consumer Research, 2001, 27(4): 412-432.

[42] Marsden P V. The Reliability of Network Density and Composition Measures[J]. Social Networks, 1993, 15 (4): 399-421.

[43] Mudrack P E. Job Involvement and Machiavellianism: Obsession-compulsion or Detachment?[J]. Journal of Psychology, 1989, 123(5): 491-496.

[44] Mowday R T, Steers R M, Porter, L.W. The Measurement of Organizational Commitment[J]. Journal of Vocational Behavior, 1979, 14(2): 224-247.

[45] Morgan R M, Shelby D H. The Commitment-trust Theory of Relationship Marketing[J]. Journal of Marketing, 1994, 58 (6): 20-38.

[46] Mottaz C J. Determinants of Organizational Commitment[J]. Human Relations, 1988, 41 (6): 467-482.

[47] Mishra A K, Spreitzer G M. Explaining How Survivors Respond to Downsizing: Theroles of Trust, Empowerment, Justice, and Work Redesign[J]. Academy of Management Review, 1998, 22(3): 567- 588.

[48] Mathwick C, Malhotra N, Rigdon E. Experiential Value: Conceptualization, Measurement, and Application in the Catalog and Internet Shopping Environment[J]. Journal of Retailing, 2001, 77(1): 39-56.

[49] Mummalaneni V. An Empirical Investigation of Web Site Characteristics, Consumer Emotional States and On-line Shopping Behaviors[J]. Journal of Business Research, 2005, 58(4): 526–532.

[50] McWilliam G. Building Stronger Brands through On-line Communities[J]. Sloan Management Review, 2000, 41(3): 43- 54.

[51] McAlexander J H, Schouten J W, Koenig H F. Building Brand Community[J]. Journal of Marketing, 2002, 66(1): 38-54.

[52] Muchinsky R M. Organizational Communication: Relationships to Organizational Climate and Job Satisfaction[J]. Academy of Management Journal, 1977, 20(4): 592-607.

[53] Mathwick C, Wiertz C, Ruyter K. Social Capital Production in a Virtual P3 Community[J]. Journal of Consumer Research, 2008, 34(6): 832-849.

[54] Nelson R E. The Strength of Strong Ties: Social Networks and Intergroup

Conflict in Organizations[J]. Academy of Management Journal, 1989, 32(2): 377-401.

[55] Nambisan P, Watt J H. Managing Customer Experiences in Online Product Communities[J]. Journal of Business Research, 2011, 64(8): 889-895.

[56] Nelson R E, Vasconcellos E. Industry Environment, National Culture, and Verbal Networks in Organizations[J]. Management Research, 2007, 5(3): 137-150.

[57] Noordin F, Mara U T, Sehan S. Organizational Climate and its Influence on Organizational Commitment[J]. International Business and Economics Research Journal, 2010, 9(2): 1-10.

[58] Organ D W, Ryan K. A Meta-analytic Review of Attitudinal and Dispositional Predictors of Organizational Citizenship Behavior[J]. Personnel Psychology, 1995, 48(4): 775-802.

[59] Oliver C. Strategic Responses to Institutional Pressures[J]. Academy of Management Review, 1991, 16 (1): 145-179.

[60] Park H, Cho H. Social Network Online Communities: Information Sources for Apparel Shopping[J]. Journal of Consumer Marketing, 2012, 29(6): 400-411.

[61] Pine B J, Gilmore J H. Welcome to the Experience Economy[J]. Harvard Business Review, 1998, 176(4): 97-105.

[62] Preece J. Online Communities: Designing Usability, Supporting Sociability[M]. Chichester, UK: John Wiley & Sons, 2000.

[63] Preacher K J, Hayes A F. Asymptotic and Resampling Strategies for Assessing and Comparing Indirect Effects in Multiple Mediator Models[J]. Behavior Research Methods, 2008, 40(3): 879-891.

[64] Phillips R A. Ethics and Network Organizations[J]. Business Ethics Quarterly, 2010, 20(3): 533-543.

[65] Randhawa G, Kaur K. Organizational Climate and its Correlates: Review of Literature and A Proposed Model[J]. Journal of Management Research, 2014, 1(14): 25-40.

[66] Rogg K L, Schmidt D B, Shull C, et al. Human Resource Practices, Organizational Climate, and Customer Satisfaction[J]. Journal of

Management, 2001, 27(4): 431-449.

[67] Schouten J W, McAlexander J H, Koeing H F. Transcendent Customer Experience and Brand Community[J]. Journal of the Academy of Marketing Science, 2007, 35(3): 357-368.

[68] Schneider B. The Psychological Life of Organizations[C]//N.M. Ashkanasy, C.P.M. Wilderon, & M.F.Peterson (Eds.), Handbook of Organizational Culture and Climate. Thousand Oaks, CA: Sage. 2000, 17-21.

[69] Schulte M, Ostroff C, Kinicki A J. Organizational Climate Systems and Psychological Climate Perceptions: A Cross-level Study of Climate-satisfaction Relationships[J]. Journal of Occupational and Organizational Psychology, 2006, 79(4): 645-671.

[70] Sparrowe R T, Liden R C, Kraimer M L. Social Networks and the Performance of Individuals and Groups[J]. Academy of Management Journal, 2001, 44(2): 316-325.

[71] Stringer A R. Leadership and Organizational Climate: The Cloud Chamber Effect[M]. Upper Saddle River, NJ: Prentice Hall, 2002.

[72] Schmitt B. Experiential Marketing: How to Get Consumer to Sense, Feel, Think, Act and Related to Your Company and Brand[M]. New York: The Free Press, 1999.

[73] Tagiiiri R, Litwin G. Organizational Climate: Explorations of a Concept[M]. Boston: Harvard University Press, 1968.

[74] Voss K E, Spangenberg E R, Grohmann B. Measuring the Hedonic and Utilitarian Dimensions of Consumer Attitude[J]. Journal of Marketing Research, 2003, 40(3): 310-320.

[75] Wellman B, Frank K. Network Capital in a Multilevel World: Getting Support in Personal Communities[C]//N.Lin, K. Cook and R. Burt (Eds.) Social Capital: Theory and Research. New York: Aldine de Gruyter, 2001.

[76] Wasserman S, Faust K, Iacobucci D, et al. Social Network Analysis: Methods and Applications[M]. Cambridge: Cambridge University Press, 1994.

[77] Zhou Z, Zhang Q, Su C, et al. How Do Brand Communities Generate

Brand Relationships? Intermediate Mechanisms[J]. Journal of Business Research, 2012, 65(7): 890-895.

[78] Zhou J, George J M. When Job Dissatisfaction Leads to Creativity: Encouraging the Expression of the Voice[J]. Academy of Management Journal, 2001, 44(4): 682-696.

第十章 成员异质性、网络密度与社群认同①

目前，关于团队成员异质性的价值和作用并没有取得一致性的结论。一些研究强调信息资源的异质性功能，异质性越高，意味着组织内的技能和认知资源越丰富，视角和观点就越多样化，有助于改善决策（Amason，1996；Joshi and Roh，2009；Stam et al.，2014）；另一种观点则强调了成员社会性的差异会导致信任和认同的缺乏，容易出现分歧，对组织成长产生负向影响（Ensley et al.，2002；Williams，2016）。在线品牌社群本质上是一个组织，一个关系集合（Muniz and O'Guinn，2001）。在社群中，成员来自天南海北，性格、价值观、生活阅历和知识积累千差万别，这些异质性会对社群成员之间的交流产生不容忽视的影响。那么，成员异质性究竟是如何影响在线品牌社群当中的成员互动程度（本章我们用"网络密度"来描述）的呢？线上组织突破了地域与身份的限制，集结了不同地区、层次各异的成员，大大增加了组织的异质性；但是，与线下团队相区别的是，成员可以选择隐藏性别、年龄与阶层等人口统计特征，却仍保留着自身的价值观与信息构成，故本章选取价值观和信息异质性作为网络密度的前因变量。此外，本章关注的第2个问题是，在线品牌社群网络密度如何影响成员的品牌行为倾向？个体的经济行为会受到所处的社会关系的影响（Granovetter，1985），我们认为差异的存在能够使成员进行更深层次的交流，同时将自己的不同意见自然地表达出来，增强社群融洽氛围，加深对社群和品牌的认同度，会更愿意且自觉地向他人推荐本品牌社群和保护品牌声誉，并对有损于品牌形象的行为产生抵制倾向（Chang et al.，2013；Hu and Zhang，2011；Sun，2013；Thompson and Sinha，2008）。

---

① 本章初稿发表情况如下：董佳佳，周志民，邓乔茜. 在线品牌社群成员异质性、网络密度与品牌行为倾向[C]// 2015年第11届社会网及关系管理研究会年会论文集. 中国科学技术大学，2015。本书有删改。

第一节 成员异质性、网络密度与社群认同的相关理论

一、社群成员异质性

社群成员异质性（Heterogeneity）的初期探索多聚焦于成员的人口统计学特征，指的是社群成员在个人特征（比如年龄、学历、性格和态度、经验等）上表现出的差异程度。这些差异对成员的不同意见产生潜在的影响（Jackson，2003；Mannix and Neale，2005）。Jehn 等（1999）提出的异质性分类代表主流观点：社会特征异质性主要描述人口统计学特点的差异；信息异质性指在社群内部表现出的学识和专业背景等差异；价值观异质性指个性、态度、兴趣等差异。与一般人口统计特征相比，聊天的语言风格、经常参与的话题和发表的评论反映出成员的个性、兴趣和知识等深层次的人口特征，更能影响一个人的行为和其在群体中的行为选择。所以，我们在探讨成员异质性时选择了价值观和信息异质性。本章将社群成员异质性定义为：社群成员的个人特质差异反映在社群组织层面的程度。

研究发现，异质性对团队内的情感联系、组织运作以及创新绩效等会产生影响。这些因变量包括与效用相关的团队绩效和创新效能等硬性指标（Horwitz and Horwitz，2007；Kristinsson et al.，2016；吴岩，2014），以及与心理状态有关的满意度、组织认同等软性指标（Ensley et al.，2002；樊传浩和王济干，2013）。这些研究的结论存在许多争议：一方面，相似-吸引理论指出，个性相同的成员会产生相似的想法、拥有相同的兴趣，较易产生共鸣（Byrne，1971；Pinel and Long，2004），而个性差异较大的成员则容易产生刻板印象，引发情感冲突，不利于团队的成长（Ensley et al.，2002；Williams，2016）；另一方面，根据信息处理和决策制订理论，异质性高的群体可以提供更多的信息和不同的观点，在多任务处理的情况下会改善社群整体的决策绩效（Chang et al.，2013；Joshi and Roh，2009）。综上所述，影响任务实现的（比如信息）异质性，对绩效有积极作用；而影响情感体验的（比如价值观）异质性，对人际交往等有消极作用。

二、网络密度

网络密度描述了个人在网络中与其他人实际连接与最大连接的比率，表示网络的富度，也是衡量网络整体特点的重要指标。网络密度越高，信息在网络内传播越流畅、快捷，会产生更多的互惠行为，成员也就鲜有自私行为和抵制社群规范的行为，会鼓励建立奖惩机制。

将网络密度引入在线品牌社群的研究不多（薛海波和王新新，2011），主要分为网络密度的前因变量研究以及其对社群本身和社群成员与品牌关系的影响研究。

网络密度的前因变量主要包含以下 3 个因素：首先，社群成员间互动频率的提高和互助行为的增加会提高社群的网络密度。成员的互动过程为社群带来了丰富的信息和资源，不断满足成员信息价值需求会促使其更愿意参与社群互动，这些互动会增加社群的网络密度。其次，社群成员之间进行互动，除了可以增加彼此了解，也会因为熟悉度和亲切感的提升产生相互信任。Zhao 等（2013）认为，成员间的相互信任说明成员间存在以情感为基础的忠诚度，更加愿意与成员分享产品信息和其他资源，有助于长久地保留社群身份，提高网络密度。最后，在成员彼此信任的氛围下，互动的增加也会使社群内部产生更强的互惠规范。社群成员会通过对社群的更多付出来回报其他成员的帮助，这些互惠有助于增强成员间的亲密度和依赖性，使成员联系更加紧密，提高了社群的网络密度。

社群的网络密度提高将产生以下 3 种积极影响：首先，社群的网络密度越高，成员之间的信息交换越频繁，资源流通越顺畅，有助于降低新产品的宣传成本和加快新老产品的口碑传播。成员之间的高频率交流不仅培育了强烈的社群意识，更有助于进一步构建基于顾客的品牌资产。其次，成员之间的信息交换比例越大，社群体验越深入、全面，对社群的礼仪规范和价值理解更容易达成一致，有助于社群认同的形成。最后，在高密度的社群中，成员之间具有相似性，他们会使用特定的词汇和表达方式描述自己与品牌的故事以获得共鸣，与他人和集体更亲密，增强忠诚度，成员更愿意长期保留社群成员身份。但是 Hernandez 等（2007）认为，过高的网络密度会消耗成员过多的维系精力，应将其维持在一个适中的水平。

三、在线品牌社群认同

在在线品牌社群中，当成员参与了更多的社群活动，和其他成员逐渐熟悉，对社群和其价值观认同增强时，不仅会把自己当作社群的一部分，而且会将社群看作自己生活中的重要组成部分（宝贡敏和徐碧祥，2006），形成在线品牌社群认同。根据社会认同理论，人们喜欢将自己和他人划入不同的社会群体（Tuner et al.，1987）。品牌社群认同即统一在某一品牌下的个体认为自己与社群内其他人有内在的联系，同属于一个群体，而且认为自己和社群外的人不同（Johnson et al.，2013；Reed et al.，2012）。在在线品牌社群中，个体逐渐形成社群意识，不仅会为其他成员提供帮助，也会做出诸如口碑传播等对社群有利的行为，增强社群承诺（Hsieh and Wei，2017；Johnson et al.，2013）；不仅如此，他们对于能够象征自己群体内身份的品牌的态度要比社群外品牌更加积极，因为社群内品牌代表了自己的身份，承认了品牌，就等于承认了自己。基于社群认同而做出的品牌选择具有长久性，会持续坚持、拒绝改变（Chan et al.，2012；Marin and Ruizd，2015）。此外，在面对品牌的负面事件时，高品牌社群认同的成员会更容易抵制品牌产生的负面影响（Aihwa et al.，2013）。

第二节　成员异质性、网络密度与社群认同的研究假设

许多学者已对网络密度的结果变量进行了大量研究，然而为什么不同个体、不同社群的网络密度存在着高低差异呢？而且，异质性的大量研究多限于线下团队的创新能力或凝聚力因素研究，几乎没有把异质性放在线上社群情景中进行研究的文献，但线下团队的研究中，可以看到很多异质性改变线下团队网络密度的类似结论。线上组织突破了地域与身份的限制，集结了不同地区、层次各异的成员，大大增加了组织的异质性，但与线下团队相区别的是，成员可以选择隐藏性别、年龄与阶层等人口统计特征，却仍保留着自身的价值观与信息构成。所以，本研究认为正是由于差异的存在能够使成员进行更深层次的交流，同时将自己不一样的意见自然表达出来，提高社群融洽氛围，加深对社群和品牌的认同度，会更愿意且自觉地向他人推荐本品牌社群和保护品牌声誉，对有损于品牌形象的行为产生

抵制倾向。根据文献整理结果，结合逻辑推演，提出本章的理论模型（见图 10-1）。

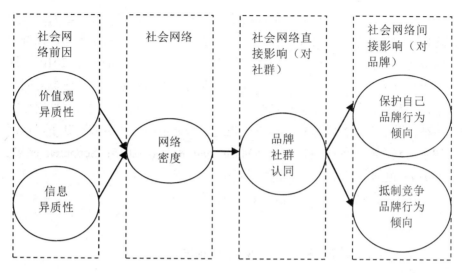

图 10-1　概念模型

一、社群成员异质性与网络密度

与人口统计特征的差异相比，个性差异更易产生隔膜，加剧冲突（Almeida，2013）。在在线品牌社群中，价值观不同的成员考虑同一个问题的角度可能不同，或是形成不同的解释，甚至对其他成员提出的解决方法的接受程度也会不同。这些差异不仅会增加沟通成本，也可能引发一些成员的厌烦情绪。当难以达成共识、沟通不畅的氛围弥漫开来，社群的网络密度必然受到不良影响（Sun，2013；Woehr et al., 2013）。

信息异质性较大的社群会带来不同的认知视角，必须花费更多的精力进行意见整合，但与不同成员的沟通可以影响和改变社群成员思考问题的方式，增强创造力（van Dijk et al., 2012）。在线品牌社群成员的信息异质性虽然会产生一定程度的交流障碍，但因此产生的争论反而会增加彼此的沟通和了解（Chang et al., 2013）。而且，信息异质性有助于增强社群成员彼此交流学习的动力。根据上述分析，提出如下假设。

H1a：在线品牌社群成员的价值观异质性负向影响网络密度。

H1b：在线品牌社群成员的信息异质性正向影响网络密度。

二、网络密度与在线品牌社群认同

在线品牌社群成员之间形成的联结越多、意味着网络密度越大。紧密连接的网络能帮助成员建立信任，使成员更加重视个人的声誉和在社群中的威望，从而在集体行动中选择合作的态度和行为（Adjeiet al., 2010）。网络密度越大，越有利于成员之间互助行为的产生和延续，并且成员之间共享信息和资源的意愿都会更加强烈（Burt，1992）。成员会觉得社群就像一个彼此关心帮助的大家庭，而自己是这个家庭中不可缺少的一分子，从而增强对整个社群的一致性认同（Marin and Ruizd，2015；Schouten et al.，2007）。根据上述分析，提出如下假设。

H2：网络密度正向影响在线品牌社群认同。

三、在线品牌社群认同与品牌行为倾向

在线品牌社群成员互动与互助中形成的同类意识会促使成员彼此认可，激发支持倾向，而对社群外的人或竞争品牌产生偏见和抵触倾向。当在线品牌社群成员的自我定义需求得到满足时，成员与社群及品牌的联系会更为紧密，成员就更容易与品牌形成情感共鸣与心理共鸣，并倾向与品牌形成长期的可信赖的友好关系（Townsend and Sood，2012；White et al.，2012）。具体表现为，成员在抵制其他品牌的同时也加强了本品牌社群的凝聚力（Chan et al., 2012；Johnson and Massiah，2013），故提出如下假设。

H3a：在线品牌社群认同正向影响保护自己品牌行为倾向。

H3b：在线品牌社群认同正向影响抵制竞争品牌行为倾向。

四、在线品牌社群认同、网络密度与品牌行为倾向

认同理论认为，成员会通过践行群体规范来强化个人的群体身份，不仅会构建出群体间鲜明的界限，还会要求自己的行为符合群体的规范（Ashforth and Meal，1992；Wang，Meng，and Wang，2013）。成员对群体规范的主观感知不同导致群体认同程度不同，强烈的在线品牌社群认同使成员愿意融入社群，积极参加讨论，更容易产生情感共鸣和高度一致的行为。网络密度代表成员的联系程度，密度越大，与其他成员的交流越多，

能够加深对产品信息和体验的了解，但是可能不会直接产生保护品牌或抵制竞争品牌的想法。只有成员将自己视为在线品牌社群的一部分，看重自身在在线品牌社群中的内群体身份，认为社群的荣辱与自身休戚相关，对社群形成高度认同和比较强烈的情感寄托，才会将构成品牌社群基础的品牌也置于重要位置（Zhang et al., 2014）；同时，网络密度高的成员与其他人交流更为频繁，探讨的主题围绕着品牌展开，形成的情感共鸣和信息共鸣也有助于对品牌产生移情作用，形成保护品牌及抵制竞争品牌的行为倾向（金立印，2007）。根据上述分析，提出如下假设。

H4a：在线品牌社群认同在网络密度和保护自己品牌行为倾向之间起中介作用。

H4b：在线品牌社群认同在网络密度和抵制竞争品牌行为倾向之间起中介作用。

第三节　实证方法说明

一、构念测量

本章变量的测项均来自成熟量表，其中价值观和信息异质性的测量根据 Jehn 等（1999）的量表改编而来，品牌社群认同的测量根据 Ashforth 和 Mael（1992）的量表改编而来，保护自己品牌行为倾向和抵制竞争品牌行为倾向的测量根据 Netemeyer 和 Bearden（1992）、金立印（2007）的量表改编而来。考虑到社群规模、社群历史、会员加入社群时长和会员参与社群频率对成员的品牌行为倾向可能会产生影响，为排除这些变量的干扰，遂对其进行了控制。以上测项均采用李克特 5 点量表。

网络密度的测量采用提名生成法和提名诠释法测量（罗家德，2010）。

二、样本选取

本章研究回收了 1041 份有效问卷。样本的人口特征和控制变量的描述性统计如表 10-1 所示。

表 10-1 样本的描述性统计

项目	统计结果
性别	男性占 54%，女性占 46%
年龄	20 岁及以下占 1%，21～25 岁占 18%，26～30 岁占 33%，31～35 岁占 29%，36～40 岁占 11%，41～45 岁占 6%，46～50 岁占 1%，50 岁以上占 1%
月收入	2000 元以下占 6%，2000～4000 元占 13%，4001～6000 元占 27%，6001～8000 元占 20%，8001～10000 元占 19%，10 000～20 000 元占 14%，20000 元以上占 1%
学历	高中及中专占 1%，大专或本科占 82%，硕士占 16%，博士及以上占 1%
职业	全日制学生占 7%，生产人员占 3%，销售人员占 6%，市场人员占 2%，客服人员占 2%，行政人员占 9%，人力资源占 7%，财务人员占 6%，文职人员占 7%，技术人员占 15%，管理人员占 23%，教师占 5%，顾问咨询占 1%，专业人士占 5%，其他占 2%
论坛历史	1 年以下占 1%，1～2 年占 5%，2～3 年占 17%，3～4 年占 19%，4～5 年占 14%，5 年以上占 44%
会员数量	20 万以下占 24%，21 万～40 万占 23%，41 万～60 万占 14%，61 万～80 万占 11%，81 万～100 万占 8%，100 万以上占 20%
加入时间	1 年以下占 19%，1～2 年占 36%，2～3 年占 26%，3～4 年占 11%，4～5 年占 6%，5 年以上占 2%
参与频率/周	1 次以下占 11%，2 次占 25%，3 次占 22%，4 次占 9%，5 次占 9%，6 次占 8%，7 次或以上占 16%

三、实证分析方法

本章通过 SPSS、PLS 进行数据处理。使用 UCINET 软件转换网络密度数据。假设检验采用 SmartPLS 2.0 软件。

第四节　数据分析与假设检验

一、信度和效度检验

如表 10-2 所示，5 个变量的 Cronbach's α 值都高于 0.7，说明构念的内部一致性都非常高；组合信度值都高于 0.8，说明构念的组合信度较好。效度检验前做了探索性因子分析，以检验量表的结构效度并确定量表结构。

结果显示，5 个变量的 KMO（Kaiser-Meyer-Olkin）值高于 0.6，共同性高于 0.5，解释方差超过了 60%，除 Q8 外，其余各个题项的 MSA 值都高于 0.7，表示量表的结构效度良好。所以，剔除 Q8 后形成了一个包含 17 个测项的量表。

如表 10-3 所示，所有测项的因子载荷都处于 0.72～0.88，大于 0.5，说明收敛效度理想。所有变量的 AVE 值均在 0.63～0.73，高于 0.5，且 AVE 的平方根都大于其与其他构念的相关系数，表示鉴别效度较高。总体模型拟合指数为 $\chi^2(116)=444.4$，$\chi^2/df=3.83$，RMSEA=0.05（<0.08），GFI =0.95（>0.9），CFI=0.95（>0.9），PNFI=0.72（>0.5）。

综上所述，本章的数据具有较好的信度和效度，适合做进一步的检验。

表 10-2　信度与效度检验

测　项	因子载荷
价值观异质性（Cronbach's α= 0.758）	
总体来说，你们 6 人之间的个性差异较大	0.77
总体来说，你们 6 人之间的价值观差异较大	0.85
总体来说，你们 6 人之间谈论的话题差异较大	0.83
信息异质性（Cronbach's α= 0.741）	
总体来说，你们 6 人之间的兴趣差异较大	0.80
总体来说，你们 6 人之间具有的知识背景差异较大	0.80
总体来说，你们 6 人之间对该品牌的了解程度差异很大	0.82
在线品牌社群认同（Cronbach's α= 0.854）	
当有人批评 X 品牌论坛时，我觉得就像在批评我自己一样	0.82
当我谈论起 X 品牌论坛时，我通常会说"我们"而不是"他们"	0.73
当其他人赞扬 X 品牌论坛时，我觉得就像在表扬我自己一样	0.83
如果媒体报道了关于 X 品牌的负面新闻，我会觉得非常难堪	0.75
X 品牌论坛的成功就如同我自己的成功	0.83
保护自己品牌行为倾向（Cronbach's α= 0.711）	
维护 X 品牌的声誉是我和其他论坛成员分内的事	0.83
当有人批评 X 品牌时，我会极力反驳或澄清	0.82
我总是把 X 品牌的优点告诉别人	0.72
抵制竞争品牌行为倾向（Cronbach's α= 0.819）	
我觉得自己对其他竞争品牌的产品没有太多的好感	0.86
当有人给予其他竞争品牌的产品好评时，我总想去反驳	0.88
我偶尔会有攻击竞争品牌产品的想法（或实际行动）	0.82
总体模型拟合指标：$\chi^2(116)=444.4$，RMSEA=0.05，GFI =0.95，CFI=0.95，PNFI=0.72	

注：因子载荷由验证性因子分析计算而来。

表 10-3　构念的描述性统计

构念	1	2	3	4	5	6
1.价值观异质性	**0.82**					
2.信息异质性	0.76**	**0.81**				
3.网络密度	−0.21**	−0.18**	1			
4.在线品牌社群认同	−0.02	−0.03	0.28**	**0.79**		
5.保护自己品牌行为倾向	−0.03	−0.08**	0.2**	0.73**	**0.79**	
6.抵制竞争品牌行为倾向	0.22**	0.19**	0.15**	0.44**	0.31**	**0.85**
平均数	2.89	2.73	0.56	3.77	3.96	3.21
标准差	0.86	0.89	0.24	0.68	0.6	0.89
组合信度（CR 值）	0.86	0.85		0.89	0.84	0.89
平均方差萃取值	0.67	0.65	1	0.63	0.63	0.73

　　注：对角线加粗的数据是各因子 AVE 的平方根，其左下方的数据为各因子之间的相关系数。"*""**""***"分别表示 $p<0.05$，$p<0.01$，$p<0.001$（双尾检验）的显著性。

二、假设检验

　　通过 SmartPLS 2.0 计算得出假设检验的结果如表 10-4 所示，信息异质性与网络密度的相关系数为-0.053（$t=2.105>1.96$），即信息异质性对网络密度有负向影响，H1b 不成立。除此之外，其他路径均显著。

　　中介效应检验的详细数据见表 10-5。首先检验控制变量对行为倾向的影响，除了社群规模以外，其他三个控制变量（社群历史、会员登录社群频率和会员加入社群时长）都会显著影响保护品牌行为倾向；而四个控制变量（社群规模、社群历史、会员加入社群时长和会员登录社群频率）均对抵制竞争品牌行为倾向有显著影响，具体数据见 Model 1。进一步检验发现，网络密度与保护、抵制竞争品牌行为倾向显著相关，其相关系数分别为 0.105 和 0.087，具体数据见 Model 2，在线品牌社群认同与保护、抵制竞争品牌行为倾向显著相关，其相关系数分别为 0.699 和 0.441，具体数据见 Model 3，但当在线品牌社群认同加入网络密度对品牌行为倾向的回归模型时，网络密度对品牌行为倾向的影响不再显著，其相关系数变为-0.017 和 0.009，具体数据见 Model 4，因此在线品牌社群认同在网络密度和品牌行为倾向之间起完全中介作用，H4 成立。

　　从控制变量看，社群历史和成员登录频率会影响保护品牌行为倾向，抵制竞争品牌行为倾向则受到所有变量影响。

表 10-4 假设检验结果

假设路径	β 值	t 值
H1a: 价值观异质性→网络密度	-0.1691^{**}	6.8269
H1b: 信息异质性→网络密度	-0.0532^{*}	2.1058
H2: 网络密度→在线品牌社群认同	0.2779^{***}	16.0422
H3a: 在线品牌社群认同→保护品牌行为倾向	0.7281^{***}	67.5599
H3b: 在线品牌社群认同→抵制竞争品牌行为倾向	0.4485^{***}	30.6131
H4a: 网络密度→保护品牌行为倾向	-0.002	0.1291
H4b: 网络密度→抵制竞争品牌行为倾向	0.0232	1.3416
控制变量		
社群规模→保护品牌行为倾向	-0.022	1.79
社群历史→保护品牌行为倾向	0.109^{**}	7.79
会员加入时长→保护品牌行为倾向	0.007	0.51
会员登陆社群频率→保护品牌行为倾向	0.057^{**}	4.16
社群规模→抵制竞争品牌行为倾向	0.059^{**}	3.62
社群历史→抵制竞争品牌行为倾向	-0.108^{**}	5.99
会员加入时长→抵制竞争品牌行为倾向	0.173^{**}	9.06
会员登陆社群频率→抵制竞争品牌行为倾向	-0.075^{**}	4.37
因变量	R^2	
网络密度	0.045	
在线品牌社群认同	0.08	
保护自己品牌行为倾向	0.544	
抵制竞争品牌行为倾向	0.234	

注："*""**""***"分别表示 $p<0.05$，$p<0.01$，$p<0.001$（双尾检验）。

表 10-5 中介效应检验结果

变量	Model 1		Model 2		Model 3		Model 4	
	保护倾向	抵制倾向	保护倾向	抵制倾向	保护倾向	抵制倾向	保护倾向	抵制倾向
控制变量								
社群规模	-0.019	0.06^{**}	-0.019	0.06^{**}	-0.022	0.059^{**}	-0.022	0.059^{**}
社群历史	0.088^{***}	-0.123^{***}	0.095^{***}	-0.117^{***}	0.11^{***}	-0.108^{***}	0.108^{***}	-0.108^{***}

变量	Model 1		Model 2		Model 3		Model 4	
	保护倾向	抵制倾向	保护倾向	抵制倾向	保护倾向	抵制倾向	保护倾向	抵制倾向
会员登录频率	0.256***	0.048*	0.232***	−0.027	0.056***	−0.075***	0.059***	−0.077***
会员加入时长	0.13*	0.253***	0.108*	0.236***	0.007	0.173***	0.01	0.172***
自变量								
网络密度			0.105**	0.087**			−0.017	0.009
中介变量								
社群认同					0.699***	0.441***	0.702***	0.438***
因变量				R^2				
社群认同							0.077	
保护倾向	0.124		0.133		0.544		0.544	
抵制倾向		0.067		0.074		0.235		0.234

注：①保护倾向指保护自己品牌行为倾向，抵制倾向指抵制竞争品牌行为倾向；

②"*""**""***"分别表示 $p<0.05$，$p<0.01$，$p<0.001$（双尾检验）。

三、模型拟合度检验

假设模型的检验结果表明，网络密度、在线品牌社群认同、保护自己品牌行为倾向、抵制竞争品牌行为倾向的 R^2 分别为 0.045、0.08、0.544、0.234（见表 10-4），大于 0.02，表明模型的拟合度可以接受。

第五节　成员异质性、网络密度与社群认同的研究结论与启示

众多品牌爱好者聚在一起，但彼此之间互不相识，价值观和社会背景千差万别，如何促使这样一个由形色各异的成员组成的社群持续发展并对

品牌发展有所贡献，是一个值得关注的问题。异质性的研究多限于线下团队的创新能力或凝聚力因素研究（Joshi and Roh，2009；Stam et al.，2014；Williams，2016），较少有把异质性放在线上社群情景中进行研究的文献。本章尝试就对此展开讨论，探索成员异质性对网络密度的影响，以及网络密度对品牌行为倾向的作用机制；其中，还探究了社群认同在网络密度与品牌行为倾向之间的中介作用。本章使用偏最小二乘法进行了实证研究，发现成员的异质性太强不利于社群网络密度的培养；社群的网络密度越大，成员认同感越强，保护倾向和抵制竞争品牌的倾向越强烈。具体而言：

首先，成员的价值观异质性越大，社群的网络密度就越小。成员的价值观异质性大，意味着成员的个性、信念、看问题的角度和对同一问题的理解方式都会存在着较大的差异，所以成员在社群内部讨论问题时，可能遭遇更多的情感冲突和观点冲突。价值观的差异相对信息差异更为隐秘、不易感知，而且很难被社群内的陌生人影响，所以在不知不觉中，成员之间的隔阂会影响成员之间、成员和社群之间的亲密度，影响社群的凝聚力，最终降低社群的网络密度（Woehr et al.，2013）。这个结果在一定程度上与Jehn 等（1999）学者的研究相呼应。

其次，信息异质性是一个负向影响在线品牌社群网络密度的前因变量。团队情境中，成员之间专业背景不同，知识覆盖范围不同，对相关工作了解的程度也不同，通过面对面的交流和碰撞能够激发出更多创造性的解决方案，提高团队的凝聚力。但是，差异性的信息还必须经过知识的分享和整合才能真正转化为社群的创新资源，而知识的分享和整合又受到个人分享意愿和知识整合成本的影响（彭凯和孙海法，2012）。这一结论可能恰好说明了非结构化团队和结构化团队的不同。线下团队一般属于正式组织，团队有明确的绩效目标，成员被要求共同合作克服困难。在线品牌社群则不同，社群成员并没有强制义务帮助其他成员解决问题，尤其是在遇到自己不擅长或者很少关注的领域的问题时，促使成员积极想方设法帮助其他成员解决问题的激励就会更小。所以，如果一个在线品牌社群中，社群成员的背景和知识差异太大，可能使社群内抛出的话题和问题石沉大海，长久下去，会使成员产生与社群格格不入之感，不愿参与讨论，降低网络密度。而且，以往团队情境的研究中将价值观异质性和信息异质性分别放在不同模型中进行考察，而本研究是将它们同时加入模型进行检验。当某一社群价值观差异很大时，要想保证交流顺畅，信息差异就不能太大，否则成员之间找不到任何的共同点，自然不能形成频繁的交流网络。

再次，品牌社群的网络密度越高，成员的在线品牌社群认同感越强烈。在在线品牌社群中，成员参与的心理动机和参与程度有显著差异，这些参与程度对社群的网络互动效用产生了很大影响，直接导致不同社群内网络密度的高低不一。一部分成员交流密切，形成高密度的中心，其他新成员虽然处于中心外围，但他们对中心的羡慕和模仿也成为社群发展的动力。社群多由偏好品牌的人构成，社群的网络密度越高，成员之间互相交流购买经历、对社群历史、规范等内容进行讨论就越频繁，这些信息和情感的分享也会成为成员模仿和建构自我的规范（Marin and Ruizd, 2015）。当其对社群的建立历史、规范和仪式了解程度逐渐加深，把社群中有关品牌的信息加入自我建构时，品牌社群认同感也更加强烈。

最后，品牌社群中成员的在线品牌社群认同在社群网络密度和成员品牌行为倾向之间起中介作用。随着社群成员参加活动增多，从互不相识到慢慢熟悉，亲如一家，社群网络密度也随之增加。在这个过程中，他们在表达自己的族群感时常常会用"XX 人"来称呼自己，并通过"我们"和"他们"的称呼来与其他品牌社群成员进行区分（Algesheimer and Gurau, 2008；Bagozzi and Dholakia, 2006）。根据社会认同理论，一旦人们将自己视为组织的一部分，与社群建立长久联系的意愿就会增强，就会在道义和情感上保护社群（Johnson et al., 2013）。社群成员在社群中的嵌入度越高，其在社群中的心理所有权就越强，这种心理层面上的情感可以加强在线品牌社群成员对该品牌的保护行为，并强化其对竞争品牌的排斥心理（Zhang et al., 2014）。

回到实际管理中来，一方面，管理者可以观察社群成员的差异，将社群进行划分，提高社群的网络密度。正如本章研究所得，成员价值观差异大的社群很难形成高水平的互动状态，且当成员的价值观和信息异质性都很大时，想要保持高凝聚力更是难上加难。所以，企业在创立品牌社群时，可通过时时关注社群内成员的交流话题、对品牌不同特性的关注以及在表达看法时体现出的专业和学识背景，有意识地将持不同价值观的成员分到不同的社群小组，尽量使相同价值观的社群分支中包含不同专业背景、兴趣爱好的成员，如同班级的兴趣组织。大社群化为小社群不仅可以节省成员的信息处理精力，使产品的问题和建议得到积极的响应和反馈，加快新产品的实验推广，还可以使社群内的互动更加高效、积极。相比大社群的成员，小社群的成员更愿意担负起为大家解决问题的责任，会积极动员社群成员为遇到问题的成员排忧解难。最后，有助于及时教育、同化"边缘成员"和"新成员"，使他们的需求和声音得到表达和重视，让他们感受到"主人公"的归属感而不是"边缘人"的游离感。通过各种划分方法，最终将成员培养为品牌的传福音者，使其互相作用并改善与社群和品牌的关系。

另一方面，企业应该注重在线品牌社群认同感的培养，提高成员社群认同感有助于企业获得更多的客户支持。首先，加深认知。鼓励社群成员在社群内分享其与品牌的故事，包括使用经验和购买经历等。其次，提升情感连接。通过定期发起主题讨论和活动，鼓励成员积极参加，增进情感互动，建立和扩大私人圈子，增加成员间的情感连接。最后，加强认同感。社群不仅要建立成员等级和回答问题奖励积分的制度，更要通过时时曝光关键成员来激励社群成员为大家多做贡献，让每一个成员觉得自己不可或缺。管理者不仅要看到成员的不同需要，还要激发参与动机，才能实现招揽新成员和维护老成员的愿望，并将其转化为品牌的忠诚拥护者。

本章参考文献

[1] 宝贡敏，徐碧祥. 组织认同理论研究述评[J]. 外国经济与管理，2006，28（1）：39-45.

[2] 陈晓萍，徐淑英，樊景立. 组织与管理研究的实证方法[M]. 北京：北京大学出版社，2008.

[3] 常红锦，仵永恒. 网络异质性、网络密度与企业创新绩效——基于知识资源视角[J]. 财经论丛，2013，11（6）：83-88.

[4] 樊传浩，王济干. 创业团队异质性与团队效能的关系研究[J]. 科研管理，2013，8（8）：34-41.

[5] 胡旺盛，张保花. 品牌社群认同因素对社群成员行为倾向影响的实证研究[J]. 当代财经，2011，10：82-90.

[6] 韩立丰，王重鸣，许智文. 群体多样性研究的理论述评——基于群体断层理论的反思[J]. 心理科学进展，2010，18（2）：374-384.

[7] 金立印. 虚拟品牌社群的价值维度对成员社群意识、忠诚度及行为倾向的影响[J]. 管理科学，2007，20（2）：36-45.

[8]　刘军. 社会网络分析导论[M]. 北京：社会科学文献出版社，2004.

[9]　罗家德. 社会网分析讲义（第二版）[M]. 北京：社会科学文献出版社，2010.

[10]　彭凯，孙海法. 知识多样性、知识分享和整合及研发创新的相互关系——基于知识 IPO 和 Rand 团队创新过程分析[J]. 软科学，2012，26（9）: 15-19.

[11]　吴岩. 创业团队的知识异质性对创业绩效的影响研究[J]. 科研管理，2014，7（7）: 84-90.

[12]　薛海波，王新新. 品牌社群关系网络密度影响品牌忠诚的作用机制研究[J]. 商业经济与管理，2011，8（8）: 58-66.

[13]　周晓虹. 认同理论：社会学与心理学的分析路径[J]. 社会科学，2008，4: 46-53.

[14]　周志民. 品牌社群形成机理模型初探[J]. 商业经济与管理，2005，169（11）: 74-79.

[15]　Amason A C. Distinguishing the Effects of Functional and Dysfunctional Conflict on Strategic Decision Making: Resolving a Paradox for Top Management Teams[J]. The Academy of Management Journal, 1996, 39 (1): 123-148.

[16]　Almeida S O, Mazzon J A, Dholakia U, et al. Participant Diversity and Expressive Freedom Firm-Managed and Customer-Managed Brand Communities[J]. Brazilian Administration Review, 2013, 10(2): 195-218.

[17]　Adjei M, Noble S, Noble C. The Influence of C2C Communications in Online Brand Communities on Customer Purchase Behavior[J]. Journal of the Academy of Marketing Science, 2010, 38(5): 634-653.

[18]　Ashforth B E, Meal F. Alumni and Their Alma Mater: A Partial Test of the Reformulated Model Organizational Identification[J]. Journal of Organizational Behavior, 1992, 13(2): 103-123.

[19]　Algesheimer R, Gurau C. Introducing Structure Theory in Communal Consumption Behavior Research[J]. Qualitative Market Research, 2008, 11(2): 227-245.

[20]　Bagozzi R P, Yi Y. On the Evaluation of Structural Equation Models[J]. Journal of the Academy of Marketing Science, 1988, 16(1): 74-94.

[21] Bagozzi R P, Dholakia U M. Antecedents and Purchase Consequences of Customer Participation in Small Group Brand Communities[J]. International Journal of Research in Marketing, 2006, 23(1): 45-61.

[22] Baron R M, Kenny D A. The Moderator-mediator Variable Distinction in Social Psychological Research: Conceptual, Strategic and Statistical Considerations[J]. Journal of Personality and Social, 1986, 51(6): 1173-1182.

[23] Bell S T. Deep-level Composition Variables as Predictors of Team Performance: A Meta-analysis[J]. Journal of Applied Psychology, 2007, 92(3): 595-615.

[24] Bigne J, Enriquie Mattila A S, Andreu L. The Impact of Experiential Consumption Cognitions on Behavioral Intentions[J]. Journal of Services Marketing, 2008, 22(4): 303-315.

[25] Burt R S. Structural Holes[M]. Cambridge MA: Harvard University Press, 1992.

[26] Bliese P D. Within-Group Agreement, Non-Independence, and Reliability: Implications for Data Aggregation and Analysis. In K.J. Klein and S.W.J. Kozlowski (Eds.), Multilevel Theory, Research, and Methods in Organizations: Foundations, Extensions, and New Directions[M]. San Francisco, CA: Jossey–Bass, 2000.

[27] Chan C, Berger J, Boven L V. Identifiable but not Identical: Combining Social Identity and Uniqueness Motives in Choice[J]. Journal of Consumer Research, 2012, 39(3): 561-573.

[28] Chang A, Hsieh S H, Lin F. Personality Traits That Lead Members of Online Brand Communities to Participate in Information Sending and Receiving[J]. International Journal of Electronic Commerce, 2013, 17(3): 37-61.

[29] Chiu C M, Hsu M H, Lai H C, et al. Reexamining the Influence of Trust on Online Repeat Purchase Intention: The Moderating role of Habit and Its Antecedents[J]. Decision Support Systems, 2012, 53(4): 835-845.

[30] Cohen J. Statistical Power Analysis for the Behavioral Science[M]. Mahwah, NJ: Lawrence Erlbaum, 1988.

[31] Dholaki A, Bagozzi R P, Pearo L K. A Social Influence Model of Consumer Participation in Network and Small Group Based Virtual Communities[J]. International Journal of research in Marketing, 2004, 21(3): 241-263.

[32] Ensley M D, Pearson A W, Amason A C. Understanding the Dynamics of New Venture Top Management Teams: Cohesion, Conflict, and New Venture Performance[J]. Journal of Business Venturing, 2002, 17(4): 365-386.

[33] Fornell C, Larker D. Evaluating Structural Equation Models with Unobservable Variables and Measurement Error[J]. Journal of Marketing Research, 1981, 18: 375-381.

[34] Granovetter M. Economic Action and Social Structure: The Problem of Embeddedness[J]. American Journal of Sociology, 1985, 91(3): 481-510.

[35] Horwitz S K, Horwitz I B. The Effects of Team Diversity on Team Outcomes: A Meta-analytic Review of Team Demography[J]. Journal of Management, 2007, 33(6): 987-1015.

[36] Hernandez A G, Reyers D L, Lopez E. Analysis of the Relationship between the Properties of the Social Network of R&D Groups and Scientific Performance[J]. Institute of Innovation and Knowledge Management, 2007, 34(4): 1-19.

[37] Hyejin B, Michael A O, Thomas R. The Moderating Role of Brand Reputation and Moral Obligation: An Application of the Theory of Planned Behavior[J]. Journal of Management Development, 2014, 33(4): 282-298.

[38] Hongwei W, Yuan M, Wei W. The Role Perceived Interactivity Virtual Communities: Building Trust Increasing Stickiness[J]. Connection Science, 2013, 25(1): 55-73.

[39] Hulland L. Use of Partial Least Squares (PLS) in Strategic Management Research: a Review of Four Recent Studies[J]. Strategic Management Journal, 1999, 20(2): 195-204.

[40] Joshi A, Roh H. The Role of Context in Work Team Diversity Research: A Meta-analytic Review[J]. Academy of ManagementJournal, 2009, 52(3):

599-627.

[41] Jehn K A, Northcraft G B, Neale M A. Why Differences Make a Difference: A Field Study in Diversity, Conflict, Performance in Work Groups[J]. Administrative Science Quarterly, 1999, 44(4): 741-763.

[42] Johnson Z, Massiah C, Allan J. Community Identification Increases Consumer to Consumer Helping, but not always[J]. Journal of Consumer Marketing, 2013, 30(2): 121-129.

[43] Jackson S E, Joshi A, Erhardt N L. Recent Research on Team and Organizational Diversity: SWOT Analysis and Implications[J]. Journal of Management, 2003, 29(6): 801-830.

[44] Kristinsson K, Candi M, Sæmundsson R J. The Relationship Between Founder Team Diversity and Innovation Performance: The Moderating Role of Causation Logic[J]. Long Range Planning, 2016, 49(4): 464-476.

[45] Krackhardt D, Kilduff M. Whether Close or Far: Social Distance Effects Perceived Balance in Friendship Networks[J]. Journal of Personality and Social Psychology, 1999, 76(5): 770-782.

[46] Liangding J, Jason D S, Anne S T, et al. A Social Structural Perspective on Employee Organization Relationship and Team Creativity[J]. Academy of Management Journal, 2014, 57(3): 869-891.

[47] Mannix E, Neale M A. What Differences Make a Difference?[J]. Psychological Science in the Public Interest, 2005, 6(2): 31-55.

[48] Marin L, Ruizd M S. The Role of Affiliation, Attractiveness and Personal Connection in Consumer-Company Identification[J]. European Journal of Marketing, 2015, 4(3): 655-673.

[49] Mathieu J E, Taylor S R. A Framework for Testing Meso-Mediational Relationships in Organizational Behavior[J]. Journal of Organizational Behavior, 2007, 28(2), 141-172.

[50] Muniz A M Jr, O'Guinn T C. Brand Community[J]. Journal of Consumer Research, 2001, 27(3): 412-432.

[51] Nunnally J. Psychometric Theory[M]. New York: McGraw-Hill, 1978.

[52] Netemeyer R G, Bearden W O. A Comparative Analysis of Two Models of Behavioral Intention[J]. Journal of the Academy of Marketing Science,

1992, 20(1): 49-59.

[53] Rheingold H. The Virtual Community: Homesteading on the Electronic Frontier[M]. New York: Addison Wesley Publishing Co, 1993.

[54] Reed A, Forehand M R, Puntoni S, et al. Identity based Consumer Behavior[J]. International Journal of Research in Marketing, 2012, 29(4): 310-321.

[55] Saaksjarvi M, Hellen K, Gummerus J, et al. Love at First Sight or a Long Term Affair?[J]. Journal of Relationship Marketing, 2007, 6(1): 45-61.

[56] Schouten J W, Mc Alexander J H, Koeing H F. Transcendent Customer Experience and Brand Community[J]. Journal of the Academy of Marketing Science, 2007, 35(3): 357-368.

[57] Scott J. Social Network Analysis: A Handbook(2nd ed.)[M]. London: SAGE Publications Ltd, 2000.

[58] Stam W, Arzlanian S, Elfring T. Social Capital of Entrepreneurs and Small Firm Performance: A Meta-analysis of Contextual and Methodological Moderators[J]. Journal of Business Venturing, 2014, 29(1): 152-173.

[59] Townsend C, Sood S. The Self-Affirmation through Choice of Highly Aesthetic Products[J]. Journal of Consumer Research, 2012, 39(2): 415-428.

[60] Thompson S A, Sinha R K. Brand Communities and New Product Adoption: The Iinfluence and Limits of Oppositional Loyalty[J]. Journal of Marketing, 2008, 72(6): 65-80.

[61] Thomas H, James W. The Dark Side of Brand Community: Inter-Group Stereotyping, Trash Talk, and Schadenfreude[J]. Advances in Consumer Research, 2007, 34(6): 314-319.

[62] Dijk H, Engen M L, Knippenberg D. Defying Conventional Wisdom: A Meta-analytical Examination of the Differences between Demographic and Job-related Diversity Relationships with Performance[J]. Organizational Behavior and Human Decision Processes, 2012, 119(2): 38-53.

[63] Williams M. Being Trusted: How Team Generational Age Diversity Promotes and Undermines Trust in Cross-boundary Relationships [J].

Journal of Organizational Behavior, 2016, 37(3): 346-373.

[64] White K, Argo J J, Sengupta J. Disassociative Versus Associative Responses to Social Identity Threat: The Role of Consumer Self-Construal[J]. Journal of Consumer Research, 2012, 39(4): 704-719.

[65] Woehr D J, Arciniega L M, Poling T L. Exploring the Effects of Value Diversity on Team Effectiveness[J]. Journal of Business Psychology, 2013, 28(1): 107-121.

[66] Yen H R, Hsu S H Y, Huang C Y. Good Soldiers on the Web: Understanding the Drivers of Participation in Online Communities of Consumption[J]. International Journal of Electronic Commerce, 2011, 15(4): 89-120.

[67] Zhang J, Nie M, Yan B, et al. Effect of Network Embeddedness on Brand-related Behavior Intentions: Mediating Effects of Psychological Ownership[J]. Social Behavior and Personality, 2014, 42(5): 721-730.

[68] Zhao J, Ha S, Widdows R. Building Trusting Relationships in Online Health Communities[J]. Cyberpsychology, Behavior and Social Networking, 2013, 16(9): 650-657.

第六篇
社会资本

第六章

本质分析

第十一章 互动质量、E-社会资本与社群承诺[①]

依照 Bourdieu（1977）的观点，社会资本来自社会连带的建立和维持。在互联网背景下，陌生人之间建立社会连带的根本途径在于社会互动，所以，对社会互动的研究有助于理解社会资本的形成机制（Lin, 1999）。尽管关于在线信任、互惠规范等问题已有较多研究（Mathwick et al., 2008；Pappas, 2016；Zhang et al., 2014），但作为这些社会资本维度的集合（Nahapiet and Ghoshal, 1998），即 E-社会资本问题，尤其是其形成机制问题尚未得到足够重视。同时，鉴于线上与线下的差异，E-社会资本也可能与传统的社会资本有所不同，原有的一些研究结论不一定适用。此外，在线品牌社群承诺对品牌承诺（或忠诚）产生了显著的正向影响（Hsieh and Wei，2017；Jang et al., 2008；Kim et al., 2008），这使得品牌社群将营销的重心放在社群承诺的培养上。然而，究竟是哪些因素促进了在线品牌社群承诺？结合以上问题，本章从 E-社会资本的视角来研究在线品牌社群问题，以便为在线品牌社群承诺的培养提供建议。

第一节 社会资本与社会互动的理论

一、社会资本

社会资本是一个层次复杂、内涵丰富的概念。Brown（1997）提出从微观、中观、宏观 3 个层次来观察社会资本（罗家德，2008）。其中，微观

[①] 本章初稿发表情况如下：周志民，贺和平，苏晨汀，周南. 在线品牌社群中 E-社会资本的形成机制研究[J]. 营销科学学报, 2011, 7(2): 1-22。本书有删改。

层次探讨社会实体如何通过社会网络调动资源，如 Granovetter（1973）认为社会连带可带来信息的交换，Lin 等（1981）认为社会资本就是嵌入在关系网络中的社会资源；中观层次探讨网络结构及其所带来的资源，如 Coleman（1990）将社会资本定义为创造价值并促进个人行为的社会结构因素，Burt（1992）的"结构洞"理论认为个人在他人之间的网络中介地位带来了资源利益；宏观层次探讨社会系统中的文化、规范、领导、组织对社会实体的资源创造产生影响，如 Bourdieu（1977）定义的社会资本注重社会系统的整体层面，认为社会资本是个人或团体所拥有的社会连带总和，社会连带的建立和维系造就了社会资本。

在社会资本测量方面，当属 Nahapiet 和 Ghoshal（1998）的观点影响力最大。在他们看来，社会资本可以从结构维、认知维和关系维 3 个构面进行考察，其中结构维度包括网络连带、网络结构和可使用的组织，认知维度包括共有编码、共同语言和共同叙事，关系维度包括信任、规范、认同和义务。结构维度关注的是社会资本当中的网络结构和连带，属于中观层面的社会资本；而认知维度在 Bourdieu 看来属于文化资本，而非社会资本，因此排除在狭义的社会资本之外（罗家德，2008）。本章的研究目的是探索在线品牌社群成员如何通过个体间的在线互动形成社会资本，符合微观社会资本的视角，因此本章中的社会资本被界定在关系维度的层面。在在线社群的研究中，社会资本也被视为在一些关系规范影响下能为个体带来利益的无形资源（Mathwick et al., 2008；Tarnovan，2011；Wang et al., 2016），说明仅从关系维度来研究社会资本是可行的。

二、社会互动

社会现实通过人们的社会互动过程而构建（Berger and Luckmann，1966）。作为个体层次向社会结构层次的中介，社会互动在社会学研究中处于重要位置，其概念是指人们对他人行为所做出响应的方式（Schaefer，2005）。按照 Blumer（1969）的观点，人们不只是对他人的行为做出反应，而且是在解释或定义他人的行为，即人们对他人行为的理解决定了人们对他人的行为。因此，关注结果预期的社会认知理论（Bandura，1986）应当作为理解社会互动的前提。

随着在线社群的兴起，在线社会互动受到了许多学者的关注（Flanagin and Metzger，2001；Mollen and Wilson，2010；Yan and Chang，2013）。本质上，在线社群就是一个社会互动体，人们在互联网上讨教问题、交流观点、分享经验，彼此之间建立联系。在互动过程中，人们可以获得许多有价值的资源，并因此建立关系连带，产生社会资本（Lin，1999）。互联网上的社会互动也是如此（Wang and Chiang，2009）。由于信息交换是在线社群发展的关键，所以大量在线社会互动的研究集中在基于知识分享的社群当中（Wasko and Faraj，2005）。如何提高在线社会互动质量、在线互动对在线社群发展有何影响等问题成为学术界关注的课题。

第二节　互动质量、E-社会资本与社群承诺的关系假设

"利益—行为—认知—关系—意动"的递进关系揭示了人类行为的基本逻辑——任何行为都是由利益驱动的，而通过一系列行为，主体对客体产生了认知，进而拉近了关系，并增强了下一次行为的意愿。根据这一分析框架，该模型变量之间的逻辑关系表现为：①当成员在社群中遇到具有共性的社群成员（利益），以及可找到大量有用信息（利益）时，彼此间的在线互动质量（行为）会提高。②作为一种关系资本，E-社会资本来自在线社会互动，只有通过充分而友好的在线互动（行为），陌生的成员之间才能建立关系，进而形成 E-社会资本（关系）。③尽管在线交流（行为）处于虚拟的在线环境下，但先进的互联网技术（如图片、视频、音频技术等）加强了交流的真实性，从而使成员与成员之间的社交产生了临场感（认知），并且随着交流的深入，缘分感（认知）也应运而生。社交临场感和缘分感都对在线背景下的成员关系产生正面影响，最终累积了 E-社会资本（关系）。④E-社会资本（关系）能够为成员带来潜在利益，从而促使他们对在线品牌社群产生承诺（意动），这也是从企业营销角度研究 E-社会资本的价值之所在。本章的概念模型见图 11-1。

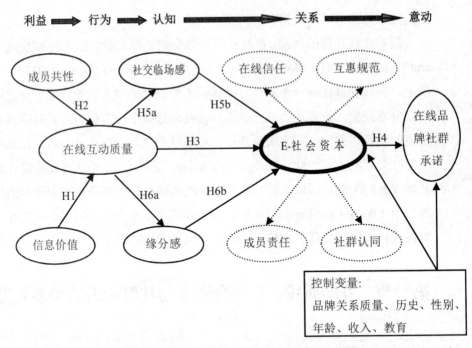

图例：加粗的实线表示主效应；未加粗的实线表示控制变量的影响；虚线表示反映式指标与构念的关系；加粗的椭圆表示高阶构念；未加粗的实线椭圆表示一阶构念；未加粗的虚线椭圆表示反映式指标；方框表示控制变量。

图 11-1　概念模型

一、在线互动质量的前因

在线社群的一大核心功能就是为成员提供丰富的信息资源（Muniz and O'Guinn，2001；Sicilia and Palazón，2008），这也是在线社群的立足之本。人们最初访问在线社群的动机都是查询信息，以便解决问题和获取新知（Armstrong and Hagel，1996；Adler and Kwon，2002；Ridings and Gefen，2004；Inkpen and Tsang，2005；Wasko and Faraj，2005）。早期的信息通常来自社群的组织者（如企业或社群领袖），资源有限；但随着大量成员的参与，成千上万的信息来自不同背景的成员，构成了海量的信息库。在线社群的存在使得成员之间的信息交流与共享变得非常方便和有效（Mathwick et al.，2008；Sicilia and Palazón，2008）。当在线社群满足了成员对信息的需求时，他们会对在线社群互动感到满意，从而对互动的质量产生高度评价。因此，可做出以下假设。

H1：社群成员获得的信息价值越大，他们与其他成员在线互动的质量就越高。

随着社群关系的深入，成员之间交流的信息内容从最初的产品信息逐渐扩散到一些个人信息，如兴趣爱好、价值观、个人经历等。个人信息的相似性促使成员之间产生志同道合的感觉，进而形成共鸣（McKenna and Bargh，1999；Wellman and Gulia，1999）。特别是，在线品牌社群本身就是由一群对某品牌有共同兴趣的人所构成的（Sicilia and Palazón，2008），对品牌的共识和信念加深了彼此的好感，从而获得了社交价值的满足（Dholakia et al.，2004；Mathwick et al.，2008），自然也就对在线互动质量感到满意。所以，可做出如下假设。

H2：社群成员之间的共性越大，他们与其他成员在线互动的质量就越高。

二、E-社会资本的前因与后果

在在线品牌社群中，陌生的成员们通过持续、充分的在线交流，增进了彼此之间的熟悉和了解程度，进而产生信任感（Gabarro，1978；Granovetter，1985；Gulati，1995），然后逐渐建立社会关系。实际上，一些社会资本学者已将社会互动视为社会关系的前因（Tsai and Ghoshal，1998；Wang and Chiang，2009）。而进一步从社会资本的角度看，成员之间的社会关系是他们借以获取利益的资源，换言之，作为资源的社会关系就是社会资本（Lin et al.，1981；Nahapiet and Ghoshal，1998）。故提出如下假设。

H3：在线互动质量越高，成员从在线社群中获取的E-社会资本就越高。

在线社群承诺是人们长期留在在线社群的意愿（Moorman et al.，1992）。研究表明，对信息价值和社交价值的期待影响了成员留在在线社群的意愿（Mathwick et al.，2008）。从社会资本的角度来看，关系资源决定了关系利益。如果没有E-社会资本这一关系资源，人们从在线社群中得到价值的可能性将会降低，且获得的价值也会有限。这会影响到他们对在线社群的评价，从而也影响到今后继续留在在线社群的意愿。故做出如下假设。

H4：E-社会资本越强，在线品牌社群承诺就越强。

三、在线互动质量与 E-社会资本之间的中介变量

为了描述互联网背景下人际交流的质量，Short 等（1976）提出了"社交临场感"（Social Presence）的概念。之后的一些研究中，社交临场感指在互联网媒体环境下，一方对另一方的感知程度（Gefen and Straub, 2004），以及由此产生的与对方待在一起的感觉（Biocca et al., 2004）。研究表明，媒体的互动性和生动性有助于社交临场感的形成（Fortin and Dholakia, 2004；Steuer, 1992）。由于技术进步，互联网已发展成为一种互动性和生动性极强的新媒体。因此，尽管在线环境下缺乏面对面的交流机会，但先进的互联网技术（如即时聊天工具、网络视频技术等）可以帮助人们在网上进行充分、有效的互动交流，从而增强了人们的社交临场感。

由于互联网的不确定性很大，在线社群比现实社群存在更大的风险（Armstrong and Hagel, 1996），在线交互双方的关系也因此难以深入。然而，在线社群中成员们之间的社交临场感使得互联网的不确定性得以下降。多项研究表明，在线社群中的社交临场感增加了交互双方彼此间的信任度（Gefen and Straub, 2004；Hassanein and Head, 2006），从而促进了成员们在线关系的建立。

H5a：在线互动质量越高，成员之间的社交临场感就越强。

H5b：成员之间的社交临场感越强，E-社会资本就越强。

H5c：成员之间的社交临场感在在线互动质量和 E-社会资本之间起到中介作用。

在中国传统文化中，"缘"被视为一个命中注定的关系前因（Yau, 1988）。能够在茫茫人海当中相遇谓之"有缘"，而交流得非常投机则是"投缘"（Cheung, 1986）。特别是在在线品牌社群当中，成员彼此之间相隔万里、互不相识，能够找到共同的兴趣爱好以及共同价值观的人进行愉快交流是一个非常巧合的小概率事件，只有用"缘分"才能加以解释。此外，在线交流越充分，彼此之间的信息了解就越全面，共同点挖掘得越多，缘分感也就越强烈。

一旦缘分感形成，基于对缘分的珍惜，人们之间更容易建立良好的关系（Chang and Holt, 1991；Yau, 1988）。调查显示，中国人在描述关系时常常提及缘分（Yang and Ho, 1988）。作为理性价值的补充说明，缘分感被认为是关系形成过程中一个无法解释的原因。缘分感让人觉得彼此之间

在冥冥之中有种关联，注定交互双方的相遇是不可避免的。因此，做出以下假设。

H6a：在线互动质量越高，成员之间的缘分感就越强。

H6b：成员之间的缘分感越强，E-社会资本就越强。

H6c：成员之间的缘分感在在线互动质量和 E-社会资本之间起到中介作用。

四、控制变量

为了更好地研究核心变量之间的主效应关系，本章分别对 E-社会资本和在线品牌社群承诺进行了控制。主要控制变量为品牌关系质量。品牌关系质量是指成员与在线品牌社群的纽带——品牌之间的关系强度（Fournier，1998）。如果成员们与品牌之间的关系非常亲密友好，他们会因为对品牌的共同情感而拉近心理距离，从而建立良好关系。至于品牌关系质量与品牌社群承诺的关系，有研究表明品牌关系质量会显著影响品牌社群认同（Algesheimer et al., 2005），而后者是品牌社群承诺的前因（Bagozzi and Dholakia，2006），由此可以推断品牌关系质量可能也会影响到品牌社群承诺。

此外，笔者还将成员加入社群的年限、性别、年龄、教育和收入 5 个人口统计变量作为控制变量，以便更准确地检验各假设关系。

第三节　定性与定量研究方法

我们依次采用定性和定量方法对模型和假设进行分析。其中，定性研究采用了网络志方法（具体见第二章），目的是从真实的在线品牌社群中找到核心构念及其关系存在的证据；定量研究采用偏最小二乘法（PLS）进行数据分析，目的是验证各假设关系的强度。两种方法的结合会使研究结论具有更好的信度和效度（Adjei et al., 2010；Cyr et al., 2009）。

一、行业与样本

数据收集自运动鞋网上论坛，主要考虑：当前运动成为一种时尚，年轻人对运动鞋这类运动必需品特别关注，而目前品牌社群研究的行业主要集中于汽车（Algesheimer et al., 2005）、电脑（Muniz and O'Guinn, 2005）、摩托车（Fournier and Lee, 2009）、可乐（Sicilia and Palazón, 2008），甚至是大学（McAlexander et al., 2004），还较少将运动鞋之类的运动产品作为对象。本章希望在这一行业做一个探索。

数据收集的具体步骤如下：首先将问卷放在专业网上调研平台"问卷星"（www.wjx.com）上面，之后在李宁互动社区（bbs.li-ning.com）等大型的运动鞋论坛上发问卷网址链接帖，同时也通过"问卷星"公司向其注册成员推荐本问卷。最后，共收集有效样本 238 个，分别来自李宁、耐克、安踏、阿迪、361°、特步等品牌论坛。表 11-1 为 238 个被访者的人口统计特征。

表 11-1　样本结构

性别	占比 (%)	年龄	占比 (%)	收入（元）	占比 (%)	学历	占比 (%)	成员加入社群的年限	占比 (%)
		15～20	10.5	没收入	22.3	初中	0.8	<1 年	28.6
		21～25	48.7	<2000	20.6	高中	8.0	1～2 年	30.3
男	70.6	26～30	26.2	2000～3000	26.1	中专	3.8	2～3 年	23.9
女	29.4	31～40	13.4	3001～5000	15.1	大专	22.6	3～4 年	12.6
		41～50	0.8	5001～8000	12.2	本科	55.5	4～5 年	2.9
		51～60	0.4	8001～15000	3.3	硕士	8.0	>5 年	1.7
				15001～50000	0.4	博士	1.3		

二、构念测量

本章测量了 7 个核心变量，测项均来自已有文献。信息价值是指成员从在线品牌社群中获得信息以解决问题，用 3 个测项测量（Mathwick et al., 2008）。成员共性是指成员之间在兴趣爱好、价值观等方面的相似性，用两个测项测量（Siu, 2008）。在线互动质量是互动方对其在互联网上交流情况的评价，使用测项由一些管理信息系统研究中所使用的 4 个"交互质量"

测项调整而来（Nidumolu，1995；Wang et al.，2005）。社交临场感是在某一媒体背景下所感受到的与对方的社会交往程度，用人际接触、个性魅力、社交能力、人性温暖、感同身受 5 个测项来测量（Gefen and Straub，2004）。缘分感是关系方之间命中注定的关系纽带，用缘分的联想（有缘）和缘分的匹配（投缘）来测量（Chang and Holt，1991；Siu，2008）。E-社会资本是指在线社群中的社会连带所带来的资源，分别测量了关系维社会资本的 4 个维度：在线信任是指成员之间的相互信任，采用了 4 个测项（Pavlou and Gefen，2004）；互惠规范是指成员对互惠行为的信念，采用了 5 个测项（Chan and Li，2009；Mathwick et al.，2008；Wasko and Faraj，2005）；成员责任是指由于成员身份而对社群发展的支持，采用了 2 个测项（Dholakia et al.，2004）；社群认同是指成员将自己视为品牌社群的一分子，采用了 6 个测项（Algesheimer et al.，2005；Mael and Ashforth，1992）。在线品牌社群承诺是指成员希望与在线品牌社群保持长期关系的意愿，用 5 个测项测量（Mathwick et al.，2008；Wasko and Faraj，2005）。

品牌关系质量作为模型的主要控制变量，是指成员与品牌之间的关系强度，采用 3 个测项测量（Algeshiemer et al.，2005）。此外，还测量了其他控制变量（成员加入社群的年限、性别、年龄、收入、教育背景），均用 1 个测项测量。本章采用 6 点李克特量表。

第四节　基于网络志方法的 E-社会资本与缘分感分析

根据 Kozinets（2002）的建议，我们采取 5 个步骤展开网络志的分析。

第一步是在线品牌社群的选择和进入。汽车车友会是目前最为活跃的品牌社群之一，许多品牌社群学术研究都以此为研究对象（Algesheimer et al.，2005）。本章也选择了一个汽车车友会"新奇军"作为研究对象（原因见第二章）。此外，笔者多次登录该论坛，浏览帖子并与部分成员交流，从而对"新奇军"有了较为全面、深入的了解。

第二步是收集和分析资料。"新奇军"论坛里面的帖子内容非常丰富，我们收集资料的原则是该帖子要能体现核心构念的内涵及与其他构念的关系。基于模型的创新点，笔者选择了 6 个核心构念，包括 E-社会资本的 4 个维度（在线信任、互惠规范、成员责任、社群认同）以及社交临场感和缘分感。

　　从关系维度的角度来看，社会资本层面包括信任、规范、义务和认同
（Nahapiet and Ghoshal，1998）。那么，在在线品牌社群当中，E-社会资本
是否也存在这 4 个维度？以下就相关帖子进行分析。

　　在线信任与社会资本：尽管彼此素未谋面，但一些成员仍然可能对品
牌社群的其他成员产生信任感。这种信任感可能来自彼此在线交流的质量，
也可能来自同属于一个品牌社群的成员身份。一旦在线信任形成，关系就
变成一种资源，为成员提供帮助。以下帖子讲述的是，杭州"新奇军"军
友"我是当当"在福州发生交通事故，身上钱未带够，福州当地军友"圣
诞老人"二话不说主动为其刷卡。虽然两人素未谋面，但"圣诞老人"基
于在线信任而给"我是当当"雪中送炭，反映出后者在"新奇军"社群当
中拥有 E-社会资本。

　　　　我是当当：丰田的 4S 已经评估好价格，2610 元……因为我身上
　　只有 1600 元，卡在老婆身上……后来福州军友"圣诞老人"赶到……
　　带了熟悉此类事故处理的"孤独"军友……"圣诞老人"问我怎么处
　　理，我说付钱走人，不想待了。"圣诞老人"二话不说掏卡刷卡走人。

　　互惠规范与社会资本：互惠意味着彼此互相帮助与协作。一个人如果
之前从未给别人提供过帮助，他也不敢奢望自己遇到困难时对方会给予帮
忙。缺乏互惠行为容易使个体孤立，关系很难深入发展，即使临时弥补也
无济于事。以下帖子说的是军友"虎王"要去海南旅游，但之前与海南军
友没有什么互惠行为发生，因此感到私交不深，不便打搅。

　　　　虎王：自己虽在新奇军很久了，算是个老军友了，但是平时潜水
　　多，版聊少，与海南军友没有什么私人交情，临出发前现结交，这个，
　　这个……功利性太强了，非我风格。

　　成员责任与社会资本：真正的品牌社群成员通常会有一种责任感来支
持社群的发展。这种责任感不仅促使他们自己经常参与社群活动，而且还
促使他们担负一种责任来向新人推介社群和挽留老成员（Muniz and

O'Guinn，2001）。比如，军友"铁骑迷"发帖要求其他军友推荐更好玩的论坛时，没想到其他军友一致回复"上网只上'新奇军'"，说明他们不仅对"新奇军"怀有感情，同时还希望其他军友留在"新奇军"。

> **铁骑迷**：再好吃的菜也会腻。天天泡新奇军，再好玩也会腻。各位可否推荐其他好玩的论坛？
> **尼奥**：没了。
> **柳江**：上网只上新奇军。（注：其他数个军友的回复与其一样。）

社群认同与社会资本：品牌关系质量会促进品牌社群认同的形成（Algesheimer et al., 2005）。当一群品牌的拥护者聚在一起，交流产品使用心得以及对于品牌的感受，同时谈论其他感兴趣的话题时，彼此之间的关系会越拉越近。这也使得他们愿意把自己看成其他成员的同类，看作品牌社群的一分子，而且品牌社群成员身份会成为他们自我形象的一部分（Bagozzi and Dholakia，2006）。从中，他们不仅获得了丰富的信息价值，而且还有可贵的社交价值（Mathwick et al., 2008）。军友"黄奎友"的一段话就支持了以上观点。

> **黄奎友**：在正式加入瑞虎堂（注：瑞虎车友在新奇军中组建的一个子社群）前，潜在堂内观察很久，是瑞虎堂的精神和军友们的友爱感动了我，因而下决心"学做人""入堂""参军"……"入堂"后，感触更深，感受到家一样的温暖和友爱。感谢我爱上瑞虎后，更爱上了瑞虎堂、新奇军。总结起来，这一过程叫我受益匪浅，更加学会了爱人和做人。

从以上几个网络志个案分析来看，在线信任、互惠规范、成员责任和社群认同均可找到存在的证据，说明 E-社会资本的确存在。

在概念模型中，除在线互动质量外，社交临场感和缘分感是另外两个影响 E-社会资本的核心前因。网络志方法将帮助分析这两个核心构念是否存在以及是否对 E-社会资本产生了影响。

社交临场感与社会资本：在线社群中信息的丰富性和生动性有利于营

造社交临场感。常见的能够反映成员个性的内容包括网名、头像、口号等反映个人背景的信息，以及反映成员个人经历、思想和性格的文字和图片。有了这些信息的辅助，即使未曾见面，成员们仍然可从在线交流中感知到对方的存在，增加对对方的了解，从而形成良好关系。根据 Gefen 和 Straub（2004）的观点，笔者具体考察了社交临场感的 5 个维度：人际接触、个性魅力、社交能力、人性温暖和感同身受，收集相关帖子以检验其在在线社群中的真实存在。

（1）人际接触。军友"太史公"频繁使用网络表情来表达自己的情绪，而军友"大眼勾魂"则展示出自己的语言幽默，两人之间的在线交流犹如朋友面对面地聊天，产生了社交临场感。

> **太史公：**严重警告某人（注：帖子标题）……"小黑鞭"妹妹，请勿"水"我的帖子 。

> **大眼勾魂：**那……我不在被警告之列，就可以"水"它了是不是？
> **太史公：**大眼 。

（2）个性魅力。军友"军歌好嘹亮"回顾了之前组织过的几次公益活动，有感而发地写了一段充满激情的文字。军友"奇瑞阳光灿烂"回帖，对其个性和人品表示了钦佩，把他当作好朋友。

> **军歌好嘹亮：**……一次次的公益活动证明了我们的爱心。因为爱心，我们更加团结；因为爱心，我们造就了强大的社会影响力；因为爱心，我们才有了今天的凝聚力；因为爱心，我们才有了"德军"（湖南常德新奇军）不败的传说，才有了"德军"的强大；因为爱心，才有了武陵瑞虎堂在新奇军的一席之地。我为兄弟们骄傲，我为武陵瑞虎堂骄傲，我为我们是新奇军的一部分而自豪！
> **奇瑞阳光灿烂：**……太经典感人了…… 确实这样。老大的人品、文品、号召力、综合能力让我佩服 ……人生因有朋友而酣畅……

（3）社交能力。多数人都喜欢在在线社群里"潜水"，但也有一些人非常主动地组织活动，表现出很强的社交能力。例如，军友"笨猫-汤姆"为欢迎新成员加入而安排了一次社群活动，此外还附带安排了股市点评和汽车保养讲座等公益活动。这些活动安排让他人感受到"笨猫-汤姆"的社交热情和能力。

> **笨猫-汤姆**：拟于本周六（11.6）晚上 6：30，组织一次 FB（FB即"腐败"，表示聚餐、旅游等休闲活动）活动。军规 AA 制。活动的主题是"欢迎新加入军团的成员"。时间和地点：2010 年 11 月 6 日 18：30，在××大酒店（好停车）。内容：新军友"蚌埠小余"做自我介绍，鉴于本群中有对股市感兴趣的朋友，增加一些对当前证券市场的点评。由资深军友介绍冬季养车常识等。

（4）人性温暖。在线社群中时常有"生日快乐"祝福帖，展示了一些军友的人性温暖。以下帖子中，军友"秋歌"收到各位的生日祝福，很是感动，彼此关系又拉近一些。尽管军友"我是仁寿人"并不认识"秋歌"，但温暖的祝福为二人今后关系的建立奠定了基础。

> **羽嘟嘟**：祝"秋歌"老师生日快乐（注：此为本帖子标题）如题，才看到"冷雨"的生日帖，赶紧发帖祝贺 。
> **黑白菜**：哦！晚了……补起……生日快乐！
> **秋歌**：实在抱歉，这两天网络故障，无法上网，今天才有时间把网络修好，上网才看到各位军友发给我的生日祝福，很感动，很欣慰，很感谢！
> **我是仁寿人**：生日快乐……不过我连"秋歌"老师是哪位都没搞清楚，呵呵……

（5）感同身受。通过长期的在线互动，一些成员之间已产生共鸣。即使是军友之间一句简单的网络问候，也会令人感受到真诚和善意。

> **苦舟**：……（新奇军上面）很多朋友，虽然不知道他们的真实姓名、职业和年龄，但是，我感觉真诚的人还是大多数……不久前有两位 dx（dx 是"弟兄"之意）给我回帖说："很久没见你，上哪'腐败'

了？"虽然这话只是淡淡的问候，淡得像一杯白开水……但我却感觉真情如水。我爱淡淡的友情！

缘分感与社会资本：除共同语言之外，中国人在解释关系（如友谊或爱情）的成因时，还常常会提到缘分。缘分成为一种难以言表的关系成因。一旦双方意识到彼此之间存在缘分，那么两人的关系自然会亲近，仿佛冥冥之中二者被联系在一起。在线品牌社群当中更是如此。两个相隔万里、素不相识的成员因为"有缘"而能够在网上相遇、交流，又因为彼此兴趣相投、观念相近而感觉"投缘"，从而拉近了彼此的心理距离，成为朋友。以下的一些帖子证实了军友的确感觉到"有缘"和"投缘"的存在。

（1）有缘。军友"车和房子"的帖子表明，"有缘"使大家能够在网上相遇，而"无缘"的话，即使是近在咫尺也形同陌路。缘分非常难得，所以应该格外珍惜。发展好的关系就是"惜缘"的表现。

> **车和房子：**在网络中，天遥地远却可以相谈甚欢，近在咫尺却可能形同陌路；网上的相遇也像魂灵一样难以把握。也许我们今天是那样的相投默契，明天却不知飘去哪里；也许我们的名字就摆在一起，我们却再也无缘相识。不管在哪里，不管是网络还是现实，人与人的相遇都是那么美好的事。百年修得同船渡，千年修得共枕眠……因为军网，我们才有缘分相聚，既然我们相遇了，就请千万珍惜……

（2）投缘。"有缘"开启了关系建立的机会，而"投缘"则提高了关系建立的质量。以下帖子表明，共同的兴趣爱好使得双方彼此感觉"投缘"，从而深入发展关系。

> **wjj_lnsl：**"蔓蔓"是我们车友会的新成员，不久前与她在经销商搞的车主训练营上认识的，虽然接触不是很多，但是聊起来却很投缘，女孩子啊都爱美嘛，所以共同的话题很多。

第三步是确保对帖子可靠的阐释。笔者对相关帖子进行了筛选和分析，然后将帖子原文及阐释交由其他学者。根据其他学者的意见，笔者对不合适的帖子进行了更换，以保证选取更加合适的帖子来支持核心构念及其关系。

第四步是要求保证研究合乎伦理。由于以上所选用的帖子均来自"新奇军"论坛，任何人都可随意浏览到这些内容，不属于隐私的资料，且部分隐私的内容（如电话号码、E-mail、地址等信息）已被屏蔽，因此没有违反研究伦理。

第五步，这些帖子加上相应的概念阐述随机交由5位"新奇军"军友审阅，由其判断所选帖子及所分析的内容是否合理。5位军友没有提出反对意见，说明以上内容可以接受。

第五节　实证分析结果

一、信度和效度检验

如表 11-2、表 11-3 所示，所有构念的 Cronbach's α 值都在 0.76～0.93，高于 0.70，说明每个构念的内部一致性都很高；所有构念的组合信度 CR 值均在 0.89～0.95，高于 0.70，说明所有构念的组合信度很高。

所有测项的因子载荷都处于 0.67～0.91，大于 0.5，且测量模型的拟合指数结果显示，$\chi^2 (724) = 1747.58$，RMSEA=0.077（<0.08），CFI=0.88（接近 0.9），NNFI=0.87（接近 0.9），IFI=0.89（接近 0.9），说明收敛效度较高（见表 11-2）。如表 11-3 显示，所有 AVE 值均处于 0.68～0.90，超过了 0.50 的最低标准，且每个构念 AVE 的平方根都大于其与其他构念的相关系数，说明鉴别效度很高。

综上所述，本章的数据具有较为充分的信度和效度。

表 11-2　信度和效度检验

测　项	因子载荷
信息价值　（Cronbach's α = 0.88）	
我发现 X 品牌论坛里面的信息很有用	0.87
我把 X 品牌论坛看作一个信息来源	0.82
X 品牌论坛里经常会出现一些有独特价值的信息	0.83
成员共性　（Cronbach's α = 0.76）	
我感觉自己与 X 品牌论坛里的其他成员爱好相同	0.81
我感觉自己与 X 品牌论坛里的其他成员之间观念相似	0.75

续表

测　项	因子载荷
在线互动质量　（Cronbach's α = 0.90）	
我在 X 品牌论坛里与其他成员进行了充分交流	0.75
我在 X 品牌论坛里与其他成员交流的质量很高	0.85
我在 X 品牌论坛里与其他成员交流的感觉很棒	0.88
总体而言，我在 X 品牌论坛里与其他成员互动的质量很高	0.85
社交临场感　（Cronbach's α = 0.88）	
在 X 品牌论坛里，我与其他成员有一种面对面交流的感觉	0.67
在 X 品牌论坛里，我感受到了其他成员的个性魅力	0.80
在 X 品牌论坛里，我感受到了其他成员的交际能力	0.81
在 X 品牌论坛里，我感受到了其他成员的热情	0.85
在 X 品牌论坛里，我感受到了其他成员的感受	0.76
缘分感　（Cronbach's α = 0.83）	
我感觉自己与 X 品牌论坛里的其他成员很投缘	0.90
我感觉自己与 X 品牌论坛里的其他成员很有缘	0.80
在线信任　（Cronbach's α = 0.92）	
通过网上交流，我认为 X 品牌论坛里的其他成员是可依赖的	0.78
通过网上交流，我认为 X 品牌论坛里的其他成员是可靠的	0.88
通过网上交流，我认为 X 品牌论坛里的其他成员是诚实的	0.88
通过网上交流，我认为 X 品牌论坛里的其他成员是值得信赖的	0.90
互惠规范　（Cronbach's α = 0.93）	
如果我在 X 品牌论坛里面寻求帮助，我想其他成员会帮助我	0.88
我相信如果我碰到类似情况，X 品牌论坛里的其他成员也会帮助我	0.91
如果我有需要，我相信其他成员会帮助我，即使这可能会花费他们一些时间和精力	0.86
当 X 品牌论坛里的成员有需要时，我会像他们帮我一样地帮助他们	0.81
我知道 X 品牌论坛里的其他成员会帮助我，所以我也应该帮助他们	0.80
成员责任　（Cronbach's α = 0.89）	
作为成员，我应该经常访问 X 品牌论坛	0.91
成员应该经常访问 X 品牌论坛	0.88
社群认同　（Cronbach's α = 0.92）	
当我谈到 X 品牌论坛时，我通常是说"我们论坛"而不是"他们论坛"	0.78
我将自己视为 X 品牌论坛的一分子	0.84
X 品牌论坛的成功就是我的成功	0.86

续表

测　项	因子载荷
表扬 X 品牌论坛就像表扬我一样	0.86
批评 X 品牌论坛就像批评我一样	0.81
我非常想知道别人是如何看待 X 品牌论坛的	0.69
在线品牌社群承诺 （Cronbach's α = 0.92）	
如果 X 品牌论坛不存在了，我会有一种失落感	0.77
我真的关心 X 品牌论坛的命运	0.84
我对 X 品牌论坛非常忠诚	0.86
我想永远保持与 X 品牌论坛之间的关系	0.85
对我来说，保持与 X 品牌论坛之间的关系很重要	0.86
品牌社群质量 （Cronbach's α = 0.86）	
品牌 X 的形象很能说明我是一个怎样的人	0.89
品牌 X 的形象与我的个人形象在很多方面是相似的	0.85
品牌 X 的形象在我生活中起到了重要作用	0.74
总体模型拟合指数： $\chi^2(724)= 1747.58$，$\chi^2/df=2.41$，$p<0.01$；CFI=0.88；NNFI=0.87；IFI=0.89；RMSEA=0.077	

注：因子负荷由验证性因子分析计算而来。

表 11-3　构念的描述性统计

构念	1	2	3	4	5	6	7	8	9	10	11
1.信息价值	**0.90**[*]										
2.成员共性	0.53[*]	**0.90**[*]									
3.在线互动质量	0.55[*]	0.70[*]	**0.88**[*]								
4.社交临场感	0.58[*]	0.68[*]	0.80[*]	**0.82**[*]							
5.缘分感	0.55[*]	0.76[*]	0.75[*]	0.78[*]	**0.93**[*]						
6.在线信任	0.48[*]	0.68[*]	0.68[*]	0.66[*]	0.72[*]	**0.89**[*]					
7.互惠规范	0.71[*]	0.55[*]	0.59[*]	0.69[*]	0.61[*]	0.58[*]	**0.88**[*]				
8.成员责任	0.72[*]	0.48[*]	0.57[*]	0.54[*]	0.62[*]	0.58[*]	0.65[*]	**0.95**[*]			
9.社群认同	0.65[*]	0.48[*]	0.57[*]	0.56[*]	0.67[*]	0.59[*]	0.61[*]	0.71[*]	**0.84**[*]		
10.在线社群承诺	0.70[*]	0.59[*]	0.65[*]	0.69[*]	0.71[*]	0.66[*]	0.75[*]	0.80[*]	0.83[*]	**0.87**[*]	
11.品牌关系质量	0.53[*]	0.52[*]	0.44[*]	0.44[*]	0.50[*]	0.51[*]	0.41[*]	0.53[*]	0.67[*]	0.57[*]	**0.88**[*]

续表

构念	1	2	3	4	5	6	7	8	9	10	11
平均数	4.77	4.31	4.23	4.28	3.98	4.14	4.74	4.61	4.28	4.46	4.15
标准差	0.86	1.03	0.98	0.94	1.00	0.96	0.87	1.07	1.03	1.06	0.98
组合信度	0.93	0.89	0.93	0.91	0.92	0.94	0.95	0.95	0.94	0.94	0.92
平均方差析出	0.81	0.81	0.77	0.68	0.86	0.80	0.78	0.90	0.71	0.76	0.78

注："*"表示 $p < 0.001$（双尾检验）。对角线上的加粗体数字为相应构念之 AVE 的平方根，每个平方根都大于其所在的行与列上的其他构念及其的相关系数。

二、共同方法偏差检验

经计算，第一个因子的方差解释率为 47.5%，小于 50%，说明 CMB 尚可接受。构念之间的相关系数均在 0.41～0.83，低于 0.9，说明数据的 CMB 不明显。综合以上两种方法的检验结果可以判断，尽管全部构念的数据均来自同一个被访者，但仍然可以认为 CMB 不会影响本次数据的效度。

三、假设检验

为检验中介效应，本章依次建立了两个模型。模型 1 没有考虑社交临场感和缘分感，只考虑在线互动质量对 E-社会资本的直接影响；模型 2 在在线互动质量和 E-社会资本之间同时加入社交临场感和缘分感，目的是检验二者是否同时发挥了中介作用。

如表 11-4 所示，模型 1 各个假设路径均成立。

在模型 2 当中，增加了社交临场感（中介变量 1）和缘分感（中介变量 2）来验证二者是否作为在线互动质量和 E-社会资本之间的中介变量。首先考察在增加了两个中介变量之后，E-社会资本与 4 个维度之间关系是否还显著。如表 11-4 所示，H1a-d 仍然成立。

中介效应检验采取 Baron 和 Kenny（1986）所建议的步骤：

（1）首先检验未添加社交临场感和缘分感作为中介变量之前，在线互动质量（自变量）与 E-社会资本（因变量）的关系，结果显示二者之间关系显著。

（2）之后检验在线互动质量（自变量）与社交临场感（中介变量 1）之间的关系，在线互动质量（自变量）与缘分感（中介变量 2）之间的关系，以及社交临场感（中介变量 1）与 E-社会资本（因变量）的关系，缘分感（中介变量 2）与 E-社会资本（因变量）的关系，数据表明这 4 对关系也均显著，说明 H6a、H6b、H7a、H7b 均成立。

（3）最后检验社交临场感和缘分感增加之后在线互动质量（自变量）与 E-社会资本（因变量）之间的关系是否有所减弱，结果表明路径系数显著降低（$\triangle\beta=0.308$，$t=5.521$，$p<0.001$），但变量关系依然显著（模型 2 中的 H4：$\beta=0.150$，$t=2.854$，$p<0.01$）。由此可以判断，社交临场感和缘分感在在线互动质量与 E-社会资本之间均存在部分中介作用，H6c、H7c 均获得支持。

从模型 2 来看，E-社会资本只受到两个控制变量的影响：品牌关系质量越强，E-社会资本越强，说明成员与品牌的关系是 E-社会资本形成的一个助推器；在性别方面，女性拥有的 E-社会资本要显著超过男性，说明女性更容易在在线品牌社群中获得关系资源。在线品牌社群承诺也受到两个控制变量影响：成员加社群的年限越长，在线品牌社群承诺就越强，说明长期参与使得老成员对在线品牌社群有更多的了解，从而感情更深；受教育程度越高，在线品牌社群承诺越低，说明高教育背景者不轻易对某一事物产生承诺，而是保持较大的独立性。

综上所述，在若干变量的控制下，全部假设均获得验证（见表 11-4）。

表 11-4 假设检验

假设路径	模型 1（不含两个中介变量）		模型 2（含有两个中介变量）	
	β 值	t 值	β 值	t 值
主效应				
H1：信息价值→在线互动质量	0.290***	5.348	0.289***	4.699
H2：成员共性→在线互动质量	0.458***	8.144	0.458***	8.021
H3：在线互动质量→E-社会资本	0.458***	8.375	0.150**	2.854
H4: E-社会资本→在线品牌社群承诺	0.808***	22.676	0.804***	19.864
H5a：在线互动质量→社交临场感			0.731***	18.732
H5b：社交临场感→E-社会资本			0.212**	2.882
H6a：在线互动质量→缘分感			0.665***	15.150
H6b：缘分感→E-社会资本			0.295***	5.284

假设路径	模型 1（不含两个中介变量）		模型 2（含有两个中介变量）	
	β 值	t 值	β 值	t 值
控制效应				
品牌关系质量→E-社会资本	0.426***	8.718	0.334***	7.116
成员加入社群的年限→E-社会资本	0.048	1.363	0.054	1.396
性别→E-社会资本	−0.103*	2.409	−0.100*	2.512
年龄→E-社会资本	−0.004	0.128	−0.009	0.287
收入→E-社会资本	−0.032	0.998	−0.034	0.962
教育→E-社会资本	−0.050	1.244	−0.051	1.323
品牌关系质量→在线品牌社群承诺	0.020	0.731	0.025	0.813
成员加入社群年限→在线品牌社群承诺	0.060*	2.026	0.062*	1.990
性别→在线品牌社群承诺	−0.057	1.766	−0.059	1.732
年龄→在线品牌社群承诺	−0.004	0.151	−0.001	0.021
收入→在线品牌社群承诺	0.002	0.082	0.002	0.086
教育→在线品牌社群承诺	−0.133***	4.190	−0.134***	3.945
因变量	R^2			
在线互动质量	0.407		0.407	
社交临场感			0.535	
缘分感			0.442	
E-社会资本	0.603		0.691	
在线品牌社群承诺	0.754		0.754	

注："*"表示 $p < 0.05$（双尾检验）；"**"表示 $p < 0.01$（双尾检验）；"***"表示 $p < 0.001$（双尾检验）。中介效应假设 H6c 和 H7c 的检验结果未在表中展示。

四、模型拟合度检验

在线互动质量、社交临场感、缘分感、E-社会资本、在线品牌社群承诺的 R^2 分别为 0.407、0.535、0.442、0.691、0.754（见表 11-4），均远远大于 0.26，说明模型的各路径关系很强，与假设相符，故模型具有很好的拟合度。

第六节　E-社会资本形成机制的研究结论与管理意涵

社会资本理论发展已非常成熟，但很少有人研究互联网上的社会资本。本章以在线品牌社群为背景来研究 E-社会资本的形成机制，结果如下。

（一）E-社会资本由 4 个维度构成

通过网络志研究和实证研究发现，Nahapiet 和 Ghoshal（1998）提出的关系维社会资本 4 个维度同样也适用于 E-社会资本。这 4 个维度包括在线信任、互惠规范、成员责任、社群认同。与传统社会资本相比，由于缺乏面对面交流，E-社会资本的维度在得分上可能要低一些。

（二）E-社会资本受在线互动质量影响而形成

本章发现，一些陌生的成员之所以能够在在线品牌社群中获得 E-社会资本，是因为彼此之间存在友好而频繁的在线互动。对在线社群互动质量的高度评价使得他们对其他成员产生了信任和互惠，同时对社群产生认同并担当起促进社群发展的责任，即影响了 E-社会资本的形成。

（三）社交临场感和缘分感起到部分中介作用

我们还发现，除了在线互动质量直接影响 E-社会资本外，社交临场感和缘分感还在二者之间起到了部分中介作用。产生于在线互动质量的社交临场感拉近了互动方之间的心理距离，使得在线交流变得更真实，从而促进了双方形成网上关系。这可能是 E-社会资本与传统社会资本形成过程中一个最大的区别，因为社交临场感是在线交流的产物，而面对面交流无所谓社交临场感。缘分感也来自在线互动质量，当人们感受到缘分时，彼此会相信相遇是冥冥之中的安排，特别是在互联网虚拟的空间里，这种缘分特别可贵，因此会更加珍惜。

（四）信息价值和成员共性影响了在线互动质量

在线互动质量受到了信息价值和成员共性的影响。如果没有信息价值，在线品牌社群几乎无法维持下去，因为通过搜寻信息来解决问题几乎是所有成员参与在线社群的最初原因，在线分享知识和信息是在线社群的基本活动形式。成员共性则使同类人之间产生吸引力而群聚交互，增加了在线交流的话题，提高了大家对在线交互的满意度。

（五）E-社会资本促进了在线品牌社群承诺

本章提出，E-社会资本是在线品牌社群承诺的重要前因。从本质上讲，E-社会资本是在线社群内人际关系连带所带来的资源，有可能为成员今后的经济性、社会性需求提供利益满足。出于对未来利益的期待，成员们愿意长期光顾某个在线品牌社群。这一发现说明，E-社会资本在在线品牌社群发展中发挥了重要作用。

在线品牌社群的核心商业价值之一在于社群承诺能够影响品牌承诺，因此培育社群承诺是品牌社群营销的关键。通过本章的分析，企业可以从E-社会资本的角度入手，通过拉近各成员之间的关系来提高他们的社群承诺。根据E-社会资本的4个维度，可以将品牌社群营销任务分解为在线信任、互惠规范、成员责任、社群认同4个具体子任务。达到这4个分目标，就能培育高的E-社会资本，最终使成员达到高的品牌社群承诺。其次，无须企业加入，成员自身也能进行一定程度的在线互动。不过，为了提高各位成员的E-社会资本，企业有必要为在线互动创造条件。此外，企业可以资助在线社群建设互动交流技术，引进一些先进的图片、视频、音频技术以表现信息的丰富性和生动性，使得成员交流更为快捷、通畅和容易，从而强化社交临场感，拉近成员之间的心理距离。最后，缘分感是彼此之间友好交流的结果。产生缘分感的关键在于交流的质量，而成员共性是影响交流质量的重要因素，共性越多的人越容易愉快交流，也越容易产生缘分感。所以，企业可以设计分类明细的兴趣小组或地域小组，引导更多具有某种共性的成员聚在一起。

本章参考文献

[1] 罗家德. 组织社会资本的分类与测量[C]// 陈晓萍，徐淑英，樊景立. 组织与管理研究的实证方法. 北京：北京大学出版社，2008: 358-384.

[2] Adjei M, Noble S, Noble C. The Tnfluence of C2C Communications in Online Brand Communities on Customer Purchase Behavior[J]. Journal of the Academy of Marketing Science, 2010, 38(5): 634-653.

[3] Adler P S, Kwon S. Social Capital: Prospects For a New Concept[J]. Academy of Management Review, 2002, 27(1): 17-40.

[4] Algesheimer R, Dholakia U M, Herrmann A. The Social Influence of Brand Community[J]. Journal of Marketing, 2005, 69(3): 19-34.

[5] Armstrong A G, Hagel III J. The Real Value of On-line Communities[J]. Harvard Business Review, 1996, 5(6): 21-28.

[6] Bagozzi R P, Dholakia U M. Antecedents and Purchase Consequences of Customer Participation in Small Group Brand Communities[J]. International Journal of Research in Marketing, 2006, 23(1): 45-61.

[7] Bagozzi R P, Yi Y, Phillips L W. Assessing Construct Validity in Organizational Research[J]. Administrative Science Quarterly, 1991(36): 421-458.

[8] Bandura A. Social Foundations of Thought and Action: a Social Cognitive Theory[M]. Englewood Cliffs, NJ: Prentice-Hall. 1986.

[9] Baron R M, Kenny D A. The Moderator-mediator Variable Distinction in Social Psychological Research: Conceptual, Strategic, and Statistical Considerations[J]. Journal of Personality and Social Psychology, 1986(51): 1173-1182.

[10] Berger P L, Luckmann T. The Social Construction of Reality: a Treatise Its the Sociology of Knowledge[M]. Garden City. New York: Anchor Books. 1966.

[11] Biocca F, Harms C, Burgoon J K. Toward a More Robust Theory and Measure of Social Presence: Review and Suggested Criteria[J]. Presence,

2003, 12(5): 456-480.

[12] Blumer H. Symbolic Interactionism: Perspective and Method[M]. Englewood Cliffs, NJ: Prentice-Hall, 1969.

[13] Boorstin D J. The Americans: the Democratic Experience[M]. New York: Random House. 1973.

[14] Bourdieu P. Cultural Reproduction and Social Reproduction[C]//J Karabel, A H Halsey (Eds.). Power and Ideology in Education. New York: Oxford University Press, 1977.

[15] Burt R S. Structural Holes: the Social Structure of Competition[M]. Cambridge: Harvard University Press, 1992.

[16] Carlson B D, Suter T A, Brown T J. Social Versus Psychological Brand Community: the Role of Psychological Ssense of Brand Community[J]. Journal of Business Research, 2008, 61(4): 284-291.

[17] Chan K W, Li S Y. Understanding Consumer-to-Consumer Interactions in Virtual Communities: The Salience of Reciprocity[J]. Journal of Business Research, 2010, 63(9-10): 1033-1040.

[18] Chang H C, Holt G R. The Concept of Yuan and Chinese Interpersonal Relationship[C]. In S. Ting-Toomey, F Korzenny (Eds.). Cross-cultural Interpersonal communication. Newbury Park, CA: Sage, 1991.

[19] Cheung F M C. Psychopathology Among Chinese People[C]. In M. H. Bond (Ed.). The Psychology of the Chinese People. Oxford, UK: Oxford University Press, 1986.

[20] Cohen J. Statistical Power Analysis For the Behavioral Sciences (2nd ed.)[M]. Mahwah, NJ: Lawrence Erlbaum, 1988.

[21] Coleman J S. Foundations of Social Theory[M]. Cambridge, MA: Harvard University Press, 1990.

[22] Cyr D, Head M, Larios H, et al. Exploring Human Images in Website Design: a Multi-method Approach[J]. MIS Quarterly, 2009, 33(3): 539-566.

[23] Flanagin A J, Metzger M J. Internet Use in the Contemporary Media Environment[J]. Human Communication Research, 2001(27): 153-181.

[24] Fornell C, Larker D F. Evaluating Structural Equation Models With

Unobservable Variables and Measurement Error[J]. Journal of Marketing Research, 1981, 18(1): 39-50.

[25] Fortin D R, Dholakia R R. Interactivity and Vividness Effects on Social Presence and Involvement With a Web-based Advertisement[J]. Journal of Business Research, 2005, 58(3): 387-396.

[26] Fournier S. Consumers and Their Brands: Developing Relationship Theory in Consumer Research[J]. Journal of Consumer Research, 1998, 24(4): 343-373.

[27] Fournier S, Lee L. Getting Brand Communities Right[J]. Harvard Business Review, 2009, 87(4): 105-111.

[28] Gabarro J J. The Development of Trust, Influence, and Expectations[C]// A G Athos, J J Gabarro (Eds.). Interpersonal Behaviors: Communication and Understanding in Relationships. Englewood Cliffs, NJ: Prentice-Hall, 1978.

[29] Gefen D, Straub D W. Consumer Trust in B2C E-commerce and the Importance of Social Presence: Experiments in E-products and e-services[J]. Omega, 2004, 32 (6): 407-424.

[30] Granovetter M S. The Strength of Weak Ties[J]. American Journal of Sociology, 1973, 78(6): 1360-1380.

[31] Granovetter M S. Economic Action and Social Structure: the Problem of Embeddedness[J]. American Journal of Sociology, 1985, 91(3): 481-510.

[32] Gulati R. Does Familiarity Breed Trust? The Implications of Repeated Ties for Contractual Choice in Alliances[J]. Academy of Management Journal, 1995, 38(1): 85-112.

[33] Harris S, Mossholder K. The Affective Implications of Perceived Congruence With Culture Dimensions During Organizational transformation[J]. Journal of Management, 1996, 22(4): 527-547.

[34] Hassanein K, Head M. The Impact of Infusing Social Presence in the Web Interface: An Investigation Across Different Products[J]. International Journal of Electronic Commerce, 2006, 10(2): 31-55.

[35] Hulland J. Use of Partial Least Squares in Strategic Management Research: a Review of Four Recent Studies[J]. Strategic Management Journal, 1999, 20(2): 195-204.

[36] Inkpen A W, Tsang E W K. Social Capital, Networks, and Knowledge Transfer[J]. Academy of Management Review, 2005, 30(1): 146-165.

[37] Jang H, Olfman L, Ko I, et al. The Influence of On-line Brand Community Characteristics on Community Commitment and Brand Loyalty[J]. International Journal of Electronic Commerce, 2008, 3(1): 57-80.

[38] Kim J W, Choi J, Qualls W et al. It Takes a Marketplace Community to Raise Brand Commitment: the Role of Online Communities[J]. Journal of Marketing Management, 2008, 3(4): 409-431.

[39] Kozinets R V. I Want to Believe: A Netnography of X-philes' Subculture of Consumption[J]. Advances in Consumer Research, 1997, 24(1): 470-475.

[40] Kozinets R V. The Field Behind the Screen: Using Netnography for Marketing Research in Online Communities[J]. Journal of Market Research, 2002, 39(2) : 61-72.

[41] Kraatz M S. Learning by Association? Interorganizational Networks and Adaptation to Environmental Change[J]. Academy of Management Journal, 1998, 41(6): 621-643.

[42] Lee N, Lings I. Doing Business Research: A Guide to Theory and Practice[M]. London: Sage. 2008.

[43] Lin N. Social Networks and Status Attainment[J]. Annual Review of Sociology, 1999, 25(1): 467-487.

[44] Lin N, Ensel W M, Vaughn J C. Social Resources and Strength of Ties: Structural Factors in Occupational Status Attainment[J]. American Sociological Review, 1981, 46(4): 393-405.

[45] Ma M, Agarwal R. Through a Glass Darkly: Information Technology Design, Identity Verification, and Knowledge Contribution in Online Communities[J]. Information Systems Research, 2007, 18(1): 42-67.

[46] Mael F, Ashforth B E. Alumni and Their Alma Mater: A Partial Test of the Reformulated Model of Organizational Identification[J]. Journal of Organizational Behavior, 1992, 13(2): 103-123.

[47] Mathwick C, Wiertz C, de Ruyter K. Social Capital Production in A Virtual P3 Community[J]. Journal of Consumer Research, 2008, 34(4): 832-849.

[48] McAlexander J H, Kim S K, Roberts S D. Loyalty: the Influence of Satisfaction and Brand Community Integration[J]. Journal of Marketing Theory Practice, 2003, 11(4): 1-11.

[49] McAlexander J H, Schouten J W, Koenig H F. Building Brand Community[J]. Journal of Marketing, 2002, 66(1): 38-54.

[50] McKenna K Y A, Bargh J A. Causes and Consequences of Social Interaction on the Internet: A Conceptual Framework[J]. Media Psychology, 1999, 1(3): 249-269.

[51] Moorman C, Zaltman G, Deshpande R. Relationships Between Providers and Users of Market Research—the Dynamics of Trust Within and Between Organizations[J]. Journal of Marketing Research, 1992, 29(3): 314-328.

[52] Muniz A M, O'Guinn T C. Brand Community[J]. Journal of Consumer Research, 2001, 27(3): 412-432.

[53] Muniz A M, Schau H J. Religiosity in the Abandoned Apple Newton Brand Community[J]. Journal of Consumer Research, 2005, 31(3): 737-747.

[54] Mollen, A, Wilson, H. Engagement, telepresence and interactivity in online consumer experience: Reconciling scholastic and managerial perspectives [J]. Journal of Business Research, 2010 , 63(9): 919-925.

[55] Nahapiet J, Ghoshal S. Social Capital, Intellectual Capital, and the Organizational Advantage[J]. Academy of Management Review, 1998, 23(2): 242-266.

[56] Nidumolu S R. The Effect of Coordination and Uncertainty on Software Project Performance, Residual Performance Risks as an Intervening Variable[J]. Information Systems Research, 1995, 6(3): 191-219.

[57] Nunnally J C. Psychometic Theory[J] New York: McGraw-Hill, 1978.

[58] Pavlou P A, Gefen D. Building Effective Online Marketplaces With Institution-based Trust.[J] Information Systems Research, 2004, 15(1): 37-59.

[59] Podsakoff P M, Organ D W. Self-reports in Organizational Research: Problems and Prospects[J]. Journal of Management Information Systems,

1986, 12(2): 531-544.

[60] Pappas N. Marketing Strategies, Perceived Risks, and Consumer Trust in Online Buying Behavior[J]. Journal of Retailing and Consumer Services, 2016, 29(3): 92-103.

[61] Ridings C, Gefen D. Virtual Community Attraction: Why People Hang Out Online[J]. Journal of Computer Mediated Communication, 2004, 10(1): 1-30.

[62] Ring P S, Van de Ven A H. Developmental Processes of Cooperative Interorganizational Relationships[J]. Academy of Management Review, 1994(19): 90-118.

[63] Ringle C M, Wende S, Will S. Smart Pls 2.0 (M3) Beta, Hamburg[EB/OL]. http://www.smartpls. de, 2005.

[64] Scarpi D. Does Size Matter? An Examination of Small and Large Web-based Brand Communities[J]. Journal of Interactive Marketing, 2010, 24(1): 14-21.

[65] Schaefer R T. Sociology (9e)[M]. New York: Mcgraw-Hill Companies, Inc, 2005.

[66] Schau H J, Muniz A M, Arnould E J. How Brand Ccommunity Practices Create Value[J]. Journal of Marketing, 2009, 73(5): 30-51.

[67] Schouten J W, McAlexander J H, Koenig H F. Transcendent Customer Experience and Brand Community[J]. Journal of the Academy of Marketing Science, 2007, 35(3): 357-368.

[68] Short J, Williams E, Christie B. The Social Psychology of Telecommunications[M]. London: Wiley, 1976.

[69] Sicilia M, Palazón M. Brand Communities on the Internet: A Case Study of Coca-cola's Spanish. Virtual Community[J]. Corporate Communications: An International Journal, 2008, 13(3): 255-270.

[70] Siu W. Yuan and Marketing: the Perception of Chinese Owner-managers[J]. Journal of World Business, 2008, 43(4): 449-462.

[71] Steuer J. Defining Virtual Reality: Dimensions, Determining Telepresence[J]. Journal of Communication, 1992, 42(4): 73-93.

[72] Tsai W, Ghoshal S. Social Capital and Value Creation: the Role of Intrafirm Networks[J]. Academy of Management Journal, 1998, 41(4):

464-478.

[73] Tarnovan A M. The Social Capital of Brand Communities[C]. Proceedings of the European Conference on Management, Leadership & Governance, 2011.

[74] Wang E T G, Chen H H G, Jiang J J, et al. Interaction Quality Between is Professionals and Users: Impacting Conflict and Project Performance[J]. Journal of Information Science, 2005, 31(4): 273-282.

[75] Wang J, Chiang M. Social Interaction and Continuance Intention in Online Auctions: A Social Capital Perspective[J]. Decision Support Systems, 2009(47): 466-476.

[76] Wasko M, Faraj S. Why Should I Share? Examining Knowledge Contribution in Electronic Networks of Practice[J]. MIS Quarterly, 2005, 29(1): 1-23.

[77] Wellman B, Gulia M. The Network Basis of Social Support: A Network is More Than the Sum of Its Ties[A]. In B. Wellman (Ed.). Networks in the global village: life in contemporary communities[C]. Oxford: Westview Press, 1999.

[78] Wang T, Yeh K J, Chen C, et al. What Drives Electronic Word-of-mouth on Social Networking Sites? Perspectives of Social Capital and Self-determination[J]. Telematics & Informatics, 2016 , 33(4) :1034-1047.

[79] Yan X, Chang Y. The Influence of Company Microblog Interaction Tactics on Consumer Brand Relationship:Based on Grounded Theory[J]. Journal of Marketing Science, 2013, 9(1): 62-78.

[80] Yang K S, Ho D Y F. The Role of Yuan in Chinese Social Life: A Conceptual and Empirical Aanalysis[C]. In A.C. Paranjpe, D.Y.F. Ho & R.W. Rieber (Eds.). Asian contributions to psychology. New York: Praeger, 1988.

[81] Yau O. Chinese Cultural Values: Their Dimensions and Marketing Implications[J]. European Journal of Marketing, 1988, 22(5): 44-57.

[82] Zhang K Z K, Cheung C M K, Lee M K O. Examining the Moderating Effect of Inconsistent Reviews and Its Gender Differences on Consumers' Online Shopping Decision[J]. 2014, 34 (2): 89-98.

第十二章 互动类型、E-社会资本与消费者沉浸①

如果大多数社群成员都能积极参加社群中的各种讨论，在线上与其他成员积极互动，把社群生活变成自己生活中不可分割的一部分，沉浸在在线品牌社群中，对于品牌和企业来说，这无疑是一种珍贵的资源。但是，什么作用机制才可以催生出与社群或品牌具有如此高黏性关系的粉丝呢？笔者认为与成员之间频繁的互动有很大关系，持续的互动能增加成员在社群中的地位、公信力、影响力等，从而增强了社会资本。研究表明，社会资本对品牌忠诚、主观幸福感等成员的心理、态度或行为会产生影响（Bartolini and Sarracino，2014；Hsiao and Chiou，2012）。由此，是否可以推测，社会资本也会积极作用于消费者沉浸（Consumer Engagement）②之类的社群关系和行为？更深层次地说，从整个影响关系来看，社会资本在社群成员互动和消费者沉浸之间是否起到一定的中介作用？在上一章中，我们讨论了互动质量对 E-社会资本的影响，在本章中，我们将从社会资本中介作用的角度出发，研究在线品牌社群成员互动的类型对其以及消费者沉浸的影响。

---

① 本章初稿发表情况如下：王强，周志民，王丞. 基于在线品牌社群互动的消费者沉浸：E-社会资本的中介作用[C]// 2015 年 JMS 中国营销科学学术年会论文集. 上海：华东理工大学，2015。本书有删改。

② 关于 engagement，目前国内有学者将其译为"契合"或"参与"。不过，我们认为"契合"字面上强调的是"吻合"和"匹配"（fit 或者 match），"参与"更多表述的是对活动的参与（participation），而 engagement 的本质是一种对关系的身心投入，因此本书将其翻译成"沉浸"。

第一节　社群互动、E-社会资本与消费者沉浸的理论

一、社群互动

在在线品牌社群中，消费者、品牌、产品和企业之间都会发生错综复杂的互动，其中社群成员之间的互动尤其频繁和重要，社群成员的互动程度是社群发展良莠的关键（Koh and Kim，2002）。一般情况下，消费者进入社群参与互动主要表现在两个方面：一是为了信息咨询，了解品牌或产品知识，享受在线知识共享（见第五章），体现了互动的工具性，称为"工具性互动"；二是与他人建立情谊，寻求情感上的支撑或获得群体归属感（王新新和薛海波，2008；Chen et al.，2013），主要追求的是关系的建立，称为"关系性互动"。消费者通过互动能够形成情感上的依恋，进而影响品牌关系质量，并促进口碑传播（Hudson et al.，2015）。此外，还有学者研究发现，在线品牌社群成员之间的信息互动和人际互动会促进成员社群意识的形成，然后产生品牌忠诚（贾楠，2014）。

二、E-社会资本

我们在上一章对 E-社会资本的形成机制进行了讨论，了解到在在线品牌社群中，影响 E-社会资本的一些因素和其对品牌社群的影响。与此同时，Lee（2009）也认为社会资本的研究应该顺应时代潮流，探索不同的社会空间和地理界限的社会资本之间的丰富联系，而且未来研究的重点是探究面对面交流和网络沟通方式所产生的社会资本特征和水平的差异性。在现实中，网络社群中聚集了许多相互异质（如年龄、学历、阅历、价值观等的不同）的成员，他们能给对方带来不一样的"新鲜"信息，这种信息便是会员拥有网络社会资本时得到的价值之一（Kobayashi，2015）。并且，用户对网络社会资本增加的感知，有利于提高他们与其他成员分享信息时的整体舒适度（Maksl and Young，2013）。从企业层面来说，在一个在线品牌社群里，其成员网络社会资本的增加有利于知识的创新和分享，这些知识可以为企业所用，有利于企业加快新产品的开发，加强与合作者的关系，以及增加消费者的品牌忠诚度等（Sheng and Hartono，2015）。在当今社会，

网络社会资本已成为个人、企业、社会，乃至国家发展重要的资源之一（Maksl and Young，2013）。

　　在上一章中，我们了解到 E-社会资本由在线信任、互惠规范、成员责任、社群认同 4 个维度构成，由于本章主要讨论的是成员之间的互动关系，故选取发生在成员之间的信任和互惠作为 E-社会资本的代表维度。

三、消费者沉浸

　　关于沉浸的含义，许多学者从不同角度对其进行了定义。Brodi 等（2013）认为在品牌社群中，消费者沉浸最重要的是社群成员之间的互动；其次，沉浸是一个广泛、动态和互动的过程；再次，沉浸是一个多维变量，包括认知、情感和行为维度；最后，消费者沉浸在成员关系交换中发挥了重要作用。社群沉浸会使成员在活动中更愿意帮助别人并实现自身的目标，获得许多利益（Kuo and Feng，2013）。Vivek（2009）认为消费者沉浸是消费者与企业的产品或组织的活动之间的联系或参与程度，如消费者对苹果产品的追捧、对宜家体验的享受等。他还通过规范研究过程开发了消费者沉浸的量表，其中消费者沉浸划分为 3 个维度——热衷、参与和社交。此外，延伸到品牌沉浸，Mollen 和 Wilson（2010）在网络情境下将其定义为：消费者通过网络途径进行品牌价值交流而产生的和品牌之间积极关系的认知承诺和情感承诺。他们还强调了沉浸与卷入（Involvement）的区别，认为品牌沉浸的含义比卷入更广，品牌沉浸包含了与沉浸目标之间的互动关系，并且在与品牌互动的过程中会得到体验价值以及利用价值。Hollebeek（2011）则认为品牌沉浸是消费者被激发出来的与品牌相关的精神状态，这种精神状态会受到在与品牌互动过程中产生的认知水平、情感和行为活动的影响。基于上述理解，可以发现品牌沉浸体现了消费者在品牌上投入的情感和理智程度。鉴于本章主要研究在线品牌社群成员互动对品牌关系的影响，强调社群成员的参与性和社交性，故采用 Vivek（2009）对消费者沉浸的定义与维度划分。

第二节　互动类型、E-社会资本与消费者沉浸的关系假设

　　社会资本是一种关系资本。在在线品牌社群中，很多成员并不相识，

他们是如何形成亲密关系的？上一章提到，社会互动是社会资本的重要前因。本章与上一章不同：前者是从互动质量的角度进行研究，而后者是将互动划分为工具性互动和关系性互动，从互动类型的角度进行研究。第二章研究指出，社会资本是成员关系，而成员关系会带来社群关系和品牌关系。因此，一旦社会资本形成之后，成员会对相关的品牌社群和品牌形成沉浸关系，这是社会资本的结果。基于这些逻辑，本章的概念模型如图12-1所示。

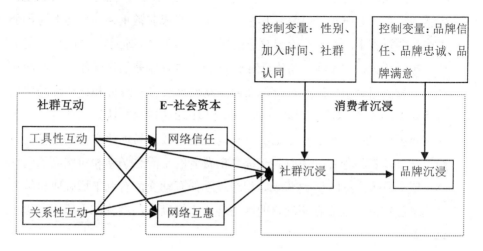

图 12-1　概念模型

一、社群互动与社群沉浸

互动是在线社群中成员的主要行为，Liu 和 Churchill（2014）发现网络社交平台的互动对个体的社交参与有积极的影响。消费者在企业官方品牌社群里的交流互动能显著提高他们的满意度，进而使他们对社交平台产生留恋（Aluri et al., 2015），这在心理上进一步加强了消费者与社群之间的关系。在线品牌社群成员进行互动的目的是为了获取一些与自身利益相关的信息，寻求帮助，进行一些工具性互动；或者结交新朋友和加强人际关系，产生关系性互动。若通过在社群中不同目的的互动能够解决问题或带来愉快的社交体验，那么将会使成员产生一系列有利于社群的心理或行为，使其愿意花更多时间在社群中，且主动参与网络的口碑传播（Su, 2015），这都有利于消费者社群沉浸。因此，提出以下假设。

　　H1a：成员工具性互动会显著正向影响社群沉浸。

　　H1b：成员关系性互动会显著正向影响社群沉浸。

二、社群互动与 E-社会资本

　　虽然成员参与社群互动的类型不同，有些是工具性互动，有些是追求情感满足和关系维护，但都对 E-社会资本的形成非常重要，有利于提升个体在社会资本中的社会交互连接、信任和互惠规范（孙元等，2015）。莫水台（2012）认为，在线互动质量对 E-社会资本有显著的正向作用。我们通过上一章的研究也发现，成员的在线互动质量会影响缘分和社交临场感，进而对 E-社会资本产生影响。Morgan 和 Hunt（1994）认为互动双方对于一些重要信息或意见进行频繁交流与沟通能够较容易地建立相互信任的关系。此外，在线的互动还有利于提高消费者的空间临场感和对产品的信任感（赵宏霞等，2015）。这说明，积极连续的互动交流有利于增强成员彼此之间的存在感，从而在不确定的网络环境中提高信任度。综上所述，提出以下假设。

　　H2a：成员工具性互动会显著正向影响网络信任。

　　H2b：成员关系性互动会显著正向影响网络信任。

　　人们参与在线品牌社群大多是因为能够得到有用的信息，在社群中与其他成员建立一定的关系，并通过互惠行为（如帮助别人）得到回报（Porter et al., 2011）。成员向其他成员提供帮助是对未来某一时间要求回报的事先"投资"，如果只有付出没有回报，这种关系就不会长久，而这种互惠关系是经过长期互动形成的（Mathwick et al., 2008）。社群成员为了满足自身信息需求和社交需求，通过在线互动实现互助，逐渐形成一种基于道德的规范，即互惠规范。成员通过工具性互动获取有用信息或向他人寻求过情感性帮助后，在这种互惠规范的影响下，也会愿意向其他成员提供自己所了解的信息或给予关系支持。于是，提出以下假设。

　　H2c：成员工具性互动会显著正向影响网络互惠。

　　H2d：成员关系性互动会显著正向影响网络互惠。

三、E-社会资本对社群沉浸的影响

E-社会资本会对成员的信息价值和社交价值产生显著的正向影响，进而影响在线品牌社群承诺（Mathwick et al., 2008）。王新新和薛海波（2010）发现社会资本通过影响社群价值来影响品牌社群承诺，最终会影响到品牌忠诚。成员之间信任感的增强、互惠行为的持续，都是成员 E-社会资本增加的表现，这有利于加强成员与社群和品牌之间的关系。随着社群成员网络信任水平的提高，互动的频率也会越来越高，成员之间会发展成为更加亲密的关系，比如相互关注或互加好友等。成员会花较多时间去关注其他社群成员的动态并及时互动，进而影响成员在社群里投入的深度和广度，促使其参与社群活动的积极性和热衷程度大大提高，显著增加其社群沉浸程度。根据以上分析，提出如下假设。

H3a：网络信任会显著正向影响成员的社群沉浸。

网络互惠使得成员在社群中寻求自己的利益，有时并不只是等价的物质或信息交换，还存在内心的情感诉求，如理解、归属感、价值认同或消遣娱乐等。在线品牌社群成员的互惠性会影响新成员的加入，并且显著影响成员的满意度和社群参与意愿（Casaló et al., 2013），能够促进成员的社群承诺（Chan and Li, 2010）。有学者认为互惠体现了利他主义（邹文篪等，2012），从第七章中了解到，利他主义有利于结构洞位置的占领，进而通过社会强化利益影响品牌忠诚和推荐。Lee 等（2011）的研究也表明，社群成员的利他主义动机会促进社群沉浸的产生。由此推测，成员网络互惠会对社群沉浸产生正向影响，故提出以下假设。

H3b：网络互惠会显著正向影响成员的社群沉浸。

四、E-社会资本对社群互动与社群沉浸的中介作用

Bourdieu（1986）指出互动是开发和维护社会资本的先决条件。已有研究通过社会资本来评价社群成员通过互动建立起来的关系质量，以及这些关系如何对成员产生影响（Anirudh, 2002）。在虚拟品牌社群中，互动会正向影响社群满意和社群归属等社群关系（白彦壮等，2014）。此外，大

量研究表明互动会促进人际间信任的产生（Gulati，1995；Nahapiet and Ghoshal，1998）。一方面，成员通过互动交流信息和观点，建立信任关系；另一方面，经常性的互动会使成员处于社会网络的中心位置，通常会被其他成员认为是值得信任的（Tsai and Ghoshal，1998）。相互信任将有效促进成员积极参与社群活动，从而增强成员与社群之间的联系。Haythornthwaite（2000）认为社群成员参与社群是希望以某种方式与其他成员进行互惠。互惠能够加强成员间的互依性，形成更加亲密和友好的关系，增强成员的社群依赖感和归属感。随着社群成员之间持续的互动，在社群中的投入不断增加，所形成的网络社会资本（信任、互惠）就会越牢固，建立的社群关系也就越紧密。通过积极互动，成员在社群中不仅能够得到工具性价值，还能获得情感性和社会性价值，成员便会更加乐意从行为、认知和情感等多个方面投入到社群中（王新新和薛海波，2010），进而花费更多的时间沉浸于社群。故综上所述，再结合 H1a、H1b、H1c、H1d 以及 H2a、H2b，我们假设社群成员互动能够通过 E-社会资本（网络信任、网络互惠）产生社群沉浸。

H4a：网络信任在工具性互动与社群沉浸之间起到中介作用。

H4b：网络信任在关系性互动与社群沉浸之间起到中介作用。

H4c：网络互惠在工具性互动与社群沉浸之间起到中介作用。

H4d：网络互惠在关系性互动与社群沉浸之间起到中介作用。

五、社群沉浸与品牌沉浸

Bowden（2009）认为沉浸过程开始于顾客满意，最终形成顾客忠诚。深度沉浸的消费者会在情感上依恋并且理性地忠诚于品牌（Appelbaum，2001）。消费者沉浸的结果可能包括承诺、信任、自我品牌联结、品牌依恋和品牌忠诚等（Brodie et al.，2013），其中，忠诚和承诺等结果变量在在线品牌社群情境下最为突出。Dessart 等（2015）证实了消费者在网络社群中会同时出现社群沉浸和品牌沉浸。在线品牌社群是围绕品牌而建立的，当社群与品牌在受众特点、价值观、管理理念等方面具有较高的相似性时，成员对于品牌社群相关的行为意向或情感会转移到品牌上来（Zhou et al.，2012）。

在在线品牌社群里,若成员沉浸于社群,他们将会在社群里投入大量的时间,会积极与其他成员建立联系,主动或被动地接收大量的品牌信息,会增加对品牌的理解和情感认识,进而产生品牌沉浸。于是,提出以下假设。

H5:成员社群沉浸会显著正向影响品牌沉浸。

第三节　实证研究方法

一、构念测量

本章主模型中主要有 6 个变量,其测项均来自成熟量表或通过文献整理得到。社群互动包括工具性互动和关系性互动两个维度,各包含 4 个测项(McAlexander et al., 2003;Preece,2001;范晓屏,2007)。E-社会资本包含网络信任及网络互惠两个维度,其中网络信任通过 4 个测项进行测量,网络互惠包括 5 个测项(Chan and Li,2010;Mathwick et al., 2008;Pavlou and Gefen,2004;Wasko and Faraj,2005)。社群沉浸和品牌沉浸均包含热衷、参与和社交 3 个维度,社群沉浸和品牌沉浸分别采用 10 个测项进行测量(Vivek,2009)。

为了能够更加准确地对模型主要变量之间的关系进行研究,消除无关因素的干扰,本章为社群沉浸和品牌沉浸两个变量加入了控制变量。社群沉浸的控制变量包括性别、社群加入时间、社群认同等。品牌沉浸的控制变量包括品牌信任、品牌忠诚和品牌满意等。

二、样本选取

经过两个星期的时间,系统通过跳转逻辑设置自动删除无效问卷后共回收问卷 1062 份。然后再进行人工删选,基于被调查者所填写论坛是否为品牌论坛、数据是否有异常等依据,再次进行人工排除,最终得到有效问卷 1005 份。样本结构特征如表 12-1 所示。

表 12-1　样本的描述性统计结果

性别	占比(%)	年龄	占比(%)	月收入(元)	占比(%)	加入社群时间	占比(%)	学历	占比(%)	职业	占比(%)
男性 女性	51.4 48.6	<21 21～25 26～30 31～35 36～40 41～45 46～50 >50	1.6 20.1 32.4 29.3 10.4 1.5 4.5 0.2	<2000 2001～4000 4001～6000 6001～8000 8001～10000 10001～20000 >20000	6.6 14.4 22.5 23.8 20.4 10.8 1.5	<1 1～2 2～3 3～4 4～5 >5	9.7 37.5 31.6 11.6 5.8 3.8	高中及以下 大专 本科 硕士 博士及以上	2.5 10 77.2 10 0.3	企业工作人员 事业单位人员 自由职业者 学生 其他	64.4 21.0 5.8 7.7 1.1

三、分析方法

本章采用 SPSS 进行描述性统计分析和探索性因子分析，AMOS 用于数据验证性因子分析，SmartPLS 主要进行假设检验以及模型的拟合优度检验。

第四节　数据分析与假设检验

一、信度和效度检验

如表 12-2、表 12-3 所示，所有构念的 Cronbach's α 值均大于 0.7，说明每个构念的内部一致性都较高；且所有构念的组合信度值均大于 0.8，表明所有构念的组合信度较高。此外，所有测项的因子载荷均大于 0.5，并且总体模型拟合指数分别是：$\chi^2(1005)=1093.725$，RMSEA=0.063（<0.08），NNFI=0.927（>0.9），CFI=0.937（>0.9），IFI=0.937（>0.9），说明收敛效度较好；同时，所有构念的平均方差萃取值（AVE）处于 0.542～0.815（见表 12-3），均大于 0.5，且每个构念 AVE 的平方根都大于其与其他构念的相关系数，说明判别效度较高。

故研究数据具有较好的信度和效度，适合做进一步的实证检验。

表 12-2　信度和效度检验

测　项		因子载荷
工具性互动（Cronbach's α=0.701）		
我经常与 X 品牌论坛成员就一些问题交流看法		0.824
我通过 X 品牌论坛成员获得了相关企业和产品的大量信息		0.687
我经常为 X 品牌论坛成员提供相关的产品信息，解决他们的困难		0.731
我通过 X 品牌论坛学到了关于该类产品的专业知识		0.695
关系性互动（Cronbach's α=0.860）		
我在 X 品牌论坛遇到了许多值得交往的成员		0.849
我在 X 品牌论坛发起的话题总是能够得到其他成员的响应		0.834
我与 X 品牌论坛的一些成员沟通感情，建立了良好的关系		0.865
我经常参与 X 品牌论坛成员的话题讨论		0.804
网络信任（Cronbach's α=0.873）		
通过沟通，我觉得 X 品牌论坛的成员是可靠的		0.840
通过沟通，我觉得 X 品牌论坛的成员是可信赖的		0.872
通过沟通，我觉得 X 品牌论坛的成员是诚实的		0.828
通过沟通，我觉得 X 品牌论坛的成员是值得信赖的		0.866
网络互惠（Cronbach's α=0.847）		
我相信 X 品牌论坛的成员会帮助我，因此我觉得也应该帮助他们		0.807
X 品牌论坛成员需要帮助时，我也会像他们帮助我一样去帮助他们		0.813
我相信 X 品牌论坛成员会在我有需要的时候花费精力和时间来帮助我		0.757
在我遇到同样情况的时候，我相信 X 品牌论坛成员一样会来帮助我		0.778
当我寻求帮助时，我觉得 X 品牌论坛成员会帮助我		0.786
社群沉浸（Cronbach's α=0.931）		
热衷	我花了大量时间在 X 品牌论坛上	0.749
	我对 X 品牌论坛非常着迷	0.827
	我对 X 品牌论坛充满激情	0.835
	如果没有 X 品牌论坛，我的生活将会不一样	0.685
	关于 X 品牌论坛的事物都会吸引我的注意力	0.815
参与	对于 X 品牌论坛，我总是想了解更多	0.796
	我非常关注关于 X 品牌论坛的一切信息	0.801
	我喜欢和朋友一起参与 X 品牌论坛	0.803
社交	当和别人一起参与 X 品牌论坛时，我会更享受	0.788
	当周围的人也参与 X 品牌论坛时，会更加有趣	0.747

测　项		因子载荷
品牌沉浸（Cronbach's α=0.910）		
热衷	我平时在 X 品牌上花了大量时间	0.705
	我对 X 品牌非常着迷	0.771
	我对 X 品牌充满激情	0.811
	如果没有 X 品牌，我的生活可能会不一样	0.640
	关于 X 品牌的事物都会吸引我的注意力	0.775
参与	对于 X 品牌，我总是想了解更多信息	0.730
	我非常关注关于 X 品牌的一切事物	0.772
社交	我喜欢和朋友一起使用 X 品牌	0.753
	和别人一起使用 X 品牌时，我会更享受	0.766
	当周围的人也使用 X 品牌时，会更有趣	0.708
社群认同（Cronbach's α=0.891）		
当谈及 X 品牌论坛时，我一般会说"我们论坛"而非"他们论坛"		0.757
我把自己当作 X 品牌论坛的一分子		0.792
X 品牌论坛的成功即我的成功		0.857
别人表扬 X 品牌论坛的时候就像在表扬我自己		0.861
别人批评 X 品牌论坛的时候就像在批评我自己		0.822
我特别想知道其他人是怎样看待 X 品牌论坛的		0.729
品牌满意（Cronbach's α=0.825）		
我非常喜欢 X 品牌		0.864
我认为 X 品牌产品的使用感很不错		0.843
我觉得购买 X 品牌产品是一个非常明智的决定		0.875
品牌忠诚（Cronbach's α=0.789）		
如果下次需要购买此类产品，我仍然会选择 X 品牌		0.846
就算 X 品牌产品的价格上涨，我还是会购买		0.825
我会把 X 品牌的产品推荐给我的朋友		0.854
品牌信任（Cronbach's α=0.887）		
我非常相信 X 品牌		0.877
我非常信赖 X 品牌		0.872
我认为 X 品牌是诚实的		0.844
我认为 X 品牌是可靠的		0.862
总体模型拟合指数分别是：χ^2（1005）=1093.725，RMSEA=0.063，NNFI=0.927，CFI=0.937，IFI=0.937		

表 12-3　构念的描述性统计

测　项	1	2	3	4	5	6	7	8	9	10
1.社群沉浸	0.903									
2.社群认同	0.746	0.804								
3.品牌忠诚	0.671	0.571	0.841							
4.品牌满意	0.636	0.508	0.799	0.861						
5.品牌信任	0.662	0.560	0.808	0.817	0.864					
6.品牌沉浸	0.859	0.664	0.700	0.683	0.704	0.886				
7.工具性互动	0.636	0.579	0.487	0.460	0.477	0.581	0.736			
8.关系性互动	0.675	0.639	0.485	0.418	0.431	0.605	0.735	0.838		
9.网络互惠	0.584	0.562	0.530	0.568	0.555	0.579	0.550	0.570	0.789	
10.网络信任	0.648	0.625	0.542	0.535	0.591	0.606	0.550	0.569	0.663	0.852
平均数	4.710	4.729	5.054	5.250	5.218	4.781	4.839	4.642	5.073	5.011
标准差	0.788	0.849	0.738	0.678	0.688	0.711	0.715	0.902	0.668	0.721
组合信度（CR）	0.929	0.916	0.879	0.896	0.922	0.916	0.825	0.904	0.892	0.913
平均方差萃取值	0.815	0.647	0.708	0.741	0.746	0.785	0.542	0.703	0.622	0.725

二、共同方法偏差检验

经计算，第一个因子的方差解释率为 44.329%，小于 50%，说明 CMB 尚可接受；此外，由表 12-3 可知，构念之间的相关系数均低于 0.9，说明数据的 CMB 不明显。根据检验结果可知，本章的数据不受 CMB 影响。

三、假设检验

为了检验 E-社会资本的中介作用，本章依次建立了两个模型进行检验，模型 1 中直接检验社群互动（工具性互动和关系型互动）对社群沉浸的影响；模型 2 则将 E-社会资本（网络信任和网络互惠）放在社群互动和社群沉浸中间，验证 E-社会资本是否存在中介作用。

如表 12-4 所示，在模型 1 中，工具性互动和关系性互动到社群沉浸的路径系数都是 0.205（t 值分别为 4.768 和 4.024，均大于 1.96，$p<0.001$），说明社群互动与社群沉浸之间的关系显著，H1a、H2a 成立；同时，成员社群沉浸到品牌沉浸的关系也成立（$\beta=0.667$，$t=13.961$，$p<0.001$），因此

假设 H5 成立。

在模型 2 中，将 E-社会资本作为中介变量加入进来，根据 Baron 和 Kenny（1986）建议的方法，E-社会资本对社群互动与社群沉浸的中介效应检验结果如下：首先，在没有加入 E-社会资本作为中介变量之前，经过模型 1 已经证明，社群互动（工具性互动和关系性互动）与社群沉浸之间的关系是显著的；然后检验工具性互动与网络信任的关系（H2a：β=0.156，t=5.795>1.96，p<0.05），网络信任与社群沉浸之间的关系（H3a：β=0.189，t=6.014>1.96，p<0.01），发现 H1a、H2a 均成立，虽然在加入中介变量网络信任后，工具性互动到社群沉浸的路径系数比未加入之前有所降低（$\triangle\beta$=0.049，$\triangle t$=0.288，p<0.001），但是变量之间的关系仍然显著（H1a：β=0.156，t=4.480，p<0.001），说明网络信任在工具性互动与社群沉浸之间存在部分中介作用；以同样的检验方法可以证明，网络信任在关系性互动与社群沉浸之间也存在中介作用；再检验工具性互动与网络互惠之间的关系，可以发现网络互惠到社群沉浸之间的关系不显著（H3b：β=0.052，t=1.471<1.96，p>0.05），所以网络互惠在社群互动到社群沉浸之间不存在中介作用。

同时，从模型 2 可以看出，在社群沉浸的控制变量中，加入时间（β=0.042，t=2.287，p<0.05）与社群认同（β=0.348，t=9.343，p<0.001）对社群沉浸的影响作用是成立的，性别对社群沉浸的作用不成立（t<1.96，p>0.05）。品牌沉浸的控制变量中，品牌信任、品牌满意对品牌沉浸的作用显著，品牌忠诚对品牌沉浸的控制作用不显著（t<1.96，p>0.05）。

综上所述，除了网络互惠对社群互动和社群沉浸的中介作用不成立以外，其他的假设关系全部得到验证。

表 12-4　假设检验结果

假设路径	模型 1（不含中介变量）		模型 2（含有中介变量）	
	β 值	t 值	β 值	t 值
主效应				
H1a:工具性互动→社群沉浸	0.205[***]	4.768	0.156[***]	4.480
H1b:关系性互动→社群沉浸	0.205[***]	4.024	0.188[***]	4.860
H2a:工具性互动→网络信任			0.156[*]	5.795
H2b:关系性互动→网络信任			0.345[**]	6.907
H2c:工具性互动→网络互惠			0.325[*]	5.872
H2d:关系性互动→网络互惠			0.330[**]	6.242

续表

假设路径	模型 1（不含中介变量）		模型 2（含有中介变量）	
	β 值	t 值	β 值	t 值
因变量	R^2			
H3a:网络信任→社群沉浸				
H3b:网络互惠→社群沉浸				
H5:社群沉浸→品牌沉浸	0.667***			
控制变量				
加入时间→社群沉浸	0.038ns			
性别→社群沉浸	−0.001ns			
社群认同→社群沉浸	0.480***	11.995		
品牌信任→品牌沉浸	0.119*	2.572		
品牌忠诚→品牌沉浸	0.076ns	1.692		
品牌满意→品牌沉浸	0.102*	2.406		
网络信任			0.364	
网络互惠			0.375	
社群沉浸	0.626		0.651	
品牌沉浸	0.781		0.781	

注："ns"表示 $p>0.05$，"*"表示 $p<0.05$，"**"表示 $p<0.01$，"***"表示 $p<0.001$（双尾检验）。中介效应 H4a、H4b、H4c、H4d 的检验结果未在表中展示。

四、模型拟合度检验

如表 12-4 所示，网络信任、网络互惠、社群沉浸、品牌沉浸的 R^2 分别为 0.364、0.375、0.651、0.781，表明模型的拟合度在接受范围之内。

第五节　互动类型、E-社会资本与消费者沉浸的研究结论与启示

本章通过实证研究发现：①在线品牌社群成员的工具性互动和关系性互动均正向影响网络信任和网络互惠。工具性互动和关系性互动是在线品牌社群成员之间两种不同内容的互动形式，反映了成员互动程度的高低。Tsai 和 Ghoshal（1998）、莫水台（2012）等学者研究表明，互动会促进社会资本的形成，这与本章研究结果相符合。②网络信任的中介作用。成员之间进行长时间的多次互动之后，对其他成员就会产生一定的信任。网络信任促进了成员之间的沟通与互助，加强了对社群活动的参与度，形成社

群沉浸状态。因此，网络信任在成员互动与社群沉浸之间起到桥梁作用。同时，实证分析结果表明，网络互惠对社群沉浸的影响作用并不显著，并且对成员互动与社群沉浸的中介效应也不成立。③成员社群沉浸促进品牌沉浸。我们研究发现，成员的社群沉浸会对品牌沉浸产生显著影响，说明成员与社群之间的关系会促进品牌关系的改善。成员在社群中进行深入的互动能够为其带来社会资本，引发对社群的信任与互惠行为，对社群产生强烈的归属感及社群沉浸。而在线品牌社群作为品牌的载体，成员对社群的沉浸状态会自然而然地转化到品牌上来。

上述结论对品牌社群管理有一定的指导意义。

第一，在线品牌社群应该积极营造活跃的社群氛围，鼓励成员参与互动，对社群成员适当加以引导，如通过定期组织多种类型的活动来调动成员互动的积极性。要了解成员的关注点，针对不同成员的参与动机（信息获取或社交需求）采取相应措施，通过社群中不同模块来组织相应的活动，吸引不同需求的成员，积极参与社群活动。

第二，加强社群的管理，提高成员对社群的信任程度。为确保信息的有用性和真实性、行为的规范性等，进行相关管理，如禁止打广告、传播不真实言论、及时处理成员之间的矛盾冲突与申诉。社群管理者还可以通过意见领袖促进成员与成员的联系转化为成员与社群之间的联系，以及了解其他成员对社群的意见和态度，并采取相应的手段来处理。

第三，社群管理者应该加强成员与社群之间的联系，使成员热衷并主动参与社群活动，提高成员的社群体验价值，使其沉浸于社群。同时，应该为品牌沉浸关系的建立做准备。为此，社群可以尽可能多地组织策划一些与品牌相关的社群活动，这样不仅能够改善成员与成员之间、成员与社群之间的关系，还可以扩大品牌的感染力和影响力，强化品牌价值和个性，最终达到改善消费者-品牌关系的目的。

本章参考文献

[1] 白彦壮，段珺，谷瑜颖. 虚拟求职社群互动对雇主品牌外部吸引力影响研究[J]. 现代财经（天津财经大学学报），2014，294（7）：45-69.
[2] 范晓屏. 基于虚拟社区的网络互动对网络购买行为的影响研究[D].

杭州：浙江大学，2007：34-190.

[3] 李佩亚. 中国情境下企业社会资本对企业绩效影响的研究[D]. 杭州：
浙江工商大学，2012：44-61.

[4] 吕洪兵. B2C 网店社会临场感与粘性倾向的关系研究[M]. 北京：光明
日报出版社，2013：143-152.

[5] 贾楠. 虚拟品牌社群的互动性对品牌忠诚度的影响研究[D]. 上海：
东华大学，2014：49-82.

[6] 莫水台. 在线互动质量与 E-社会资本关系研究[D]. 南京：南京师范大
学，2012：34-47.

[7] 王新新，薛海波. 品牌社群社会资本、价值感知与品牌忠诚[J]. 管理
科学，2010，23（6）：53-63.

[8] 韦影. 企业社会资本对技术创新绩效的影响[D]. 杭州：浙江大学，
2006：112-135.

[9] 孙元，彭新敏，潘绵臻. 员工持续使用企业内部微博与社会资本互动
影响机制研究[J]. 商业经济与管理，2015，280（2）：27-35.

[10] 周志民，贺和平，苏晨汀，周南. 在线品牌社群中 E-社会资本的形成
机制研究[J]. 营销科学学报，2011，7（2）：1-22.

[11] 钟智锦. 互联网对大学生网络社会资本和现实社会资本的影响[J]. 新
闻大学，2015，131（3）：30-36.

[12] 赵宏霞，王新海，周宝刚. B2C 网络购物中在线互动及临场感与消费
者信任研究[J]. 电子商务与信息管理，2015，27（2）：43-54.

[13] 周志民，张江乐，熊义萍. 内外倾型人格特质如何影响在线品牌社群
中的知识分享行为——网络中心性与互惠规范的中介作用[J]. 南开
管理评论，2014，17（3）：19-29.

[14] 邹文篪，田青，刘佳. "投桃报李"——互惠理论的组织行为学研究
述评[J]. 心理科学进展，2012，20（11）：1879-1888.

[15] 王菁，李妍星. 在线顾客体验的形成路劲：基于沉浸理论的实证研
究[J]. 中国地质大学学报，2015，15（2）：132-139.

[16] 周志民，郑雅琴. 从品牌社群认同到品牌忠诚的形成路径研究——中
介与调节效应检验[J]. 深圳大学学报（人文社会科学版），2011，28
（06）：84-90.

[17] Anirudh K. Active Social Capital: Tracing The Roots of Development and

Democracy[M]. New York: Columbia University Press, 2002.

[18] Amato S, Esposito V V, Tenenhaus M. A Global Goodness-of-Fit Index for PLS Structural Equation Modeling[J]. Oral Communication To PLS Club, 2004(24): 1-4.

[19] Aluri A, Slevitch L, Larzelere R. The Effectiveness of Embedded Social Media on Hotel Websites and the Importance of Social Interaction and Return on Engagement[J]. International Journal of Contemporary Hospitality Management, 2015, 27(4): 670-689.

[20] Bagozzi R P, Yi Y. On the Evaluation of Structural Equation Models[J]. Journal of the Academy of Marketing Science, 1988, 16(1): 74-94.

[21] Baron R M, Kenny D A. The Moderator-Mediator Variables Distinction in Social Psychological Research: Conceptual, Strategic, and Statistical Considerations[J]. Journal of Personality and Social Psychology, 1986, 51(6): 1173-1182.

[22] Bartolini S, Sarracino F. Happy for How Long? How Social Capital and Economic Growth Relate to Happiness over Time[J]. Ecological Economics, 2014(108): 242-256.

[23] Bowden J L H. The Process of Customer Engagement: A Conceptual Framework[J]. Journal of Marketing Theory and Practice, 2009, 17(1): 63-74.

[24] Bourdieu P. The Forms of Capital. Handbook of Theory and Research for the Sociology of Education[C]. New York: Greenwood Press, 1986: 241-258.

[25] Brodie R J, Ilic A, Juric B. Consumer Engagement in a Virtual Brand Community: An Exploratory Analysis[J]. Journal of Business Research, 2013, 66(1): 105-114.

[26] Chen G L, Yang S C, Tang S M. Sense of Virtual Community and Knowledge Contribution in a P3 Virtual Community: Motivation and Experience[J]. Internet Research, 2013, 23(1): 4-26.

[27] Coleman J S. Foundations of Social Theory[M]. Cambridge, MA: Harvard University Press, 1990.

[28] Christy A, Tracy T. Creative Strategies in Social Media Marketing: An

Exploratory Study of Branded Social Content and Consumer Engagement[J]. Psychology and Marketing, 2015, 32(1): 15-27

[29] Casaló V L, Flavián C, Guinalíu M. New Members' Integration: Key Factor of Success in Online Travel Communities[J]. Journal of Business Research, 2013, 66(6): 706-710.

[30] Chan K W, Li S Y. Understanding Consumer-to-Consumer Interactions in Virtual Communities: The Salience of Reciprocity[J]. Journal of Business Research, 2010, 63(9): 1033-1040.

[31] Chiu C M, Hsu M H, Wang E T G. Understanding Knowledge Sharing in Virtual Communities: An Integration of Social Capital and Social Cognitive Theories[J]. Decision Support Systems, 2006, 42(3): 1872-1888.

[32] Chin W W. The Partial Least Squares Approach to Structural Equation Modeling[M]. New Jersey: Lawrence Erlbaum Associates, 1988.

[33] Colquitt J A, Scott B A, LePine J A. Trust, Trustworthiness, and Trust Propensity: A Meta-Analytic Test of Their Unique Relationships with Risk Taking and Job Performance[J]. Journal of Applied Psychology, 2007, 92(4): 909-927.

[34] Dessart L, Veloutsou C, Morgan-Thomas A. Consumer Engagement in Online Brand Communities: A Social Media Perspective[J]. Journal of Product & Brand Management. 2015.

[35] Fornell C, Larker D F. Evaluating Structural Equation Models with Unobservable Variable and Measurement Error[J]. Journal of Marketing Research, 1981, 18(1): 39-50.

[36] Gabarro J J. The Development of Trust, Influence, and Expectations. Interpersonal Behaviors: Communication and Understanding in Relationships[C]. Englewood Cliffs. 1978. NJ: Prentice Hall, 1978: 290-303.

[37] Gulati R. Does Familiarity Breed Trust? The Implications of Repeated Ties for Contractual Choice in Alliances[J]. Academy of Management Journal, 1995, 38(1): 85-112.

[38] Granovetter M S. Economic Action and Social Structure: The Problem of

Embeddedness[J]. American Journal of Sociology, 1985, 91(3): 481-510.

[39] Gulati R. Does Familiarity Breed Trust? The Implications of Repeated Ties for Contractual Choice in Alliances[J]. Academy of Management Journal, 1995, 38(1): 85-112

[40] Gianluca M, Gabriele M, Massimo B. Brand Communities: Loyal to the Community or The Brand[J]. European Journal of Marketing, 2013(47): 93-114.

[41] Hsiao C C, Chiou J S. The Effects of a Player's Network Centrality on Resource Accessibility, Game Enjoyment, and Continuance Intention: A Study on Online Gaming Communities[J]. Electronic Commerce Research and Applications, 2012, 11(1): 75-84.

[42] Hudson S, Roth M S, Madden T J, et al. The Effects of Social Media on Emotions, Brand Relationship Quality, and Word of Mouth: An Empirical Study of Music Festival Attendees[J]. Tourism Management, 2015(47): 68-76.

[43] Halpern D. Moral Values, Social Trust and Inequality—Can Values Explain Crime?[J]. British Journal Criminology, 2001, 41(2): 236-251.

[44] Hollebeek L D. Demystifying Customer Brand Engagement: Exploring the Loyalty Nexus[J]. Journal of Marketing Management, 2011, 27(7): 785-807.

[45] Haythornthwaite C. Online Personal Networks: Size, Composition and Media Use among Distance Learners[J]. New Media and Society, 2000, 2(2): 195-226.

[46] Hulland J. Use of Partial Least Squares(pls) in Strategic Management Research: A Review of Four Recent Studies[J]. Strategic Management Journal, 1999, 20(2): 195-204.

[47] Jie Liu, Churchill D. The Effective Social Engagement in a Social Networking Environment[J]. Interactive Learning Enviroments, 2014, 22(4): 401-417.

[48] Kobayashi Tetsuro. Bridging Social Capital in Online Communities: Heterogeneity and Social Tolerance of Online Game Players in Japan[J]. Human Communication Research, 2010, 36(4): 546-569.

[49] Kim J W, Choi J, Qualls W, et al. It Takes a Marketplace Community to Raise Brand Commitment: The Role of Online Communities［J］. Journal of Marketing Management, 2008, 24(3-4): 409-431.

[50] Kuo Y F, Feng L H. Relationships among Community Interaction Characteristics, Perceived Benefits, Community Commitment, And Oppositional Brand Loyalty in Online Brand Communities［J］. International Journal of Information Management, 2013, 6(33): 948-962.

[51] Lee R. Social Capital and Business and Management: Setting a Research Agenda［J］. International Journal of Management Reviews, 2009, 11(3): 247-273.

[52] Lee D, Kim H S, Kim J K. The Impact of Online Brand Community Type on Consumer's Community Engagement Behaviors: Consumer-Created vs. Marketer-Created Online Brand Community in Online Social-Networking Web Sites［J］. Cyberpsychology, Behavior, and Social Networking, 2011, 14(1-2): 59-63.

[53] Loury G. A Dynamic Theory of Racial Income Differences［C］//Phyllis Wallace and Annette M. La Mond (Eds). Women, Minorities and Employment Discrimination, Lexington, 1977.

[54] Maksl A, Young R. Affording to Exchange: Social Capital and Online Information Sharing［J］. Cyber Psychology, Behavior & Social Networking, 2013, 16(8): 588-592.

[55] Mathwick C, Wiertz C, Ruyter K D. Social Capital Production in a Virtual P3 Community［J］. Journal of Consumer Research, 2008, 34(6): 832-849.

[56] Mollen A, Wilson H. Engagement, Telepresence and Interactivity in Online Consumer Experience: Reconciling Scholastic and Managerial Perspectives［J］. Journal of Business Research, 2010, 63(9): 919-925.

[57] Morgan R M, Hunt S D. The Commitment-Trust Theory of Relationship Marketing［J］. Journal of Marketing, 1994, 58(3): 20-38.

[58] McAlexander J H, Stephen K K, Scott D R. Loyalty: The Influences of Satisfaction and Brand Community Integration［J］. Journal of Marketing Theory and practice, 2003, 11(4): 1-11.

[59] Nahapiet J, Ghoshal S. Social Capital, Intellectual Capital, and the

Organizational Advantage[J]. Academy of Management Review, 1998, 23(2): 242-266.

[60] Nunnally J C. Psychometric Theory[M]. 2nd Ed. New York: McGraw Hill, 1978.

[61] Porter C E, Donthu N, MacElroy W H, et al. How to Foster and Sustain Engagement in Virtual Communities[J]. California Management Review, 2011, 53(4): 80-110.

[62] Preece J. Sociability and Usability in Online Communities: Determining and Measuring Success[J]. Behavior and Information Technology, 2001, 20(5): 347-356.

[63] Pavlou P A, Gefen D. Building Effective Online Marketplaces with Institution-Based Trust[J]. Information Systems Research, 2004, 15(1): 37-59.

[64] Putnam R, Leonardi R, Naetti R. Making Democracy Work: Civic Traditions in Modern Italy[M]. Princeton: Princeton University Press, 1993.

[65] Ran H, HaeJung K, Jiyoung K. Social Capital in QQ China: Impacts on Virtual Engagement of Information Seeking, Interaction Sharing, Knowledge Creating, and Purchasing Intention[J]. Journal of Marketing Management, 2013, 29(3-4): 292-316.

[66] Rossella G, Guendalina G, Silvia B. Consumer –Brand Engagement [J]. Published Online, 2015.

[67] Sicilia M, Palazon M. Brand Communities on the Internet: A Case Study of Coca-cola's Spanish Virtual Community[J]. Corporate Communications: An International Journal, 2008, 13(3): 255-270.

[68] Sai W, Ghoshal S. Social Capital and Value Creation: The Role of Intrafirm Networks[J]. Academy of Management Journal, 1998, 41(4): 464-476.

[69] Sheng M, Hartono R. An Exploratory Study of Knowledge Creation and Sharing in Online Community :A Social Capital Perspective[J]. Total Quality Management & Business Excellence, 2015, 26(1/2) : 93-107.

[70] Tsai W, Ghoshal S. Social Capital and Value Creation: The Role of

Intrafirm Networks[J]. Academy of Management Journal, 1998, 41(4): 464-476.

[71] Vivek S D. A Scale of Consumer Engagement[D]. Tuscaloosa: The University of Alabama, 2009: 1-233.

[72] Wang J C, Chiang M J. Social Interaction and Continuance Intention in Online Auctions: A Social Capital Perspective[J]. Decision Support Systems, 2009, 47(4): 466-476.

[73] Wu J B, Hom P W, Tetrick L E, et al. The Norm of Reciprocity: Scale Development and Validation in the Chinese Context[J]. Management and Organization Review, 2006, 2(3): 377-402.

[74] Wasko M, Faraj S. Why Should I Share? Examining Knowledge Contribution in Electronic Networks of Practice[J]. MIS Quarterly, 2005, 29(1): 1-23.

[75] Zaglia M E. Brand Communities Embedded in Social Networks[J]. Journal of Business Research, 2013, 66(2), 216-223.

[76] Zhou Z M, Wu J P, Zhang Q Y, et al. Transforming Visitors into Members in Online Brand Communities: Evidence from China[J]. Journal of Business Research, 2013, 66(12): 2438-2443.